Le Guide des PVTistes au
CANADA

———

1re édition : 2016
2e édition revue et augmentée : 2019

Julie Meunier & Isabelle Sentana
Maquette réalisée par Lucie Casez

SOMMAIRE

I. QU'EST-CE QUE LE PVT ?
    01. Les principes du PVT   05
    02. Les différentes façons de vivre son PVT   13
    03. Le PVT au Canada pour les personnes en situation de handicap   16
    04. Faire sa demande de PVT   18

II. UNE FOIS LE PVT EN POCHE, LES PRÉPARATIFS
    01. Quelques conseils pour une bonne préparation   24
    02. Comment choisir son assurance ?   26
    03. Faire sa demande d'AVE ?   33
    04. Trouver son billet d'avion   34
    05. Trouver un logement temporaire pour l'arrivée   37
    06. Faire ses bagages : valise ou sac à dos ? Que mettre dedans ?   42
    07. Avant de s'envoler : encore quelques démarches   52

III. LE CANADA C'EST GRAND, OÙ PARTIR ?
    01. Comment choisir sa destination ?   67
    02. Paroles de PVTistes   69
    03. Le Canada, province par province   84

IV. LE CANADA, ENFIN !
    01. Le passage à l'immigration canadienne   126
    02. La demande du NAS / SIN   129
    03. S'incrire au consulat de son pays   130
    04. Ouvrir un compte et transférer son argent   130
    05. Internet, téléphonie : bien choisir   134
    06. Faire ses courses   135

V. LES CHOSES SÉRIEUSES COMMENCENT !
    01. Améliorer son anglais   145
    02. Trouver un logement   149
    03. Acheter une voiture ou un van   155

VI. AU TRAVAIL !
01. Le travail : un autre pays, des codes différents — 160
02. Faire son CV à la canadienne — 162
03. Comment et où chercher un emploi ? — 169
04. La lettre de présentation et l'entretien d'embauche — 172
05. Les conditions de travail : congés, salaires, impôts et travail autonome — 178
06. Une autre façon de travailler : WWOOFing, HelpX et Workaway — 181

VII. INTÉRESSONS-NOUS DE PLUS PRÈS AU CANADA
01. Les différences culturelles — 185
02. Les traditions canadiennes — 190
03. Immersion canadienne — 192
04. La place des Premières Nations — 195
05. L'anglais et le français parlés au Canada — 196
06. Les spécialités culinaires canadiennes — 197
07. La nature canadienne et les animaux — 201

VIII. PARCE QUE ÇA PEUT ARRIVER...
01. Un souci de santé : comment se soigner ? — 207
02. Un coup de déprime ou des soucis financiers : que faire ? — 209

IX. HASTA LA VISTA, BABY !
01. Partir en voyage : quel moyen de transport choisir en Amérique du Nord ? — 213
02. Voyager : les destinations clés des PVTistes — 220
03. Le road trip : se lancer — 249
04. Les formalités pour aller aux USA — 253

X. MON PVT EST FINI... ET MAINTENANT ?
01. Le retour après un PVT, des sentiments contrastés — 255
02. Mémo des formalités au retour — 257
03. Retrouver un emploi — 257
04. Et pour repartir (au Canada ou ailleurs) ? — 262

Conclusion — 267
Répertoire des sites, sources, crédits, remerciements — 268

Depuis son entrée en vigueur en 2004 en France et en 2007 en Belgique, le Programme Vacances-Travail au Canada rencontre un énorme succès. Le Canada représente une destination privilégiée pour les Français et les Belges, qui sont plusieurs milliers à tenter l'aventure chaque année.

Que ce soit pour son climat, ses paysages qui varient d'un bout à l'autre du pays, sa culture, ses opportunités professionnelles ou encore les activités que l'on peut y pratiquer, le Canada est pour beaucoup un rêve. Grâce au PVT, y voyager et y travailler en toute liberté devient une réalité ! À vous le Canada, pour un an, voire deux (selon votre nationalité).

Ce guide n'a pas pour but d'être exhaustif : une grande quantité d'informations est déjà présente sur notre site et forum, pvtistes.net. Son objectif est avant tout de donner aux futurs PVTistes les clés leur permettant de réussir leur immersion au Canada !

Depuis 2014, les demandes de permis d'Expérience Internationale Canada (PVT uniquement pour les Belges et PVT, Stage coop et Jeunes Professionnels/VIE pour les Français) se font sur Internet. Chaque année, les autorités canadiennes instaurent des quotas (plus ou moins 7 000 places pour les Français et 750 places pour les Belges), qui sont révélés à l'ouverture des candidatures.

Les dates d'ouverture d'Expérience Internationale Canada (EIC) varient d'une année sur l'autre et d'un pays à l'autre et elles ne sont connues que lorsque les autorités canadiennes les annoncent (généralement à l'automne). Il est donc primordial de se tenir informé pour ne pas rater l'ouverture et mettre toutes les chances de son côté !

I. QU'EST-CE QUE LE PVT ?

———

01. Les principes du PVT

Pourquoi faire un PVT ?

Voyager et pouvoir subvenir à ses besoins en travaillant si nécessaire, c'est le concept du PVT !

Les raisons de partir au Canada sont nombreuses : acquérir une nouvelle expérience professionnelle, apprendre (ou améliorer sa connaissance de) l'anglais, se confronter à une culture et à un mode de vie différents, faire de nouvelles rencontres... En un mot : la découverte !

Partir, changer de cadre de vie et de quotidien pendant une année ou deux, c'est l'occasion d'apprendre à mieux se connaître, à s'adapter et à faire preuve d'initiative. Que vous passiez votre PVT à voyager ou à travailler, cela vous aura enrichi et vous pourrez le mettre en valeur, que ce soit professionnellement ou personnellement, une fois rentré !

Si les années de césure sont courantes dans les pays anglo-saxons et encouragées dans certaines écoles françaises et belges, ce n'est pas un hasard : on apprend beaucoup en s'immergeant dans un univers différent.

Avant de commencer à regrouper toutes les informations nécessaires à l'obtention du PVT, vérifiez bien que vous répondez aux conditions de participation !

> Depuis la renégociation de l'accord passé entre la France et le Canada il y a quelques années, des changements de taille ont été apportés à Expérience Internationale Canada :
>
> - Sélection des candidats par des tirages au sort réguliers.
> - Le PVT et le permis Jeunes Professionnels ne sont plus cumulables.
> - Le PVT passe à 2 ans.
> - L'obtention du permis Jeunes Professionnels ne devient possible que pour certains types d'emplois.

Pourquoi partir au Canada ?

Les raisons pour partir en PVT au Canada sont multiples. Et elles sont toutes légitimes ! Il n'y a pas de bon ou de mauvais projet de PVT.

En 2017, nous avions réalisé un sondage afin de mieux connaître vos motivations pour partir en PVT (toutes destinations confondues) :

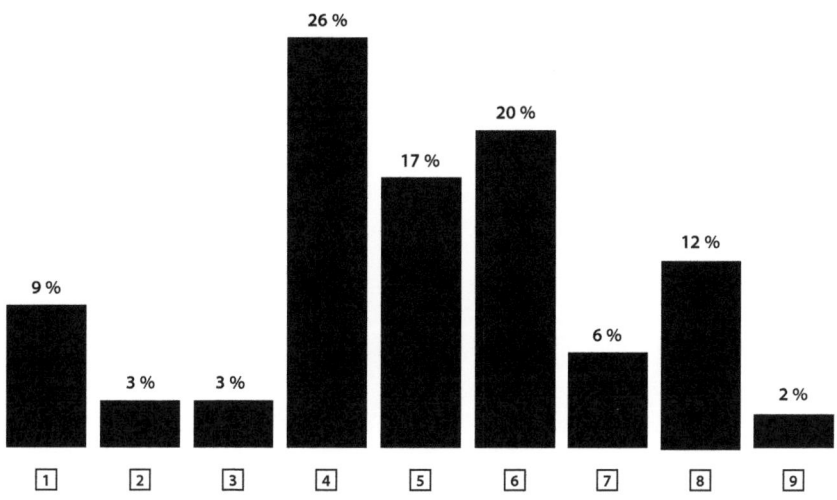

1. Parce que j'avais envie d'acquérir une expérience professionnelle à l'étranger, qui serait un plus sur mon CV, et de découvrir un autre monde du travail

2. Parce que j'avais envie d'ouvrir mon horizon professionnel (faire une reconversion, essayer d'autres métiers)

3. Parce que je ne trouvais pas d'emploi dans mon pays

4. Parce que j'avais envie de faire de nouvelles découvertes, d'expérimenter une nouvelle culture, de rencontrer d'autres gens

5. Parce que je voulais apprendre une autre langue ou améliorer mes capacités linguistiques

6. Parce que j'avais envie de voyager et de barouder

7. Parce que j'étais amoureux·se du pays de destination et que je voulais y aller ou y retourner plus longtemps

8. Parce que j'avais besoin de faire une « pause » dans ma vie

9. Parce que je voulais y rejoindre des amis, de la famille, un·e conjoint·e

Des envies de découvertes personnelles, professionnelles, linguistiques, des envies de voyage... Tout s'entremêle souvent, en PVT.

Le Canada est ancré dans l'imaginaire des voyageurs comme le pays des grands espaces, où la nature tient une place prépondérante... Le Canada c'est aussi le pays de villes dynamiques et attractives, comme Toronto, Montréal ou Vancouver, où la culture a une place importante, dans une économie prospère.

Effectivement, le Canada est un pays qui offre de nombreuses opportunités aux jeunes francophones mais il ne faut pas idéaliser cette destination, souvent présentée comme « parfaite » dans de nombreux reportages. Ce pays pourrait être celui de vos rêves… ou pas.

Attendez d'y résider pendant quelques mois en PVT avant de vous mettre la pression pour y rester éventuellement quelques années supplémentaires !

Les conditions du PVT Canada

Âge

Vous devez être âgé de 18 à 35 ans si vous êtes français et de 18 à 30 ans si vous êtes belge. Au moment du dépôt de votre demande de PVT, vous devez avoir au moins 18 ans et ne pas avoir atteint l'âge de 36 ans (pour les Français) et de 31 ans (pour les Belges). Ce n'est pas la date de votre inscription dans le bassin de candidats qui compte, mais la date de dépôt de votre demande (après avoir été tiré au sort).

Nationalité et résidence habituelle

Les Français peuvent faire une demande de PVT Canada quel que soit leur lieu de résidence. Les Belges en revanche, doivent résider habituellement en Belgique. Cela signifie que si vous vivez à l'étranger de façon temporaire, pour faire vos études ou dans le cadre d'un autre PVT, par exemple, vous êtes considéré comme résident belge.

Vous pouvez donc faire votre demande de PVT depuis la Belgique ou depuis le pays dans lequel vous vivez actuellement, du moment que votre séjour est temporaire.

Si vous demandez un PVT en étant déjà au Canada, vous devrez, une fois votre PVT obtenu, sortir du pays et y revenir pour valider votre permis. On appelle ça un tour du poteau !

Vous devez absolument avoir la nationalité française ou belge (et le passeport équivalent) pour participer au PVT Canada proposé aux Français ou aux Belges : résider en France ou en Belgique, mais en ayant une autre nationalité, ne suffit pas.

Si c'est votre cas, 33 autres pays ont un accord de PVT avec le Canada, vérifiez sur le site des autorités canadiennes si vous pouvez tout de même en demander un.

Passeport

Vous devez posséder un passeport français ou belge valide. Voici ce qu'indique Citoyenneté et Immigration Canada sur son site Internet : « Votre passeport doit être valide au moment où vous présentez votre demande à EIC ainsi qu'à votre arrivée au Canada et à votre départ. La période de validité du permis de travail délivré ne dépassera pas celle du passeport. »

Vous n'avez pas besoin d'un passeport spécifique pour vous rendre au Canada. Passeports biométrique ou électronique, tous font l'affaire !

Économies

Vous devez, au moment de votre arrivée au Canada, avoir suffisamment d'économies pour assurer vos premières dépenses, estimées par les autorités canadiennes à 2 500 $. Vous devrez être en mesure de fournir la preuve de ces économies, sous la forme d'un relevé de compte ou d'une attestation de banque, lorsque vous arriverez au Canada.

Si vous avez fait le choix de partir avec un aller simple, l'agent d'immigration pourrait vous demander la preuve que vous avez suffisamment d'économies (en plus des 2 500 $) pour vous payer un billet retour ultérieurement.

Assurance

Vous devez souscrire (une fois votre PVT obtenu) à une assurance maladie, hospitalisation, rapatriement valable pendant toute la durée de votre PVT. Vous trouverez plus d'informations à ce sujet dans le chapitre Comment choisir son assurance ? de ce guide. Sans cette assurance, vous pourriez vous voir refuser l'entrée au Canada, et avec une assurance de quelques mois seulement, vous risquez d'obtenir un PVT d'une durée équivalente. Depuis fin 2013, les autorités canadiennes vous informent que si, pour cette raison, un PVT de quelques mois vous est délivré,

vous ne pourrez plus demander de prolongation de permis.
En bref, si vous avez uniquement souscrit un contrat d'assurance de 6 mois, vous n'obtiendrez qu'un PVT de 6 mois en cas de contrôle.

Première participation au PVT Canada

Si vous avez fait un ou plusieurs PVT dans d'autres pays, vous êtes bien sûr éligible au PVT Canada, mais vous ne devez pas avoir déjà participé au PVT Canada.

Exception : si vous êtes français et si vous n'avez obtenu qu'un seul permis EIC (PVT, JP ou stage) avant la session 2015, vous pouvez faire une nouvelle demande, dans la catégorie de votre choix. En d'autres termes, si vous avez fait un PVT avant 2015, vous pouvez en refaire un.

Une petite Foire aux Questions

Comment fonctionne le PVT ?

Le PVT vous offre une très grande liberté, notamment dans le choix de votre emploi : c'est un permis de travail ouvert, c'est-à-dire que vous n'êtes pas lié à un employeur. Vous n'avez aucune obligation de trouver un emploi avant de partir et, une fois sur place, vous pourrez travailler pour un nombre illimité d'employeurs, que ce soit dans votre domaine ou pas.

Vous êtes libre de faire ce qui vous plaît : vous pouvez voyager, vous installer quelque part, y travailler ou simplement en profiter. C'est votre PVT, vous en faites ce que vous voulez !

C'est un permis qui est offert au plus grand nombre de personnes, avec très peu de conditions de participation.

Pour pouvoir y participer, vous devez respecter les conditions précédemment listées. Hormis cela, le PVT est accessible à tous. Aucun diplôme n'est requis, ni aucune compétence linguistique ni même aucune situation professionnelle ou personnelle. Que vous travailliez ou pas, que vous ayez ou non obtenu un diplôme, que vous parliez anglais couramment ou à un niveau très faible, que vous souhaitiez partir seul, entre amis, en couple ou en famille, vous êtes éligible au PVT ! Auparavant, les demandes de PVT Canada se déroulaient par courrier, puis sur Internet, en trois sessions, avec une sélection de type « premier arrivé, premier servi ». Depuis 2016, les candidats sont sélectionnés aléatoirement dans le cadre de tirages au sort réguliers qui ont lieu sur plusieurs mois.

L'avantage ? Tous les candidats ont le temps de s'inscrire, ce qui n'était pas le cas avec le système précédent.

Le PVT Canada est le seul PVT réellement difficile à obtenir du fait d'un quota trop faible par rapport au nombre de candidats. Obtenir son PVT Canada, c'est littéralement... de la chance !

Quand faut-il faire sa demande de PVT ?

Depuis que la sélection des candidats se fait par tirages au sort (appelés rondes d'invitations), l'ouverture des inscriptions dans le bassin de candidats a lieu à l'automne. La date précise n'est pas annoncée à l'avance. Il est donc conseillé de se tenir régulièrement informé pour ne pas passer à côté de l'ouverture des quotas.

Chaque année, nous sommes extrêmement réactifs et nous annonçons l'ouverture des quotas sur le site, sur Facebook et sur Twitter. Si vous restez connecté sur PVTistes.net, vous êtes sûr de ne pas rater le coche ! Vous avez également la possibilité, comme chaque année, d'être informé de la date d'ouverture des nouvelles candidatures en vous inscrivant gratuitement à l'alerte SMS que nous mettons en place à l'automne. Notez que les autorités canadiennes sont présentes sur Twitter et qu'elles y annoncent chaque année l'ouverture des PVT.

Comment faire sa demande ?

Nous vous expliquerons plus en détail comment préparer votre demande de participation dans la section Faire sa demande de PVT de ce guide. Gardez à l'esprit qu'un simple oubli peut remettre en question l'obtention de votre PVT. Nous vous recommandons donc d'être très vigilant et de bien suivre les consignes des autorités canadiennes lorsque vous remplirez votre demande. Nous mettons également à votre disposition, chaque année, un tutoriel pour vous guider dans votre démarche.

Quels sont les délais de réponse ?

Les autorités canadiennes annoncent un délai maximal de 8 semaines. Les premiers PVTistes reçoivent généralement une réponse dans les quelques jours ou semaines qui suivent la soumission de leur demande.

Chaque année, certains futurs PVTistes n'obtiennent toujours pas de réponse après 8 semaines, sans visite médicale à effectuer. Dans ce cas, ils sont invités à contacter les autorités canadiennes pour signaler que le délai annoncé est dépassé.

Ce délai concerne les demandes déposées par les candidats tirés au sort. Pour les candidats qui ne sont pas invités à présenter une demande, l'attente peut durer plus de 6 mois, sans aucune garantie d'être tiré au sort. Dans ce cas, il faut attendre l'ouverture du quota de l'année suivante et retenter sa chance.

> **Nouveauté - Été 2018.**
> Le gouvernement canadien vient de mettre en place le prélèvement des données biométriques obligatoire pour les candidats à des permis de travail (entre autres).

Quelles pourraient être les raisons d'un refus ?

Outre les erreurs de saisie et le non-respect du délai imposé pour fournir les documents et régler les frais de participation, les motifs de refus les plus récurrents (quoique rares) sont les soucis de santé et les antécédents judiciaires.

L'alcool au volant est l'un de ces antécédents qui peut grandement porter préjudice à votre demande. Votre antécédent judiciaire est étudié comme s'il avait eu lieu au Canada. En fonction de sa gravité, au regard de la loi canadienne, un PVT vous sera accordé ou non.

Si vous souhaitez travailler dans le domaine hospitalier ou avec des enfants, si vous avez récemment résidé pendant 6 mois ou plus dans un pays où les conditions sanitaires sont considérées à risque, si vous avez eu la tuberculose ou avez été en contact avec un malade, ou encore si vous avez un trouble physique ou mental qui nécessiterait des soins au Canada, vous serez amené à passer une visite médicale dont les résultats pourront avoir des conséquences sur l'obtention de votre PVT.

Rassurez-vous cependant, la visite médicale n'est souvent qu'une formalité. Si vous ne passez pas cette visite, une mention apparaîtra sur votre PVT, précisant que vous n'êtes pas autorisé à travailler avec des enfants ni dans le domaine de la santé. Si, en revanche, vous passez une visite médicale dont les résultats sont concluants, aucune interdiction ne sera inscrite sur votre permis de travail. Vous trouverez plus de précisions dans la section Faire sa demande de PVT de ce guide.

Quand peut-on partir ?

À partir de la date de validation de votre PVT par les autorités canadiennes, vous avez un an pour vous rendre au Canada. Si vous obtenez votre PVT le 15 février, par exemple, vous pourrez vous envoler pour le Canada jusqu'au 14 février de l'année suivante. La date butoir pour valider votre permis est inscrite dans votre lettre d'introduction.

Il n'est pas recommandé de partir au Canada entre le moment où vous avez déposé votre demande de PVT et l'obtention de votre permis. L'agent d'immigration canadien qui vous accueillera sera le seul à décider si vous pouvez entrer ou non au Canada.

---

02. Les différentes façons de vivre son PVT

Il y a mille raisons de partir en PVT : l'envie de voir ce qu'il se passe ailleurs, la soif de voyage et de découverte, l'envie de fuir une situation déplaisante, d'apprendre une langue, d'acquérir une expérience professionnelle internationale... Et aucune de ces raisons n'est mauvaise. Il n'y a, en effet, pas qu'une seule façon d'envisager son PVT, il y a autant d'expériences différentes que de PVTistes !

Loin de nous l'idée de vouloir faire entrer dans des cases les milliers de PVTistes qui s'envolent au Canada chaque année, mais quelques « profils » de PVTistes se distinguent.

Être un PVTiste sédentaire

Les PVTistes sédentaires s'installent durablement dans une ville et vont chercher un emploi dans leur domaine pour acquérir de nouvelles expériences professionnelles pertinentes qui leur permettront de lancer leur carrière, de l'approfondir ou même de la redynamiser. De retour en France ou en Belgique, une expérience professionnelle internationale est un réel plus sur un CV.

Beaucoup de PVTistes sédentaires profitent de leur PVT pour, pourquoi pas, envisager de s'installer au Canada sur le long terme, seuls ou en famille. Le PVT peut être, dans ce cas, une passerelle vers une immigration permanente.

D'autres PVTistes sédentaires sont tout simplement tombés amoureux d'une ville canadienne et y sont tellement bien qu'ils vont rarement la quitter tout au long de leur PVT ! On peut tout à fait vivre un PVT intensément et s'enrichir de mille découvertes et rencontres extraordinaires en restant dans un même lieu.

Être un PVTiste nomade

L'expérience professionnelle n'est pas la pierre angulaire du PVT nomade. Les PVTistes qui ont la bougeotte combinent généralement des road trips et des expériences de volontariat avec des petits boulots de serveur/plongeur pour renflouer les caisses.

Ils traversent le continent américain dans un van, en squattant les parkings du Walmart, ou alors ils optent pour les transports en commun (et les 6 jours de traversée transcontinentale en bus ou en train).

Assez rapidement, les PVTistes voyageurs deviennent des experts des auberges de jeunesse ou, s'ils sont moins citadins, des experts du plantage de tente dans les campings des parcs nationaux. Certains PVTistes nomades sont de grands solitaires (voyager seul, c'est l'occasion de rencontrer de nouvelles personnes ou tout simplement de se retrouver soi-même), d'autres partent en couple ou en troupe, ce qui peut être l'occasion de renforcer des liens.

Être un PVTiste polyvalent

Il y a toujours un entre-deux... Et ce sont les PVTistes « polyvalents » qui peuvent s'installer 6 mois dans une ville puis expérimenter la vie dans une autre ville canadienne. Ou alors voyager énormément, pendant de courts ou moyens séjours, mais en ayant toujours le même point d'attache !

Les + et - du PVT Canada

- Un grand pays très varié qui offre des cadres de vie très différents.
- Un pays où il est facile de se déplacer, au moins entre les grandes villes : transports en commun, van ou en « faisant du pouce » !
- La seule destination PVT où il est possible de parler français (au Québec et dans les communautés francophones du Canada).
- La possibilité de passer la frontière et de visiter les États-Unis.
- Un sentiment de sécurité un peu partout au Canada.
- Une destination PVT où il est possible de rester sur le long terme en passant sur un autre statut légal (études, résidence permanente, permis de travail...).
- La possibilité d'avoir de belles opportunités professionnelles.
- Un pays idéal pour les amateurs de plein air (en toutes saisons !).
- La possibilité de pouvoir partir en PVT avec ses enfants.

- Aucune garantie d'obtenir ce PVT du fait des quotas.
- Un climat rigoureux, parfois peu propice aux road trips. L'hiver est très long et les deux belles saisons sont courtes (printemps et automne). L'été peut être caniculaire avec son lot de bébêtes en tout genre qui piquent sévèrement !
- Les imbroglios administratifs concernant la validité du permis de conduire entre les provinces.
- La difficulté de trouver une assurance auto pour les road trippers.
- Les punaises de lit (bedbugs).
- Les frais médicaux très élevés.
- Les conversations très récurrentes orientées argent au Canada.
- L'excès de liberté (!) en PVT : les possibilités sont si nombreuses et vastes qu'on peut être frustré de faire un choix, avec la sensation de passer à côté de plein de choses !
- Une destination plutôt chère (coût de la vie élevé dans certaines villes et transports coûteux pour les voyageurs).
- La difficulté à trouver un emploi dans certaines villes (Toronto et Vancouver, notamment).

Voyager seul·e ?

Faute de compagnon de voyage ou tout simplement parce qu'ils ont envie de voyager seul·e, de nombreux PVTistes se lancent sur les routes canadiennes en solo. S'il est parfois plus difficile de se lancer, à cause de l'appréhension, partir en PVT seul·e vous fera appréhender le voyage d'une façon extrêmement différente et tout aussi enrichissante (si ce n'est plus ?!).

En outre, le Canada est un pays où l'on se sent en sécurité, même en voyageant seul·e !

« Je n'avais jamais voyagé seule et n'étais jamais partie au long cours. Le défi du premier pas était donc colossal. L'idée avait rapidement germé : le Canada était une évidence. Ce pays était synonyme d'évasion, de simplicité et de sécurité. Il représentait à mes yeux un terrain de jeu accessible, d'une grandeur infinie et d'une beauté intemporelle incroyable. Les Canadiens, réputés accueillants et généreux, m'attiraient. Je voulais comprendre leurs pratiques et leurs cultures, celles qu'on trouve au plus proche de la nature. Quelques barrières entravaient l'idée : j'avais toujours vécu dans la région lilloise, j'étais seule, je ne connaissais rien aux « grands espaces » et mon anglais se limitait à trois pauvres mots de vocabulaire ! J'étais donc une vraie newbie du voyage : 100 % néophyte, 0 % polyglotte… On allait bien se marrer ! »

Laetitia Larmarcq, PVTiste en 2013-2014

03. Le PVT au Canada pour les personnes en situation de handicap

Si vous vous déplacez en fauteuil roulant ou que votre mobilité est réduite, votre souhait de partir au Canada ne doit pas être remis en question !
Il est vrai qu'il existe un obstacle : celui de la neige en hiver. Les trottoirs sont plus difficilement praticables, et il n'est pas forcément facile de se déplacer en ville.

En outre, bon nombre d'appartements présentent l'obstacle d'escaliers ou de marches. Les appartements récents de type « condo » sont plus faciles d'accès.

Bon à savoir : la grande majorité des voitures (à la vente ou à la location) possèdent une boîte automatique (donc sans levier de vitesse). Selon votre handicap, il pourrait donc être plus aisé de conduire qu'en France ou en Belgique. Vous remarquerez également que les scooters pour personnes à mobilité réduite sont plus fréquents qu'en Europe.

Si vous résidez dans une petite ville ou dans un milieu rural, vous aurez toujours la possibilité d'acheter un véhicule adapté.

Il existe des emplois subventionnés favorisant l'embauche de personnes handicapées, et certaines entreprises indiquent sur leurs annonces qu'elles pratiquent une politique d'inclusion.

« À Montréal depuis le 1er mai 2018, je suis un jeune homme en situation de handicap moteur (paralysie du membre inférieur droit depuis la naissance).

Après avoir été tiré au sort en mai 2017, mon parcours n'a pas été facile pour valider mon permis de travail. En effet, une visite médicale à Paris a été nécessaire pour valider mon précieux sésame.

Je vous rassure, le médecin est présent pour vous faciliter la tâche. Grâce à une volonté de faire (ou de fer ;-)) j`ai réussi à décrocher ce fameux permis de travail pour découvrir le Canada ! Actuellement, je suis en processus de recrutement pour un job auprès d'une compagnie spécialisée dans l'accueil et l'animation pour jeunes enfants. Malgré le discours officiel, il semble qu'il faut être résident permanent ou canadien pour avoir des postes à responsabilité. Avec mon handicap, je ne peux me permettre d'être commis de cuisine. Il faut être honnête, sur Montréal c'est chaud, on m'a prévenu !

Un bon conseil si vous êtes en situation de handicap, soyez pugnace et restez confiant. Le rêve peut toujours devenir une belle réalité. »

Alexandre, PVTiste en 2018

04. Faire sa demande de PVT

Les modalités de demande de PVT ont énormément évolué, ces dernières années. C'est pour cela que chaque année, nous vous proposons, en ligne, un tutoriel récapitulant les démarches et les difficultés que vous pourriez rencontrer en effectuant votre demande de PVT. Dans ce guide, nous allons nous contenter de parcourir les formalités liées à la demande de PVT !

À compter du quota 2016, le principe du premier arrivé, premier servi (qui entraînait une véritable course aux PVT) est remplacé par un système de tirages au sort. Tous les candidats au PVT peuvent s'inscrire pour participer à des « rondes d'invitations » pendant lesquelles des candidats sont invités à présenter une demande de PVT. Cette sélection se fait aléatoirement.

Voici toutes les pièces qui doivent être jointes à votre demande de permis si vous êtes invité à présenter une demande.

- ✔ Un CV en français indiquant vos principales compétences et listant l'ensemble de vos expériences et formations.
- ✔ La photocopie lisible des pages d'identification de votre passeport (ainsi que celles contenant des tampons et des visas).
- ✔ Une photo d'identité.
- ✔ Le formulaire IMM5707.

Cas particulier : le certificat de police.
Cas particulier : la visite médicale.

Cas particulier : le certificat de police

Les Français et les Belges ne doivent pas fournir de certificat de police de leur pays de nationalité, sauf s'ils déclarent un antécédent judiciaire et que les autorités canadiennes leur demandent d'en fournir un. Si vous avez vécu dans un ou plusieurs pays étranger(s) pendant plus de 6 mois, vous pourriez également avoir à fournir un certificat de police de ce(s) pays. Cette demande peut être payante (voire onéreuse). Nous vous recommandons donc de vous renseigner sur les démarches que vous pourriez avoir à faire.

Cas particulier : la visite médicale

Elle n'est pas systématique. Vous serez peut-être amené à passer une visite médicale si :

- vous prévoyez de travailler dans le domaine médical ou avec des enfants ;
- vous avez eu la tuberculose ou avez été en contact avec un malade ;
- vous avez voyagé pendant plus de 6 mois dans un pays dit « à risque ».

Sachez, si vous êtes invité à en passer une, que cela retardera le traitement de votre demande mais qu'un PVT sera mis de côté pour vous en attendant vos résultats.

Si vous n'êtes pas certain de travailler dans l'un de ces deux domaines professionnels et que vous ne passez pas de visite médicale au moment de votre demande de PVT, une mention sera inscrite sur votre permis pour préciser que vous n'êtes pas autorisé à occuper ce type de postes. Vous pourrez cependant passer une visite médicale sur place mais cela vous fera perdre du temps et de l'argent.

Si un employeur vous propose un poste disponible immédiatement, vous ne pourrez en effet pas l'accepter avant de vous être soumis à un examen médical.

Une sélection par tirages au sort

Depuis quelques années maintenant, le nombre de PVT disponibles pour les Français est nettement inférieur au nombre de candidats intéressés, ce qui rend l'accès au PVT difficile (environ 1 chance sur 3).

Le processus de demande de PVT pour les Belges est identique à celui des Français. Toutefois, le nombre de candidats est proportionnellement moins important, ce qui rend le PVT Canada pour les Belges nettement plus accessible.

Pour tenter votre chance, vous pouvez intégrer un bassin de candidats pour participer à des « rondes d'invitations » et attendre d'être tiré au sort.
Il est possible de s'inscrire dans ce bassin tant que toutes les rondes d'invitations n'ont pas été réalisées. Des tirages au sort sont effectués régulièrement jusqu'à l'épuisement du quota.

Toutefois, en raison du nombre très important de candidats, il est probable de ne jamais être tiré au sort !

Les malchanceux peuvent tâcher de trouver un plan B pour partir tout de même... au Canada ou ailleurs !

Partir en couple : comment faire ?

Si vous souhaitez partir en couple, vous devez obtenir un permis par personne : chacun doit faire sa demande de PVT de son côté. Si toutefois un seul membre du couple a obtenu un PVT, il n'est pas possible de « faire un rapprochement de conjoint » ou de « rattacher votre conjoint à votre PVT ». Il faudra que votre conjoint obtienne son propre statut légal au Canada (un autre permis de travail ou d'études) ou qu'il parte avec un statut de visiteur (qui ne lui permettra pas de travailler). Il peut également être intéressant de se renseigner sur l'obtention d'un permis de travail ouvert (pour les conjoints de fait et les couples mariés).

Création d'un compte
sur le site des autorités canadiennes

Soumission d'une candidature
pour intégrer le bassin de candidats

Réception d'une invitation
à présenter une demande (soumise à tirage au sort)

Envoi de la demande
de permis de travail (avec le paiement et les documents requis)

Fournir ses données biométriques
dans un centre agréé par les autorités canadiennes

Étude de votre demande par les autorités canadiennes
8 semaines maximum

Le PVT au Canada en famille

Le Canada est le seul pays qui permet aux PVTistes de partir avec leurs enfants. Les familles sont d'ailleurs nombreuses, chaque année, à saisir cette opportunité. Comme nous l'avons vu plus haut, chaque membre de la famille (conjoint et enfant(s)) doit obtenir son propre statut pour partir au Canada, que ce soit un PVT, un autre permis de travail, un permis d'études ou un permis de visiteur.

Plusieurs choses à savoir :

- Si votre enfant est majeur (18 ans), il devra lui-même demander et obtenir un statut légal au Canada.

- Si vous partez en PVT au Canada avec votre enfant mais sans son autre parent, consultez les sites des autorités canadiennes pour connaître les modalités à suivre pour obtenir les documents requis, qui prouvent que vous avez l'autorisation d'emmener votre enfant avec vous. Notez également que tous vos enfants doivent avoir un passeport personnel valide.

- Si vous avez la chance d'être tiré au sort dans le cadre du PVT Canada, vous devez indiquer l'identité de votre conjoint ainsi que celles de vos enfants dans le formulaire IMM5707.

Au Canada, l'instruction n'est pas obligatoire avant 5 ans (pour la Nouvelle-Écosse et l'Île-du-Prince-Édouard) ou 6 ans (pour toutes les autres provinces). Avant cet âge, votre enfant pourra fréquenter le jardin d'enfant, la garderie ou tout simplement rester à domicile avec vous. Il faut prévoir un budget parfois très élevé en fonction du mode de garde choisi et en fonction des provinces. Comptez de 800 $ à 1 800 $ par mois pour une garderie à temps plein en Ontario. Au-delà de 5 ou 6 ans (selon la province), l'instruction est obligatoire (à l'école ou à la maison). Votre enfant peut alors obtenir soit un statut de visiteur avec autorisation d'étudier, directement à l'arrivée au Canada (aucune démarche n'est à faire au préalable, si ce n'est l'obtention d'une AVE pour votre enfant), soit un permis d'études. Dans ce dernier cas, vous devez présenter une demande avant votre départ. Vous n'avez pas besoin de chercher d'école pour présenter un permis d'études pour votre enfant. Celui-ci obtiendra un permis d'études « ouvert », non lié à une école spécifique.

Avoir un bébé pendant son PVT ?

Que ce soit un événement prévu ou imprévu, l'arrivée d'un bébé pendant votre PVT au Canada vous demandera beaucoup d'organisation et, dans la plupart des cas, une anticipation financière solide !

Tout d'abord, il faut savoir que si vous êtes au Canada avec un permis Jeunes Professionnels, vous avez la chance d'avoir droit à l'assurance santé de votre province (éventuellement après un délai de carence de trois mois). Ainsi, grâce à cela, les principaux frais de santé liés à la grossesse et à l'accouchement seront pris en charge par l'assurance santé provinciale. Il est cependant possible que vous ayez tout de même à régler des sommes supplémentaires, surtout si votre emploi ne vous offre pas de mutuelle d'entreprise.

En PVT, vous ne pourrez pas bénéficier (sauf exceptions) de cette couverture provinciale. Votre assurance PVT obligatoire ne couvre pas non plus forcément les frais de santé liés à la maternité (c'est souvent une exclusion de garantie).

Certaines assurances PVT proposent une couverture partielle pour les frais de maternité mais attention au délai de carence ! S'il est de 10 mois, par exemple, vous ne serez pas remboursée. Les plafonds de remboursement prévus peuvent aussi s'avérer insuffisants en cas de complications de grossesse ou d'accouchement.

En effet, les tarifs d'un suivi et d'un accouchement au Canada sont très élevés : il faut compter au moins 10 000 $ pour un accouchement par voie naturelle sans complication (incluant le suivi et les examens basiques ainsi que l'accouchement en tant que tel). Cet ordre de grandeur peut hélas être très vite dépassé de plusieurs milliers, voire dizaines milliers de dollars au moindre imprévu : examens complémentaires, grossesse à risque, naissance prématurée, accouchement par césarienne, etc.

Il existe une exception à l'absence de couverture provinciale pour les PVTistes : si vous partez en PVT au Québec (et uniquement au Québec) en étant déjà enceinte et en ayant entamé les démarches auprès de la CPAM avant de partir, vous pouvez faire valoir un accord d'entente de Sécurité sociale France-Québec, et être couverte par la RAMQ.

II. UNE FOIS LE PVT EN POCHE, LES PRÉPARATIFS

---

01. Quelques conseils pour une bonne préparation

Partir à l'aventure, c'est grisant. Il n'y a absolument aucun mal à cela, bien au contraire ! Cependant, même si certains PVTistes n'aiment pas être trop préparés, certains impératifs s'imposent.

- Sans passeport, vous n'irez pas bien loin ! Vous ne pourrez tout simplement pas faire votre demande de PVT. Si votre passeport expire dans l'année, faites-le refaire pour être sûr qu'il soit encore valable quand vous vous envolerez pour le Canada. C'est une évidence, mais on oublie parfois de regarder... Faites cette démarche un peu à l'avance (que ce soit un renouvellement ou une première demande). Comptez au moins 2 mois pour être tranquille et pouvoir le récupérer à temps, avant votre départ au Canada et surtout, n'oubliez pas de demander une nouvelle AVE.

- Sans économies, ce n'est pas facile non plus ! Il convient d'avoir au moins les 2 500 $ exigés par les autorités canadiennes. Ce n'est pas une somme superflue, les premières semaines peuvent coûter très cher, entre l'hébergement temporaire, la recherche d'emploi et d'appartement, etc. Si vous décidez de vous installer dans une ville chère comme Toronto ou Vancouver, nous vous recommandons plutôt de partir avec au moins 2 500 ou 3 000 euros d'économies.

- N'achetez jamais votre billet d'avion (même si vous avez trouvé une super promo !) ou votre assurance avant d'obtenir votre lettre d'introduction ! Étant donné qu'il devient de plus en plus risqué de se rendre au Canada en touriste en attendant de recevoir sa lettre d'introduction (l'agent d'immigration peut être méfiant et penser que vous allez travailler illégalement avant d'avoir obtenu votre permis de travail), les autorités canadiennes vous recommandent vivement d'attendre d'avoir reçu votre lettre d'introduction avant d'engager ce type de frais.

- En attendant de recevoir votre lettre d'introduction, vous avez un certain nombre de choses à faire pour patienter ! Commencez à fouiller notre forum, à lire des blogs et éventuellement à feuilleter des guides pour savoir dans quelle ville vous voulez atterrir et quels quartiers semblent correspondre à vos envies. Vous pouvez aussi commencer à établir une liste d'éventuels employeurs, ou encore comparer les offres bancaires et téléphoniques pour gagner un peu de temps.

02. Comment choisir son assurance ?

Parmi les conditions énoncées pour l'obtention d'un PVT, figure l'exigence suivante : « avoir une assurance maladie / hospitalisation / rapatriement valide pour la durée du séjour. La preuve de cette assurance devra être présentée à un agent à l'arrivée au Canada. »

Pourquoi une assurance ?

Les frais de santé au Canada sont très chers. Vous ne bénéficierez de la Sécurité sociale ni sur place, ni en France (à moins d'avoir souscrit à la CFE, pour en savoir plus, consultez le point suivant). Votre justificatif d'assurance pourra vous être demandé à la douane. Les contrôles sont beaucoup plus stricts qu'il y a quelques années et plusieurs PVTistes se sont déjà vus refuser leur PVT parce qu'ils n'avaient pas souscrit d'assurance. Sachez que les douaniers attribuent très régulièrement des PVT plus courts que prévu car certains PVTistes ne souscrivent une assurance que pour 3 ou 6 mois. Prenez bien une assurance pour toute la durée de votre séjour, ce serait dommage de n'obtenir un PVT que de quelques mois !

Cependant, ce qui doit vous motiver à souscrire une assurance, c'est votre santé ! Ne partez pas sans assurance ! Vous n'êtes pas à l'abri d'un accident et il est primordial de partir bien couvert !

Ne négligez pas votre santé pour quelques centaines d'euros. C'est un budget à part entière, certes, mais un budget que vous devez prévoir.

260 $
Consultation simple + médicaments

1 200 $
Consultation aux urgences

3 500 $
3 jours d'hospitalisation pour appendicite

12 000 $
6 jours d'hospitalisation

7 000 à 25 000 $
Rapatriement médicalisé

Tarifs indicatifs constatés au Canada

GLOBE PVT (ACS)

L'assurance préférée des PVTistes, Stagiaires et Jeunes pro !

- ✅ Assurance maladie, hospitalisation et rapatriement, tel qu'exigé par les autorités canadiennes !

- ✅ Paiement en 3 fois sans frais possible en envoyant à ACS trois chèques, au moins 4 mois avant votre départ.

- ✅ Support quotidien sur notre forum de discussions.

- ✅ Remboursement des mois d'assurance restants en cas de retour anticipé définitif.

- ✅ Un tarif accessible : 29,70 €/mois.

En savoir plus :
pvtistes.net/globepvt

Les questions à se poser pour choisir une assurance

La lecture des dizaines de notices d'assurance pour pouvoir choisir celle qui vous correspond le mieux est une étape souvent très fastidieuse : malheureusement, c'est la seule solution pour savoir si vous serez bien couvert !

Voici les points les plus importants à vérifier lorsque vous faites votre sélection :

- Est-ce que l'assurance vous couvre au Canada ?
- Est-ce qu'elle vous couvre également en cas de séjour hors Canada (États-Unis, Mexique, Caraïbes, etc.) ?
- Est-ce qu'elle vous couvre bien jusqu'à 24 mois (pour les Français) ?
- Est-ce bien une assurance maladie, hospitalisation et rapatriement (comme exigé par le gouvernement canadien) ?
- Est-ce qu'il y a des franchises ?
- Est-ce que vous êtes bien remboursé au 1er euro ?
- Est-ce que vous êtes remboursé sur la base tarifaire de la Sécurité sociale (de la mutuelle en Belgique) ou à frais réels ?
- Quels sont les plafonds de remboursement : globaux, par accident ou sinistre, par type de soin, etc. ?
- Quelles sont les exclusions de couverture (sports à risque, soins dentaires, maladies chroniques, etc.) ?

Les plafonds de remboursement

Chaque assurance possède un plafond maximal de remboursement pour les différents actes pris en charge. Par exemple, les frais dentaires seront remboursés à raison de XXX euros maximum, idem pour les frais d'hospitalisation...

Les frais de santé sont très coûteux au Canada, il faut donc faire attention à ce que le plafond ne soit pas trop bas. C'est en tout cas une condition importante à prendre en compte lorsque vous faites votre choix d'assurance !

Le taux de remboursement et les franchises

Le taux de remboursement est également un élément primordial : est-ce qu'il est bien précisé que les soins seront remboursés à 100 % des frais réels ?

Parfois, les assurances remboursent à 100 % des prix de la Sécurité sociale française ou de la mutuelle belge, ce qui n'est pas du tout avantageux pour vous puisque ce sera forcément plus cher au Canada qu'en France ou en Belgique. Donc, au final, vous ne serez presque pas remboursé.

Attention aux franchises ! Très souvent, votre assurance vous demandera de payer une franchise obligatoire pour chaque acte médical. Par exemple, pour un rendez-vous chez le médecin, si vous en avez pour 60 $, la franchise peut s'élever à 30 euros. Faites le calcul, c'est comme si vous n'étiez remboursé qu'à moins de 50 % ! Parfois, la franchise peut être plus chère que l'acte médical... Préférez une assurance sans franchises.

Pour quelles activités/quels soins n'est-on pas couvert ?

Il faut savoir que les assurances voyage ne couvrent pas tous les soins. Il y a une exclusion de garantie qui est toujours la même, pour toutes les assurances voyage : les conséquences de maladies ou affections antérieures au départ ne seront pas couvertes une fois sur place.
Pour les PVTistes ayant des maladies chroniques, référez-vous au chapitre ci-dessous à propos de la CFE. De plus, certains sports « à risque » ne sont pas toujours pris en charge.

Chez certains assureurs, il vous faudra payer un supplément. Si vous comptez faire, par exemple, de la plongée sous-marine, du quad ou du parachute, vérifiez bien qu'en cas d'accident, vous serez assuré. Si vous pratiquez un sport dans un club, on vous proposera certainement une assurance dans le cadre de votre licence.

Et la responsabilité civile ?

La plupart des assurances voyage couvrent la responsabilité civile. Bien que cet aspect ne soit pas une condition pour l'obtention de votre PVT, il est extrêmement important. En France, la responsabilité civile est généralement couverte par votre assurance habitation. Or, en partant en PVT, vous quittez votre logement, donc votre contrat est résilié. Vous risquez ainsi de vous retrouver sans assurance responsabilité civile. En arrivant au Canada, il n'est pas certain que vous trouviez un logement tout de suite.

Si vous habitez dans une colocation, celle-ci sera peut-être déjà couverte, sans pour autant que votre propre responsabilité civile le soit. Dans la majorité des cas de figure, votre assurance voyage sera votre seule garantie de responsabilité civile, il est donc extrêmement important que votre choix se porte sur une offre qui vous protège sur cet aspect également.

Important : la responsabilité civile incluse dans votre assurance PVT est une responsabilité civile privée, pas auto !

Si vous louez une voiture au Canada, nous vous conseillons de souscrire à une assurance responsabilité civile (PAI) auprès de votre loueur. Vous pourrez même souscrire une option supplémentaire (LIS) abaissant la franchise due en cas de sinistre et augmentant le plafond de garantie.

Ces options sont rarement couvertes par les cartes bancaires, pensez à vous renseigner.

Quand et comment souscrire une assurance ?

L'assurance doit absolument être souscrite avant que vous quittiez le sol français ou belge (même si vous ne commencez pas votre PVT tout de suite et faites du tourisme ailleurs, par exemple !).

Si vous ne comptez pas prendre la totalité de votre assurance d'un seul coup (ce n'est vraiment pas recommandé au Canada car les contrôles sont très fréquents) et que vous souhaitez la renouveler par la suite, faites bien attention à ce que les assurances soient bien continues et qu'il n'y ait pas un seul jour sans assurance, c'est primordial. Car si ce n'est pas le cas, vous serez exclu des garanties, et ne serez donc pas couvert ! Attention, vous risquez d'obtenir un PVT de quelques mois seulement si vous ne souscrivez pas à une assurance pour la durée totale de votre séjour.

La plupart des assurances peuvent être souscrites en ligne, via des formulaires informatiques, avec paiement sécurisé par carte bancaire. Vous recevez ensuite votre contrat par courrier électronique.

Et pour un départ en couple ou en famille ?

Chacun d'entre vous doit souscrire à une assurance à son nom, il n'est pas possible de faire bénéficier son conjoint ou son enfant de son assurance PVT.

Combien ça coûte ?

Pour commencer, ce n'est pas parce qu'une assurance est plus chère qu'elle vous offre de meilleures garanties ! Il faut éplucher les notices et les offres de tous les assureurs susceptibles d'être intéressants. Comptez entre 350 et 450 euros par an en moyenne.

De la même manière que vous prévoyez un budget billet d'avion, un budget logement et un budget nourriture, vous devez prévoir un budget assurance.

Les limites des assurances de carte bancaire

Attention aux assurances de cartes bancaires ! Certaines cartes de crédit (Mastercard, Visa Premier, Visa Gold, pour ne citer qu'elles) incluent une assurance. Cependant, il faut bien vérifier les clauses de votre contrat car certaines assurances sont nulles si votre séjour à l'étranger dépasse 90 jours (parfois, c'est 180 jours).

Dans ce cas, l'assurance de votre carte bancaire ne sera valable que si vous décidez de faire un PVT de trois mois. En revanche, elle ne le sera pas si vous décidez de faire un PVT plus long : les trois premiers mois de votre séjour ne seront pas assurés par votre carte de crédit.

Si votre assurance de carte de crédit fonctionne (c'est-à-dire, si vous avez le droit d'être couvert pendant les trois premiers mois même en restant à l'étranger pour une durée supérieure), il est tout de même important de souscrire une autre assurance avant de partir, pour les raisons énoncées plus haut (l'agent d'immigration canadien risque de ne vous attribuer qu'un PVT de la durée de votre assurance de carte bancaire). De plus, pour que votre assurance de CB soit valide, vous devez l'avoir utilisée pour payer votre billet d'avion.

Il faut également faire attention aux plafonds fixés par votre assurance de carte bancaire et vérifier qu'il s'agit bien d'une assurance maladie / hospitalisation / rapatriement. N'oubliez pas d'emporter avec vous vos contrats d'assurance pour les montrer à l'agent d'immigration.

La Caisse des Français de l'Étranger

La Caisse des Français de l'Étranger (CFE) permet aux Français qui partent à l'étranger de bénéficier d'une couverture maladie identique à celle de la Sécurité sociale. Cela veut dire que vos frais médicaux habituels seront remboursés mais sur la base des tarifs français et au taux de remboursement appliqué par la Sécurité sociale sur ces tarifs. L'adhésion à la CFE coûte relativement cher.

La CFE s'avère utile pour les PVTistes qui souhaitent maintenir la continuité de leurs droits à la Sécurité sociale française, qui souhaitent être couverts en toute circonstance (attention, les remboursements peuvent être bien plus bas que vos dépenses réelles) ou aux PVTistes souffrant de maladies chroniques ou de longue durée et qui ont à suivre des traitements médicaux particuliers qui ne seront pas pris en charge par une assurance voyage, puisque antérieurs au départ. Souscrire à la CFE ne dispense pas de souscrire une assurance maladie / hospitalisation / rapatriement : en effet, la CFE n'est qu'une assurance maladie limitée et ne couvre pas, notamment, le rapatriement.

Certaines assurances privées vous proposent une formule de remboursement en complément de la CFE, mais il est en réalité possible de s'inscrire à la CFE et en complément, de souscrire à n'importe quelle assurance. Vous devez donc faire votre choix en deux temps. D'une part, posez-vous la question de savoir si vous souhaitez adhérer à la CFE, et d'autre part, celle de savoir quelle assurance voyage vous souhaitez prendre : il s'agit là de deux démarches de réflexion indépendantes.

> Le plus important, c'est de choisir une assurance qui convienne à vos besoins.

03. Faire sa demande d'AVE (Autorisation de Voyage Électronique)

En 2016, le Canada a mis en place une Autorisation de Voyage Électronique (plus ou moins similaire à l'ESTA américaine). Depuis le 15 mars 2016, les touristes à destination du Canada doivent impérativement demander une AVE (au coût de 7 $) avant de prendre l'avion. Sans cette AVE, l'entrée sur le territoire canadien leur sera refusée.

Depuis le 1er août 2015, tous ceux qui obtiennent un permis d'étude ou de travail obtiennent automatiquement une AVE, ils n'ont aucune démarche supplémentaire à faire.

Par conséquent, une AVE vous est normalement délivrée en même temps que votre PVT. Cependant, il arrive que ça ne soit pas le cas. Pour être sûr de bien en avoir une, rendez-vous sur votre interface sur le site des autorités canadiennes. Dans le tableau en bas de page, sous la ligne consacrée à votre permis de travail, vous devez voir apparaître des informations sur votre AVE. Si ce n'est pas le cas, vous devez faire une demande d'AVE.

Rappel : si vous changez de passeport entre l'obtention de votre PVT et votre départ au Canada, l'AVE que vous avez obtenue en même temps que votre PVT n'est plus valide car elle était liée à votre ancien passeport. Vous devez impérativement demander une nouvelle AVE.

04. Trouver son billet d'avion

Trouver un billet d'avion, c'est simple, mais trouver un billet d'avion qui corresponde à son budget et à son projet, c'est une autre affaire !

Les tarifs et services

Les compagnies reliant la France et la Belgique au Canada sont nombreuses. Sans grande surprise, les compagnies nationales telles qu'Air France ou Air Canada proposent des billets au coût plus élevé mais également un service de meilleure qualité. Vous aurez par exemple accès à des films, de la musique et des jeux sur un écran personnel depuis votre siège, alors qu'avec certaines compagnies low cost, comme Air Transat ou Corsair, ce n'est pas toujours le cas ! Vous pouvez également y être un peu plus à l'étroit que dans les avions de grandes compagnies.

Si vous avez un budget serré ou si vous n'êtes pas très regardant sur ce type de confort, préférez les compagnies low cost ou un vol avec une, voire deux escales sur une compagnie nationale.

Les types de billets

Un aller simple coûte souvent plus cher qu'un aller-retour (cela dépend des compagnies). Acheter deux aller simples (c'est-à-dire deux billets séparés) est la plupart du temps plus coûteux que de prendre un aller-retour mais cela vous donne une plus grande liberté d'action pendant votre PVT ! Vous pourriez vouloir voyager ailleurs avant de rentrer en France ou en Belgique ou tout simplement décider de rester au Canada.

Avec le PVT, vous êtes tout à fait autorisé à n'acheter qu'un aller simple, à condition d'avoir, en plus des 2 500 $ exigés par les autorités canadiennes, suffisamment d'argent pour vous acheter un billet retour (environ 700 euros).

Si vous envisagez de passer par un autre pays avant de vous rendre au Canada, aux États-Unis, par exemple, vous pouvez opter pour un billet multi-destinations. Il s'agit en réalité de plusieurs allers simples achetés en une fois. Cette option est souvent plus intéressante que l'achat indépendant de deux ou trois allers simples.

L'aller-retour est idéal pour les PVTistes qui savent d'ores et déjà qu'ils repartiront de la même ville canadienne par laquelle ils ont commencé leur PVT. Une fois le billet acheté, vous avez la garantie de ne pas manquer d'argent en fin de PVT pour acheter un billet retour, ce qui est plutôt confortable. En revanche, si vous souhaitez repartir d'une autre ville canadienne ou si vous décidez de rentrer plus tôt ou plus tard, vous risquez de vous sentir coincé par ce billet d'avion.

Moyennant finances, il est possible de prendre un billet d'avion avec retour modifiable : c'est de loin la meilleure option pour avoir plus de liberté, mais malheureusement ce n'est envisageable que si vous restez au Canada un an maximum, les billets d'avion n'étant, la plupart du temps, valables qu'un an.

Réserver sur Internet ou en agence de voyage ?

Chercher un billet d'avion sur Internet, cela permet de comparer très vite une grande quantité de billets et de procéder à l'achat très rapidement. Vous pourrez aussi bien y acheter un aller simple qu'un aller-retour ou encore un billet multi-destinations. En revanche, il est impossible d'acheter des billets avec date de retour modifiable en ligne. Seules les agences de voyages peuvent vous en vendre. En bref, lorsque vous avez des attentes un peu hors du commun, il est préférable de passer par une agence de voyages.

La meilleure période d'achat et de départ

Il n'y a pas de dates d'achat stratégiques vraiment fiables, même s'il est recommandé d'acheter ses billets d'avion à l'avance plutôt que d'attendre la dernière minute. Certains parviennent à trouver des billets peu chers quelques jours avant leur départ, mais quand on part en PVT pour un an ou deux, on a plutôt tendance à vouloir connaître sa date de départ un minimum à l'avance.

S'il n'y a pas de dates d'achat qui se démarquent, il y a en revanche des dates de départ plus ou moins intéressantes. Si vous partez au Canada en été, votre billet vous coûtera plus cher que si vous partez en hiver. De même, il est préférable d'éviter les vacances scolaires. Noël, les vacances de printemps, la fête du travail et l'Action de grâce sont également des journées très chargées : les billets seront plus chers et les vols complets !

En tant que bénéficiaire d'un permis EIC (PVT, JP ou Stage) ou d'un permis d'études, notez que vous bénéficiez de 23 kg de bagages supplémentaires offerts avec Air Transat (uniquement si vous faites votre réservation en ligne en passant par PVTistes.net. Les réservations sur le site d'Air Transat, via des comparateurs de vol, en agence de voyage ou par téléphone ne permettent pas de bénéficier de cet avantage).

Obtenez **23 kg de bagages offerts** avec Air Transat !

Si vous optez pour :
- Un billet sans bagage inclus : bénéficiez d'un bagage de 23 kg offert !
- Un billet avec un bagage inclus : bénéficiez d'un bagage supplémentaire de 23 kg offert (vous partez donc avec 2 bagages de 23 kg !)

En savoir plus : **pvtistes.net/bonsplans**

05. Trouver un logement temporaire pour l'arrivée

Pour arriver au Canada dans les meilleures conditions possibles, il est préférable de s'organiser un minimum pour savoir où dormir les premières nuits. Certains choisissent de trouver un appartement à distance quand d'autres préfèrent attendre d'être sur place pour pouvoir procéder à des visites. Si vous faites partie de cette deuxième catégorie de personnes, voici les différentes options qui s'offrent à vous à votre arrivée.

Se loger en auberge de jeunesse ou à l'hôtel

Même si ce n'est pas obligatoire, réserver vos premières nuits de logement avant de partir peut vous épargner quelques casse-têtes. En arrivant à l'aéroport, après un long voyage, vous serez sans doute heureux de ne pas avoir trop à réfléchir et de ne pas avoir à courir les rues pour savoir où vous allez dormir !

Selon votre budget et le confort que vous voudrez trouver une fois sur place, optez plutôt pour un hôtel ou pour une auberge de jeunesse (ou *hostel*). Ces deux types d'hébergement sont généralement localisés dans le centre-ville, ce qui facilite vos démarches : demande du NAS/SIN (on vous en parle plus tard dans le guide), ouverture d'un compte en banque, recherche d'un logement ou encore d'un véhicule si vous prévoyez de quitter votre ville d'arrivée rapidement.

En plus d'être moins chère, l'auberge de jeunesse a l'avantage de vous faire rencontrer d'autres voyageurs venus d'un peu partout dans le monde.

À nouveau selon votre budget et le niveau de confort recherché, en auberge, vous pouvez opter pour une chambre double, si vous êtes en couple ou avec un ami et que vous souhaitez un minimum d'intimité, ou pour un dortoir de 4, 6, 8 ou 12 lits, voire plus dans certaines auberges « usines », où les rencontres sont moins évidentes mais où les prix sont souvent compétitifs. Les dortoirs peuvent être réservés aux femmes, réservés aux hommes ou mixtes.

En dortoir, pas d'intimité et aucune garantie de bien dormir, notamment si des fêtards rentrent tard dans la nuit ou si l'un de vos voisins ronfle. C'est le choix le plus économique mais pas forcément le plus confortable. Autre inconvénient : la sécurité de vos affaires ! Les vols d'affaires personnelles sont courants dans certaines auberges, surtout celles qui ne sont pas pourvues de casiers. Il ne faut pas craindre particulièrement les auberges de jeunesse, mais pour plus de sécurité, n'optez que pour des auberges proposant des casiers ou des coffres que l'on peut fermer avec un cadenas ou un code. Certaines auberges prêtent ou louent des cadenas, d'autres n'en mettent pas à disposition (il faudra alors venir avec le vôtre ou en acheter un !).

Du point de vue de l'ambiance et des rencontres en revanche, c'est un choix très judicieux, qui peut vous laisser d'excellents souvenirs ! Le choix de votre auberge de jeunesse peut se faire sur différents critères :

• **Son prix**
Quand on part avec juste ce qu'il faut d'économies, le prix est un critère essentiel. Attention cependant à ne pas opter pour une auberge de jeunesse de trop mauvaise qualité ou très mal placée.

• **Sa localisation**
Beaucoup d'auberges se trouvent en centre-ville mais il en existe également dans des quartiers plus excentrés. L'avantage du centre-ville, c'est d'être à deux pas de tout, ce qui n'est pas négligeable lorsqu'on recherche un appartement, un emploi ou qu'on aime sortir.

Comme dans la plupart des villes, plus on s'excentre, plus on dépend des transports en commun pour rejoindre les quartiers animés. Et pour rentrer le soir, ça peut être un peu galère... ou il faudra prévoir des dépenses supplémentaires (si on prend un taxi). Ceci étant dit, en s'éloignant du centre, on peut trouver des auberges moins onéreuses, bien intégrées dans un quartier calme, sympa ou typique, selon les cas, et ça peut être l'occasion de découvrir une ville différemment.

Si on ne cherche pas absolument à vivre en centre-ville, ça peut également être très stratégique de se loger quelques jours en auberge dans un quartier réputé pour une qualité de vie qui nous intéresse. Il n'y aura alors plus qu'à chercher un logement aux alentours. Pour le travail ? Tout dépend du quartier et de son activité mais il est tout à fait possible de trouver un emploi en dehors du centre-ville !

Il faut noter que dans bon nombre de villes nord-américaines, le centre « géographique » de la ville n'est pas forcément le quartier le plus dynamique. Le centre-ville a tendance à être vivant pendant les heures de bureau (jusqu'à 17 h) puis se vide subitement. Les villes peuvent avoir plusieurs « centres », et le centre-ville n'est pas forcément celui où l'on sort le soir !

• **Sa taille**
Il arrive, en centre-ville, de trouver de grandes auberges de jeunesse, souvent surnommées « usines » car les dortoirs y sont immenses (jusqu'à 16 personnes) et nombreux. Ces auberges sont souvent assez froides, peu conviviales et il n'est pas toujours évident de faire connaissance avec d'autres personnes que ses voisins de lit. Ces auberges sont souvent bien placées et/ou moins chères que les autres.

Les plus petites auberges ont l'avantage d'être avant tout un lieu de rencontre. Une auberge où une vingtaine de personnes passe la nuit donne l'occasion de prendre un petit-déjeuner de groupe et souvent, de sortir le soir. Les gens se croisent, se recroisent et prennent généralement le temps de se poser pour échanger.

Certaines de ces rencontres donnent lieu à de réelles amitiés, d'autres à quelques semaines de complicité ou à un road trip en commun, quand d'autres ne donnent rien de plus qu'un échange sympathique dans une auberge de jeunesse. Et quand on arrive dans un nouveau pays et qu'on ne connaît personne, c'est déjà pas mal !

• **Sa propreté**
Il est important de lire les avis laissés sur Internet avant de réserver son auberge. Certaines auberges peuvent être décrites comme des taudis, des lieux de fête avec des vieux matelas ou des douches délabrées. Autant les éviter ! Vous trouverez bien une autre auberge, propre et calme, si c'est ce que vous recherchez.

Le CouchSurfing

Le CouchSurfing, c'est avant tout un état d'esprit. Comme son nom l'indique, il s'agit de dormir sur le canapé d'étrangers prêts à vous héberger, mais derrière ce nom se cache une communauté très active qui ne se limite pas qu'à ça.

Lorsque vous arrivez dans une ville ou que vous y passez quelques jours, vous pouvez, après vous être inscrit gratuitement sur le site CouchSurfing, formuler des demandes auprès d'hôtes qui résident dans votre ville de destination. Sur leur profil, ces hôtes précisent s'ils peuvent vous héberger ou s'ils sont simplement disposés à vous faire visiter la ville ou à aller boire un café avec vous. L'air de rien, ces deux aspects ne sont pas négligeables quand on est un nouvel arrivant. Cela permet de se faire une première connaissance et, pourquoi pas de visiter des quartiers hors des sentiers battus.

Si vous souhaitez être logé, ne contactez que les hôtes qui sont disposés à vous accueillir. Sur leur profil, vous trouverez également le nombre de personnes qui peuvent être logées, donnée importante si vous partez en couple ou entre amis. Les hôtes donnent également des informations sur eux : leurs passe-temps, leur profession, les voyages qu'ils ont faits, etc.

Une fois que vous trouvez un profil qui vous intéresse, envoyez un e-mail à l'hôte en lui précisant vos dates d'arrivée et de départ et en parlant un peu de vous. Les messages très courts et de toute évidence envoyés en masse à tous les hôtes d'une même ville ont moins de chance d'aboutir à une réponse positive.

Évidemment, vous pouvez envoyer quasiment le même message à un grand nombre d'hôtes pour multiplier vos chances, mais essayez d'ajouter une phrase sur une passion que vous avez en commun ou sur une caractéristique de leur profil qui vous a plu par exemple, pour leur montrer que vous les avez choisis eux et pas un autre.

De votre côté, prenez le temps de renseigner votre profil et mettez une photo sympa. Il faut savoir que quand on est hôte, on reçoit un nombre de requêtes incroyables quand on vit dans une grande ville. Distinguez-vous pour ne pas vous noyer dans la masse.

Notez qu'il est possible de voir son compte vérifié par le site CouchSurfing pour 60 $US (vérification valide à vie). Sachez cependant que même sans cette vérification, vous pourrez tout à fait trouver des hôtes partout dans le monde !

En vous faisant loger, vous laissez entendre que lorsque ce sera possible pour vous de le faire, vous accueillerez, vous aussi, des voyageurs au budget serré et à la forte envie de rencontrer des locaux ou d'autres voyageurs comme vous ! Si vous ne souhaitez pas loger d'autres CouchSurfers, n'oubliez pas que vous pouvez vous balader avec eux dans votre ville ou les emmener boire un verre !

Ce concept est l'occasion de faire de belles rencontres, de visiter les alentours avec quelqu'un qui saura où vous emmener et de ne pas se retrouver seul en arrivant dans une nouvelle ville. Plutôt sympa !

Sites d'annonces de logement chez l'habitant

L'idée de dormir dans un dortoir de 12 lits ne vous tente pas plus que ça et l'hôtel fait exploser votre budget car en plus du prix de la chambre, vous n'aurez pas la possibilité de cuisiner ? Loger chez l'habitant peut être un bon compromis pour vous !

Via des sites tels que Airbnb, Wimdu ou Bedycasa, vous pourrez louer pendant quelques nuits une chambre dans un appartement ou une maison à un prix intéressant.

Ces sites offrent des hébergements très variés, du studio indépendant à la chambre chez l'habitant. Si vous souhaitez rencontrer des locaux, optez plutôt pour une chambre dans un logement habité plutôt que pour une location touristique.

En plus, en réglant via ces sites, vous bénéficiez de garanties de remboursement si votre hôte annule votre séjour, par exemple. Certains hôtes optent également pour un mode d'annulation ou de modification souple, c'est-à-dire que vous pouvez être remboursé intégralement en cas de changement de projet. Renseignez-vous bien avant chaque réservation ! Si vous partez à plusieurs, cette option peut également s'avérer plus intéressante financièrement que l'hôtel.

06. Faire ses bagages : valise ou sac à dos ? Que mettre dedans ?

Valise ou sac à dos ? Ce choix dépend de votre budget mais également de votre projet.

Le choix de votre bagage

La valise a une contenance plus importante qu'un sac à dos, elle permet une meilleure organisation de vos affaires et a l'avantage de ne pas trop solliciter votre dos ! Pour que ce dernier point soit valable, il faut choisir une valise de qualité, qui supportera le poids de vos affaires pendant un ou deux ans. Une roulette qui se casse et c'est terminé, votre valise devient un fardeau !

Le sac à dos, quant à lui, est un bagage pratique et fiable, salvateur dans le cas où vous vous déplacez sur un terrain qui n'est pas plane (ou encombré par la neige et le verglas). La contenance du sac à dos est moindre par rapport à la valise, mais vous avez une plus grande liberté de mouvement. Le sac est néanmoins à proscrire si vous avez des problèmes de dos !
Afin d'optimiser le volume de votre sac à dos, placez au fond de votre sac vos affaires moyennement lourdes, au milieu vos affaires les plus lourdes, et terminez par le plus léger sur le dessus.

À l'inverse de la valise, il est possible d'acheter un sac de qualité moyenne sans pour autant le regretter, sauf pour les randonneurs invétérés qui devront s'offrir un équipement de qualité afin que leur dos puisse supporter de longs kilomètres ! On a tendance à attribuer la valise aux PVTistes qui envisagent d'insister sur le T du « PVT » et le sac à dos à ceux qui favoriseront l'aspect Vacances, mais ce n'est pas systématique !

Valise

La choisir

- Examiner la qualité des roues et du mécanisme.

- S'assurer de la qualité de la fermeture éclair.

- Choisir la valise la plus légère possible.

- Choisir une valise rigide ? Les valises rigides résistent plus facilement aux chocs, notamment à l'aéroport, mais elles sont généralement bien plus lourdes. Il faut souvent investir une belle somme pour trouver une valise rigide légère.

- Choisir une valise en toile ? Plus légères que les valises rigides, elles peuvent être moins solides, et sont rarement imperméables. On en trouve de bonne qualité à prix raisonnables.

- Les poches et sangles intérieures peuvent être très pratiques pour organiser vos affaires.

- Une sangle peut être un bon achat pour maintenir votre valise fermée pendant le transport aérien. Elle sera aussi d'une grande aide si jamais vos fermetures cassent (*true story!*).

La remplir

Ce n'est pas parce que vous avez droit à une vingtaine de kilos (voire à 46 kg avec Air Transat) en avion qu'il faut forcément bourrer votre valise ! Laissez-vous de la place pour que son poids ne devienne pas un fardeau, et pour pouvoir rapporter des souvenirs !

Que vous optiez pour une valise ou un sac à dos, le maître mot, c'est : MI-NI-MA-LI-SME ! En préparant votre paquetage, étalez sur votre lit tout ce que vous souhaitez emporter et... éliminez-en la moitié ! Sur place, vous vous rendrez rapidement compte que vous n'utiliserez que la moitié de ce que vous aviez prévu d'empaqueter. Et puis, au pire, vous racheterez un short et un débardeur sur place !

Sac à dos

Le choisir

- Choisir, de préférence, un sac à dos qui s'ouvre par le milieu (et non par le haut !) pour ne pas avoir à sortir toutes vos affaires à chaque ouverture.

- Choisir un sac à dos adapté à votre morphologie. Essayez-le toujours (bien rempli !) avant de l'acheter.

- N'ayez pas les yeux plus gros que le ventre, choisissez un sac dont le litrage correspond à votre résistance physique.

- Les différences entre les modèles « homme » et les modèles « femme » sont souvent minimes. Essayez les deux, peu importe votre genre, pour savoir lequel est le plus confortable.

- Choisissez un sac qui propose plusieurs poches, pratiques pour ranger ses affaires !

- Un couvre-sac imperméable pour ranger votre sac à dos peut être un bon achat si vous comptez vous en servir pour la randonnée ou pour visiter des zones pluvieuses. Une sangle pour le maintenir en place peut être utile.

Le remplir

- Prenez bien le temps de répartir le poids de vos affaires dans votre sac à dos (le plus lourd au milieu).

- Ne remplissez jamais votre sac au maximum. Vous pouvez par exemple choisir un sac de 70 litres en ne le remplissant pas au maximum : vous aurez ainsi plus de marge pour ranger vos affaires que si vous choisissez un sac de 50 litres. Il sera moins compact, ceci dit ! Il faut savoir, néanmoins, qu'un sac de 50 litres, c'est déjà énorme !

Le contenu de votre bagage

Aujourd'hui, avec les contrôles aériens qui sont effectués avant chaque vol, on ne parvient pas toujours à savoir ce que l'on peut mettre dans ses bagages. En plus de vous donner des précisions à ce sujet, nous allons lister ce que vous ne devez surtout pas oublier pour valider et entamer votre PVT dans les meilleures conditions.

Les interdictions

En soute comme en cabine : un certain nombre de matières et de produits toxiques ou inflammables, entre autres choses, sont interdits.

En cabine : dans votre bagage en soute, pensez bien à mettre tous les flacons, cosmétiques et aérosols contenant plus de 10 cl de liquide. Seuls les liquides de moins de 10 cl peuvent être transportés en cabine. Important : il faut les placer dans un unique sac (en plastique transparent et refermable) d'une capacité maximale d'un litre.

Il en va de même pour les couteaux et certains briquets. Ils n'ont pas leur place dans votre bagage à main ! Attention si vous en possédez un de qualité ou auquel vous tenez, vous ne pourrez pas retourner au bureau d'enregistrement pour le glisser dans votre bagage en soute. S'il est considéré comme dangereux, il sera jeté ! Si vous avez des médicaments à prendre qui ne correspondent pas aux règles imposées en cabine, emportez avec vous l'ordonnance. Ainsi, ils ne vous seront pas retirés.

Emporter de la nourriture

Quand on part en PVT, ou quand des amis ou de la famille viennent en visite, il y a toujours la tentation d'emporter quelques produits bien typiques de chez nous qui risquent de nous manquer au Canada.

Un outil est mis à votre disposition par l'Agence Canadienne d'Inspection des Aliments pour déterminer si vous êtes en droit, ou non, de faire entrer un produit au Canada. Notez par exemple que vous ne pouvez pas entrer dans le pays avec des fruits ou des légumes. Le foie gras n'est accepté que s'il est en conserve et non sous vide. La charcuterie ne remportera pas un franc succès, tout comme le fromage.

Mais comme il s'agit d'une question sanitaire, il existe parfois de légères nuances entre deux produits qu'on aurait tendance à mettre dans le même panier. Prenez donc quelques minutes pour consulter le site de l'Agence Canadienne d'Inspection des Aliments.

Autres réglementations

Si vos médicaments sont délivrés sous ordonnance, vous avez le droit de les emporter avec vous, tant que votre stock ne dépasse pas 3 mois de traitement. Transportez-les toujours dans leur boîte originale. Vous pouvez également emporter avec vous des médicaments « communs », comme le paracétamol ou l'aspirine mais sachez que vous trouverez la majorité d'entre eux en vente libre au Canada.

Concernant votre éventuelle pilule contraceptive (ou autre dispositif contraceptif), voici ce que vous devez faire, en théorie :

• Vous ne devez arriver qu'avec 6 mois de traitement, avec votre ordonnance et la boîte d'origine.
• Vous devrez vous faire envoyer par la Poste vos prochaines plaquettes (6 mois max. à chaque fois) mais devrez obtenir, au préalable, une ordonnance canadienne (les autorités vous recommandent de l'envoyer à votre proche qui se chargera de l'envoi, afin qu'il la joigne au colis).

Ceci étant dit, la majorité des PVTistes dans ce cas ne semblent pas déclarer leur pilule et ont tendance à partir avec un traitement pour 6 ou 12 mois. Concernant la contraception, le plus simple semble d'obtenir une prescription canadienne avec un équivalent local. Cependant, les boîtes de médicaments ne vous seront pas remboursées. À vous de voir !

Si vous avez un traitement tout au long de l'année, vous pouvez vous faire envoyer certains médicaments (renseignez-vous quant aux quantités limites autorisées) ou aller chez le médecin sur place pour vous faire prescrire ces médicaments. Attention, les assurances PVT ne couvrent pas ce type de dépenses dans la mesure où il s'agit d'une maladie connue avant le départ. Il peut être intéressant, selon le coût de vos médicaments, de vous inscrire à la CFE (si vous êtes français) en complément de votre assurance PVT.

De façon générale, il est recommandé d'arriver au Canada en ayant laissé les médicaments dans leur boîte pour que les autorités puissent facilement vérifier de quels médicaments il s'agit. En cas de problème de santé, il pourra également être utile de vous rendre avec vos boites et notices de médicaments chez le médecin, une fois sur place.

Protégez vos papiers et objets de valeur

Ne mettez jamais dans votre bagage en soute vos effets personnels de valeur.
Référez-vous à la liste ci-dessous pour être sûr de ne rien oublier.
Même chose pour votre ordinateur portable, votre appareil photo ou encore votre téléphone. Les vols sont malheureusement plus fréquents qu'on ne le croit et un cadenas ne suffit parfois pas à éloigner les personnes mal intentionnées.

Même chose pour votre ordinateur portable, votre appareil photo ou encore votre téléphone. Les vols sont malheureusement plus fréquents qu'on ne le croit et un cadenas ne suffit parfois pas à éloigner les personnes mal intentionnées.
Notez que pour les vols à destination des États-Unis, les cadenas TSA sont les seuls autorisés. Ces cadenas permettent aux autorités, et à personne d'autre, d'ouvrir votre bagage puis de le refermer sans l'abîmer. Pour le Canada, ces cadenas ne sont pas obligatoires, mais si vous prévoyez de voyager aux États-Unis pendant votre PVT, pensez-y absolument. Les cadenas TSA les moins chers coûtent entre 5 et 10 euros.
Pour dormir tranquillement dans l'avion et à l'auberge de jeunesse une fois arrivé, vous pouvez opter pour une pochette à mettre en bandoulière sous votre veste, où vous pourrez ranger vos documents les plus importants, à savoir votre argent et vos

différents papiers d'identité.

Les documents indispensables à emporter avec vous

• La lettre d'introduction
Il s'agit de la lettre que vous avez reçue sur votre interface en ligne, celle qui vous confirme que vous avez obtenu votre PVT ! Vous devrez en montrer une copie à l'agent d'immigration.

• L'attestation d'assurance
Souscrire une assurance pour la durée de votre PVT est obligatoire, n'oubliez pas d'emporter l'attestation avec vous ! Certains ont fait les frais de cette obligation et n'ont obtenu qu'un PVT de quelques mois car ils ont souscrit une assurance trop courte. Pour faire un PVT de 2 ans, vous devez donc souscrire une assurance de 2 ans.

• Votre passeport
Sans passeport, pas de départ au Canada et pas de PVT !
Si vous changez de passeport entre l'obtention de votre permis et votre départ au Canada (vol, perte ou expiration), aucun problème !
Faites une copie des pages d'identification du passeport avec lequel vous avez obtenu votre PVT, demandez un nouveau passeport et lors de votre passage à l'immigration canadienne, précisez bien à l'agent qui vous accueille que vous avez changé de passeport (et ayez sur vous la copie de votre ancien passeport).

• Le relevé de compte
Il doit dater de moins d'une semaine et doit apporter la preuve que vous avez au moins 2 500 $ d'économies sur vos comptes (hors comptes bloqués de type PEL). Imprimez un extrait de compte en ligne ou demandez-en un au guichet de votre banque quelques jours avant de partir au Canada. Si vous partez avec un aller simple, prévoyez d'avoir quelques centaines de dollars en plus pour justifier que vous êtes en mesure de vous payer un billet d'avion retour.

Scannez ou photocopiez votre passeport et vos papiers importants (comme votre permis de conduire, par exemple) puis stockez-les sur une clé USB ou sur votre serveur de mail (sécurisé), ça peut toujours, ça peut toujours être utile ! Vous pouvez aussi confier une copie de ces documents à vos proches.

Les documents facultatifs

• Votre carte d'identité
Certains préféreront emporter avec eux passeport et carte d'identité en PVT. Si vous êtes dans ce cas, essayez de ne pas avoir les deux documents rangés au même endroit. Si on vous vole votre sac, qu'au moins on ne vous vole pas tous

vos papiers d'identité en une fois. Votre carte d'identité peut vous servir pour des démarches non officielles (rentrer dans un bar) ou pour vous identifier en cas de problème (auprès du consulat, par exemple), mais elle ne remplacera pas votre passeport.

Vous pouvez la garder sur vous si vous préférez laisser votre passeport chez vous par exemple, pour plus de sécurité, mais elle n'aura aucune autre utilité au Canada.

• **Votre permis de conduire et permis de conduire international**
Si vous êtes titulaire d'un permis de conduire, emportez-le ! Même si vous ne comptez pas acheter de voiture, vous aurez peut-être l'occasion d'en louer une ou de conduire la voiture d'un ami. Notez qu'au Canada, on conduit à droite. Pas de grosse différence de conduite, donc, à part en ville, où les feux tricolores se trouvent après le croisement, et non avant !

Avant de partir, faites une demande de permis de conduire international (attention aux délais, qui peuvent être très longs) : celui-ci est une traduction officielle de votre permis et vient en complément. Vous pourriez avoir à montrer les deux conjointement en cas de contrôle des forces de l'ordre.

• **Vos diplômes**
Pour certaines professions, il vous sera peut-être nécessaire d'obtenir une équivalence de vos diplômes et, dans ce cas, vous devrez produire les originaux obtenus en France ou en Belgique avec parfois des relevés de notes et les descriptifs de cours. Renseignez-vous avant de partir sur la profession que vous aimeriez exercer afin de savoir si certaines démarches seront nécessaires.

Les vêtements, que choisir ?

En ce qui concerne les vêtements chauds, si vous êtes déjà équipé d'une doudoune imperméable chaude (par exemple pour les sports d'hiver), il n'est pas forcément nécessaire de s'équiper plus, au moins dans un premier temps. Si vous avez déjà de bonnes chaussures ou un manteau chaud, emportez-les et mettez-les à l'épreuve, ils feront sans doute l'affaire !

Si vous n'en avez pas avant de partir, vous pouvez décider d'attendre d'être sur place pour acheter des vêtements très bien adaptés au froid canadien (surtout pendant les soldes, pendant le Boxing Day notamment).

Si vous souhaitez vous équiper en France ou en Belgique, il existe aujourd'hui des collections très chaudes (thermiques, en polaire, etc.) et très abordables (souvent moins chères qu'au Canada !), notamment à Uniqlo ou à Decathlon.

Pas besoin d'investir des centaines d'euros pour un manteau ou des bottes que vous n'utiliserez qu'un an ou deux, à moins de vous implanter dans le Grand Nord canadien !

Pour la durée d'un PVT, ce n'est pas la peine d'acheter un manteau à 500 $, la « technique de l'oignon » (porter plusieurs couches de vêtements !) est largement suffisante.

De plus, votre manteau et vos bottes de neige seront rapidement éprouvés par le sel présent sur la chaussée…

D'autres objets utiles

Tout d'abord, il est bon de préciser qu'il y a peu de chances que vous ne trouviez pas tout ce dont vous avez besoin au Canada, donc inutile de trop vous charger, surtout que vous serez tenté de rapporter une tonne de souvenirs quand vous partirez ! Un mot d'ordre : voyagez léger ! Voici cependant une petite checklist d'objets utiles (ou moins utiles) à emporter dans votre valise !

• Vos chargeurs

D'appareil photo, de téléphone, de caméra… et pourquoi pas un chargeur allume-cigare si vous prévoyez de beaucoup voyager en voiture !

• Un ou deux adaptateurs de prise

Il n'est pas nécessaire d'acheter un convertisseur de courant : au Canada vous aurez du 110V au lieu du 220V en Europe. Certains de vos appareils européens marcheront au ralenti, mais pour la grande majorité d'entre eux, tout fonctionnera comme d'habitude. Ceci dit, si vous souhaitez que votre sèche-cheveux ou votre épilateur fonctionne à une vitesse normale, un convertisseur sera le bienvenu. Sinon, vous pourrez aussi en acheter sur place !

• Un disque dur externe et/ou une clé USB

Que ce soit pour vos démarches professionnelles ou pour protéger vos dossiers personnels, notamment vos nombreuses photos du Canada, ce sera très utile !

• Une petite trousse de couture
Un entretien d'embauche dans une heure et vous découvrez que votre chemise a un trou ? Rien que pour ça, vous aurez bien fait de prendre cette trousse !

• Une petite trousse de santé
Avec vos médicaments habituels, pour assurer la transition avec les médicaments canadiens (vous trouverez globalement les équivalents). Pensez à votre pilule contraceptive si vous en prenez une. Pensez également à scanner vos ordonnances si vous avez une maladie chronique, ça pourrait être utile si vous êtes amené à consulter un médecin au Canada.

• Du matériel de camping
Si vous prévoyez d'en faire : sac de couchage et lampe frontale entre autres. Vous trouverez du matériel sur place mais si vous êtes déjà bien équipé, pourquoi ne pas emporter ce qui n'est pas trop encombrant ?
Le matériel de plein air, comme les chaussures de randonnée ou la toile de tente, est généralement bien plus cher au Canada qu'il ne l'est en France ou en Belgique, à qualité égale.

07. Avant de s'envoler : encore quelques démarches

Lorsqu'on quitte son pays pendant un an ou deux, il y a quelques obligations à bien respecter pour se protéger à son retour et pour être dans la légalité. Prenez le temps de faire ces démarches rapides grâce auxquelles vous partirez serein au Canada.

Pour les Français - Vos droits et devoirs

La Sécurité sociale

Si vous prévoyez de partir pendant plus de 6 mois au Canada, vous devez en informer votre centre de Sécurité sociale car en partant pour une telle durée, vous perdez vos droits, à moins de vous inscrire, comme nous vous l'avons expliqué précédemment, à la CFE qui maintient vos droits pendant votre séjour à l'étranger. Si vous le souhaitez, vous pouvez ne contacter la Sécurité sociale qu'une fois ces 6 mois atteints pour les prévenir de votre séjour longue durée à l'étranger. Cela peut être intéressant si, on ne vous le souhaite pas, vous rentrez plus tôt que prévu (économies épuisées, problème personnel...).
Ainsi, vous n'aurez aucune démarche à faire pour rouvrir vos droits puisqu'ils n'auront pas été fermés.

À votre retour en France :
• Vous trouvez un emploi : vous retrouvez vos droits dès la première heure de travail effectuée.

• Vous êtes reconnu comme demandeur d'emploi (vous aviez ouvert des droits au Pôle Emploi et les aviez suspendus avant votre départ) : vous retrouvez également vos droits à la Sécurité sociale.

• Vous ne trouvez pas d'emploi et n'êtes pas inscrit comme demandeur d'emploi, vous pourrez, 3 mois après votre retour en France, bénéficier de la Protection Universelle Maladie (PUMa) en tant que résident.

Le Pôle Emploi

Vous ne pouvez pas bénéficier de l'allocation chômage pendant que vous êtes au Canada, même si vous cherchez un emploi. Voici ce qu'il convient de faire, que vous soyez au chômage, que vous soyez licencié ou que vous démissionniez. Si, au moment de partir au Canada, vous avez des droits auprès du Pôle Emploi, il suffit de les suspendre temporairement (de les « geler ») en précisant que vous partez pendant un an ou deux à l'étranger. À votre retour, ces droits seront rouverts. Notez qu'ils peuvent être suspendus pendant 3 ans maximum.

Démission
En cas de démission, vous n'avez pas droit à l'allocation chômage. Seule une période de travail salarié de 91 jours ou de 455 heures vous permettra d'ouvrir de nouveaux droits.
Attention ! Si vous prévoyez de vivre un certain temps à l'étranger, à votre retour, vous devrez non seulement avoir effectué cette période de travail indispensable après une démission mais également comptabiliser au moins 4 mois de travail au cours des 28 derniers mois.

Fin de CDD, licenciement ou rupture conventionnelle
Dans ces trois cas, inscrivez-vous au Pôle Emploi dès la fin de votre contrat. Au moment de partir pour le Canada, vous procéderez au gel de vos droits, que vous retrouverez à votre retour en France, pour bénéficier des allocations chômage.

Si vous ne vous inscrivez pas au Pôle Emploi dans les 12 mois qui suivent la fin de votre contrat de travail, vos droits seront perdus. L'inscription, suivie du gel de vos droits, est donc la meilleure des solutions pour rentrer en France sereinement.

Pensez que parfois, le voyage appelle le voyage. Même si vous partez dans l'idée de ne rester que quelques mois au Canada, vous envisagerez peut-être de faire un autre PVT ailleurs, ou pourquoi pas un tour du monde. Ne prenez pas le risque de perdre vos droits uniquement parce que vous ne prévoyez qu'un voyage de 6 mois, on ne sait pas ce qui peut arriver !

S'actualiser sur Internet ou par téléphone en demandant à un proche de le faire à votre place pour continuer à toucher vos indemnités au Canada est un délit. Vous risqueriez de perdre vos droits, de vous acquitter d'une amende de 3 750 euros et de devoir rembourser l'intégralité des allocations que vous auriez perçues.

Si vous avez un budget trop serré, il vaut mieux travailler quelques mois de plus pour pouvoir mettre plus d'argent de côté. Le PVT vous donne une grande liberté : vous avez un an pour partir, rien ne vous presse !

> Pôle Emploi vous autorise à vous absenter (et donc à ne pas chercher de travail) jusqu'à 35 jours par an (soit 5 semaines). Pour cela, vous devez impérativement les informer de votre absence au moins 72 heures avant votre départ. Vous pourrez ainsi bénéficier de ces 35 jours de congé pendant le début de votre séjour, en toute légalité. À l'issue de ces 35 jours, vous devez absolument signaler à Pôle Emploi que vous souhaitez suspendre vos droits car vous ne cherchez plus de travail en France.

Les autres organismes

Si vous bénéficiez d'allocations comme les APL ou si vous touchez le RSA, vous devez obligatoirement prévenir les organismes concernés que vous partez à l'étranger. Vous ne pouvez pas bénéficier de ces aides en n'étant pas sur le territoire français et, à nouveau, en cas de fraude, vous risquez de devoir rembourser les allocations que vous avez perçues illégalement.

Le centre des impôts

Vous devez informer votre centre des finances publiques de votre changement d'adresse. Vous pourrez fournir l'adresse d'un membre de votre famille ou d'un ami pour recevoir votre courrier si vous ne savez pas encore où vous résiderez au Canada et pour combien de temps.

À ce jour, nous ne connaissons pas encore l'impact du nouveau système du prélèvement à la source sur les PVTistes retournés en France à l'issue de leur expérience canadienne. Nous vous conseillons de vous renseigner auprès de votre centre d'imposition dès votre retour.

Pour les Belges - Vos droits et devoirs

La mutuelle

Vous n'avez pas d'obligation de garder ou de suspendre la mutuelle. Il faut savoir qu'il y a un délai de carence en cas de réinscription à votre retour, délai pendant lequel la mutuelle n'interviendra pas en cas de maladie ou d'hospitalisation. Vous pouvez tout à fait payer vos cotisations de mutuelle et garder vos droits pendant votre année de PVT (elles sont relativement peu élevées), comme ça, lorsque vous rentrerez en Belgique (par exemple en cas de retour prématuré), vous serez couvert par la mutuelle, comme si vous n'étiez pas parti.

Il faut savoir que si vous continuez à payer votre mutuelle en Belgique, elle ne vous assure pas à l'étranger, ce n'est pas comme une assurance voyage ! Il ne faut donc pas oublier d'en souscrire une.

Le chômage

Prévenez votre caisse de chômage avant de partir et retournez-y le plus tôt possible à votre retour pour vous réinscrire.
Dans le cas du FOREM (région wallonne), il y a trois solutions pour faire parvenir votre « Avis de changement de situation » :

- se présenter dans un bureau du FOREM à une date proche du départ (si possible la veille) ;
- se procurer le formulaire de l'avis de changement de situation à l'avance dans un bureau puis le renvoyer par courrier ;
- demander à une tierce personne de déposer le formulaire (préalablement rempli par vos soins) le jour de votre départ.

Cette démarche vous permet de vous réinscrire directement comme demandeur d'emploi à votre retour. Il ne faut pas la faire trop à l'avance sinon vous serez radié trop tôt.
Si ce procédé n'est pas suivi, il est très difficile de se réinscrire.

Si vous venez juste de terminer vos études, inscrivez-vous au FOREM qui vous expliquera la marche à suivre dans votre cas.
Téléphonez ou prenez rendez-vous dans un organisme de paiement afin de savoir s'il est nécessaire et/ou utile de vous y inscrire avant de partir !
Les primes de chômage ne sont pas versées de manière rétroactive, elles ne le seront qu'à partir de votre réinscription. Pour pouvoir bénéficier de cette allocation à votre retour, vous devez, avant de partir, vous être inscrit au chômage. Présentez-vous à la CAPAC (Caisse d'Allocations de Paiement de Chômage) ou à votre syndicat si vous êtes affilié à un syndicat.

Renseignez-vous en fonction de votre région :
- Région wallonne : Forem
- Région bruxelloise : Actiris
- Région flamande : VDAB

Si vous avez travaillé à l'étranger (et que vous pouvez le prouver, avec des fiches de paie, par exemple), vous avez droit aux allocations chômage en rentrant en Belgique, en attendant de trouver un nouvel emploi, à condition de vous y être inscrit avant votre départ. Comme il s'agit d'une activité professionnelle en dehors de l'Europe, il n'existe pas de formulaire spécifique à compléter ou d'accord particulier à votre retour. Le FOREM demande les contrats et les équivalents des « C4 » (le document officiel délivré en fin de contrat).

Si, sur votre contrat, votre salaire et votre temps de travail n'apparaissent pas, fournissez une copie de vos fiches de salaire et des attestations de fin de contrat que vous auront données vos employeurs canadiens. Vous avez un mois à partir de votre retour en Belgique pour leur communiquer ces documents.

Si vous n'avez pas effectué toutes ces démarches avant de partir de Belgique et que vous avez par conséquent perdu tous vos droits, travailler au Canada, même pendant un an et pour le même employeur, ne rouvrira pas vos droits au chômage.

Si vous n'avez plus de droits, il vous faut travailler un an en Belgique, sans interruption et pour le même employeur afin de rouvrir vos droits au chômage. Vous pouvez téléphoner à votre organisme de paiement qui vous fournira de plus amples informations.

L'ONEM

Si vous rendez encore des cartes de contrôle à un syndicat ou à la CAPAC, cochez les cases de cette carte à partir du jour de votre départ jusqu'à la fin du mois. Ensuite, comme vous ne rendrez plus de cartes, vous ne recevrez plus d'allocations et ils vous considèreront automatiquement désinscrit.

Pensez à prendre vos jours de congés restants si ce n'est pas déjà fait (vous avez le droit à 24 jours de vacances par an en gardant vos allocations). Il suffit d'inscrire la lettre « V » dans les cases souhaitées.

Une fois de retour, pour vous réinscrire à la CAPAC ou au syndicat, présentez-vous au bureau et ouvrez à nouveau un dossier.

Vous devez garder toutes vos fiches de paye et les contrats de vos employeurs canadiens. Ces documents facilitent amplement votre réinscription car ils prouvent que vous avez travaillé pendant votre PVT.

Exemples :

- Vous partez au Canada le 17 août. Vous cochez votre carte comme si vous travailliez du 17/08 au 31/08 et ensuite, vous ne rendez plus de carte.
- Si vous partez le 1er août et que vous n'avez pas encore écoulé vos congés, vous écrivez la lettre « V » du 1/08 au 24/08 sur la carte de

contrôle. Attention, dans ce cas, vous devez réellement être en vacances donc vous ne pouvez pas commencer à travailler au Canada non plus : tout travail devra être déclaré aux impôts et vous ne pouvez légalement pas travailler et être en vacances en même temps.

La commune

La domiciliation au Canada étant impossible en PVT, vous devez avoir une adresse en Belgique chez un parent ou un proche, par exemple. Pour la durée du PVT, inutile de se désinscrire de sa commune. Il vaut mieux par contre signaler son absence.

Le centre des impôts

Il est obligatoire de renseigner les revenus que vous aurez eus au Canada au moment de faire votre déclaration d'impôts en Belgique, même si vous les déclarez au Canada également. Il existe en effet un accord bilatéral entre les deux pays qui permet d'éviter une double imposition. Conservez bien vos fiches de paie canadiennes et vos contrats de travail.

Lorsque vous recevrez la déclaration d'impôts belge, cochez, sur le questionnaire de réponse, la case « Exonérer les montants » et suivez les instructions !

Le fait de déclarer vos revenus canadiens en Belgique permet également que ces revenus soient pris en compte pour la pension.

Mes affaires, ma voiture, mon appartement

La plupart des PVTistes décident de rendre leur appartement (dans ce cas, attention au préavis !) mais vous pouvez aussi opter pour une sous-location : ainsi, vous n'êtes pas obligé de déménager toutes vos affaires, et vous êtes certain de retrouver votre appartement en rentrant. Attention cependant à faire les choses dans les règles !

> « Selon l'article 8 de la loi du 6 juillet 1989, vous avez tout à fait le droit de sous-louer votre logement, à condition d'obtenir l'accord écrit du bailleur (votre propriétaire) et que le prix du loyer de votre sous-locataire ne soit pas plus élevé que celui que vous payez réellement. »

Pour en savoir plus, n'hésitez pas à contacter l'Agence nationale pour l'Information sur le Logement. Si vous êtes belge, vous trouverez des renseignements sur le site Belgium.be.

Pour entreposer vos affaires, à défaut de trouver une petite place dans le garage d'un ami ou de la famille, vous pouvez vous renseigner auprès d'entreprises proposant des garde-meubles. Seul problème : ce n'est jamais donné !

Si vous avez un véhicule, vous pouvez soit le vendre, soit trouver une solution plus originale, comme le louer pendant votre séjour (Drivy, Ouicar...).

Résilier ses abonnements

Si vous n'êtes plus sous engagement, il est très facile de mettre fin à votre abonnement téléphonique ou Internet : il suffit d'appeler le service concerné de votre fournisseur.

Pour votre téléphone portable, si vous êtes encore sous engagement, vous pouvez toujours demander à votre fournisseur une suspension de ligne, c'est-à-dire que pendant un ou deux ans, vous allez seulement payer le maintien de votre ligne (généralement de 3 à 5 euros par mois) mais plus votre abonnement. Comme ça, en rentrant, vous réactivez votre ligne, retrouvez votre numéro et votre abonnement. Attention : la suspension payante de votre forfait n'est pas prise en compte dans votre durée d'engagement.

Si vous comptez résilier votre abonnement en étant encore sous engagement, attendez-vous à ce que ce soit compliqué !

Pourtant, vous êtes dans votre bon droit, puisque si vous pouvez prouver que vous partez vivre à l'étranger (grâce à la lettre d'introduction du PVT), votre fournisseur doit résilier votre contrat. Seulement, dans la grande majorité des cas, les fournisseurs de téléphonie ne se contenteront pas de votre billet d'avion ou de votre lettre d'introduction : ils exigeront un bail ou un contrat de travail (que vous ne pourrez évidemment avoir qu'une fois sur place !). Notez que c'est abusif : ils devraient se contenter du billet d'avion et de la lettre d'introduction.

Si votre interlocuteur s'acharne à vous dire que la résiliation n'est pas possible, insistez, rappelez un autre conseiller, et si la situation ne s'arrange vraiment pas, contactez la DGCCRF (Direction générale de la concurrence, de la consommation et de la répression des fraudes).

Si vous n'avez pas le temps de vous lancer dans de longues démarches, vous pouvez toujours « mettre en sommeil » votre ligne, et recommencer les négociations une fois que vous aurez obtenu un contrat de travail ou un bail.

Faire un bilan de santé

Votre assurance voyage ne vous couvrira au Canada qu'en cas de maladie ou d'urgence. Pour toutes les visites de contrôle, la consultation devra être réglée par vos soins et ne vous sera pas remboursée ! Profitez donc des quelques semaines qu'il vous reste avant de partir pour faire un check-up de santé en France ou en Belgique. La Sécurité sociale française vous propose de passer, une fois tous les 5 ans, et dans certaines régions, un bilan de santé gratuit. Renseignez-vous sur Ameli.fr. La Belgique ne semble pas proposer ce service aux personnes de moins de 45 ans. Quoi qu'il en soit, pensez à dire à vos médecins que vous partez pendant un ou deux ans !

Le dentiste

Afin d'éviter les visites en urgence pour grosse douleur pendant votre séjour, autant aller faire vérifier votre dentition avant de partir. Un petit détartrage et le traitement de vos éventuelles caries vous permettront de partir l'esprit tranquille, sans risquer la rage de dents.

La gynécologie

Il est prudent d'aller consulter un gynécologue, une sage-femme ou un médecin généraliste pratiquant la gynécologie, pour une visite de contrôle avant votre départ. Si vous prenez la pilule (ou tout autre mode de contraception : patch, implant, DIU...), expliquez à votre médecin que vous partez pendant deux ans : effectivement, bien souvent, les ordonnances ne sont valables que pour trois mois.

Certains médecins acceptent de faire une prescription en indiquant au pharmacien de vous donner le stock nécessaire pour un an de contraception. À noter que dans ce cas, la Sécurité sociale peut, parfois mais rarement, ne rembourser que les trois premiers mois (si vous prenez une pilule remboursée, ce qui n'est pas toujours le cas) et le pharmacien peut également ne pas vouloir vous donner directement la totalité de la prescription. Une solution qui s'offre à vous est de confier votre ordonnance à un membre de votre famille qui pourra vous envoyer votre boîte, tous les 3 mois.

L'ophtalmologue

Si vous portez des lunettes (ou que vous craignez de devoir en porter) ou des lentilles, une visite chez l'ophtalmologue avant de partir vous permettra de contrôler votre vue, et si elle a changé, de vous faire prescrire une paire de lunettes neuves. N'oubliez pas d'apporter avec vous votre ancienne paire, ça peut toujours dépanner !

Une visite chez le généraliste : vaccins, traitements longue durée, etc.

Si vous avez des traitements habituels, des problèmes de santé récurrents (par exemple des allergies annuelles), faites-vous prescrire vos médicaments et achetez tout ce qu'il faut avant de partir. N'oubliez pas d'emporter les ordonnances en cas de contrôle à la douane.
Une fois sur place, vous ne verrez plus vos médecins habituels, les médicaments ne seront pas forcément les mêmes et, surtout, le remboursement ne sera peut-être pas aussi simple à obtenir. S'il s'agit d'une maladie connue avant votre départ et que vous n'êtes pas inscrit à la CFE (si vous êtes français), vous ne serez pas du tout remboursé. Un petit tour chez le généraliste avant de partir vous permettra de régler ces questions diverses et de vérifier que vous êtes à jour en terme de vaccins.

Apporter votre argent

Dans le cadre du PVT, les autorités canadiennes exigent que tous les participants aient à leur disposition 2 500 $ au minimum.

Il n'est pas nécessaire, ni même recommandé d'emporter tout votre argent en espèces avec vous.

Cependant, vous aurez besoin d'une certaine somme d'argent pour gérer les premières dépenses à votre arrivée, par exemple pour payer un taxi, une nuit dans une auberge de jeunesse ou un repas mais également pour entamer des démarches plus importantes telles que la recherche d'un appartement.

L'argent liquide

Vous pouvez choisir l'option la plus confortable mais également la plus risquée : l'argent liquide. Vous disposez immédiatement de votre argent mais en cas de perte ou de vol, vous n'avez aucun recours. Si vous optez pour l'argent liquide, veillez à garder précieusement votre argent sur vous, dans une poche intérieure ou dans une poche cousue, par exemple.
Pour obtenir des dollars canadiens avant d'arriver sur place, tournez-vous vers lesbureaux de change ou les banques, en vérifiant bien les taux de change et les commissions qui s'appliquent.

La carte bancaire

Enfin, vous pouvez choisir de ne partir qu'avec votre carte de crédit, ce qui est plutôt pratique si vous ne savez pas précisément quelles dépenses vous serez amené à faire. Mais cette option a des limites qu'il faut bien avoir à l'esprit avant de partir pour éviter les mauvaises surprises. La plus mauvaise est sans doute de se retrouver dans l'incapacité de retirer de l'argent car la somme de retrait maximale imposée par votre banque a été atteinte. En effet, les banques fixent un plafond de retrait à ne pas dépasser et à l'étranger, il n'est pas très élevé. Pensez bien à consulter ce plafond avant de partir ou éventuellement, à changer de carte pour avoir droit à un plafond plus élevé.

Il est également judicieux de prévenir sa banque avant de partir au Canada afin que vos retraits, sans doute réguliers et peut-être assez élevés en début de séjour, ne soient pas assimilés à un piratage de carte de crédit et que celle-ci ne soit bloquée.

Intéressez-vous également aux frais de retrait qui s'ajouteront au taux de change parfois peu avantageux des banques, car si vous multipliez les retraits d'argent, cette option pourra s'avérer la plus dispendieuse. Favorisez des montants élevés car deux frais vous seront facturés à chaque retrait : un pour le simple fait de retirer de l'argent et un second qui se calcule en fonction de la somme retirée.

À noter que des frais s'appliquent en cas de retraits dans les distributeurs des grandes banques canadiennes ou dans les distributeurs (ATM) que l'on trouve dans les bars et les supermarchés.

Cependant, certaines banques canadiennes ont des partenariats avec d'autres banques, ce qui permet de limiter ces frais bancaires !

La BNP Paribas bénéficie d'accords internationaux avec la Scotia Bank (et la Bank of America aux États-Unis) : si vous retirez de l'argent dans ces banques, vous n'aurez aucun frais. La Société Générale propose également une formule « Jazz Option Internationale » qui peut se révéler intéressante.

Dès que votre compte en banque canadien sera ouvert, vous pourrez procéder à un virement depuis votre compte français ou belge.

Desjardins

BANQUE DESJARDINS
Les offres aux nouveaux arrivants au Canada

✓ Des frais bancaires offerts !

✓ Un petit coffret de sécurité gratuit pendant 12 mois.

✓ Un mois d'assurance Globe PVT offert aux PVTistes et Jeunes professionnels.

✓ La reconnaissance de vos années de conduite, pour votre éventuelle assurance auto.

En savoir plus :
pvtistes.net/desjardins

Les démarches pour partir avec votre animal de compagnie

La décision de partir avec votre animal ou non vous appartient. Effectivement, les démarches peuvent être contraignantes, et il sera moins facile, sur place, de trouver un logement ou d'être mobile. Cependant, chaque année, de nombreux PVTistes partent avec leur animal, c'est possible et faisable !

Prendre rendez-vous avec votre vétérinaire

Il est nécessaire de passer chez votre vétérinaire pour obtenir des certificats de vaccination et de bonne santé de votre animal de compagnie. Vous pouvez profiter de ce rendez-vous pour vérifier que tous les papiers de votre animal sont en règle :

- Son passeport. Vous pouvez l'obtenir auprès de votre vétérinaire, il est parfois gratuit, parfois payant (environ 10 ou 15 € selon les vétérinaires). C'est un passeport valable à vie. Il vous sera tout particulièrement utile à votre retour.

- L'identification par puce ou le tatouage (le tatouage n'est plus réalisé depuis juillet 2011). L'identification est exigée par l'Union Européenne.

- Le certificat de vaccination contre la rage : en français ou en anglais, délivré par un vétérinaire praticien, le certificat doit également être daté (la date de la vaccination doit y être inscrite), il doit identifier l'animal (son poids, sa race, la couleur de son pelage), indiquer le nom et le numéro de série du vaccin homologué et préciser la durée pendant laquelle votre animal est immunisé.

- Un certificat de bonne santé, délivré par votre vétérinaire quelques jours avant votre départ.

- Par ailleurs, pensez à prendre le carnet de santé de votre animal de compagnie : les formalités avec les autorités canadiennes n'en seront que plus faciles. Néanmoins, le carnet de santé seul ne suffit pas.

Les compagnies aériennes

Contactez directement votre compagnie aérienne pour lui signaler que vous partez avec un animal. Vous devez être en mesure de lui donner sa taille, sa race ainsi que son poids.

Les politiques des compagnies en matière de transport d'animaux peuvent être déterminantes dans votre choix de compagnie aérienne. Vérifiez bien que votre compagnie a obtenu toutes les informations listées au paragraphe précédent, sinon quelques soucis vous attendent à l'embarquement.

Très régulièrement, les lois et les politiques des compagnies changent, ce qui peut remettre en question l'embarquement de votre animal. Prenez contact avec votre compagnie aérienne quelques semaines avant votre départ.

Chiens et chats

Les chats et les chiens ne sont pas soumis à des permis d'importation ou à une mise en quarantaine à leur arrivée sur le territoire canadien. Néanmoins, le gouvernement canadien vous impose de respecter un certain nombre de règles pour pouvoir emporter avec vous votre compagnon à quatre pattes. À votre arrivée, votre chien ou votre chat passera une inspection auprès de l'Agence des Services Frontaliers du Canada (ASFC). Vous pourriez avoir à payer des frais à hauteur de 30 $ (hors taxes) pour faire inspecter votre animal de compagnie, puis 5 $ par animal supplémentaire.

Lapins domestiques et furets

Pour les lapins, vous devez effectuer une demande, auprès de l'ACIA (Agence Canadienne d'Inspection des Animaux), de « permis d'importation » avec une déclaration, signée de votre main, attestant :
- que les lapins qui sont en votre possession immédiate sont reconnus comme vos lapins de compagnie ;
- que vous accompagnerez personnellement ces lapins, de leur pays d'origine au Canada.

La demande doit être faite au moins 30 jours avant le départ. L'ACIA vous expliquera le processus d'acceptation de lieu de quarantaine et une fois ce lieu approuvé, un permis d'importation vous sera délivré. Pour contacter l'ACIA, consultez le site Inspection.gc.ca. Vous aurez des frais à payer pour la demande de permis d'importation, la mise en quarantaine et l'inspection de votre lapin domestique.

Pour les furets, les démarches sont sensiblement les mêmes que pour les lapins, au détail près que vous devrez demander à la province dans laquelle vous souhaitez vous rendre s'il est autorisé d'avoir un furet avec soi.

Rongeurs

Entrent dans cette catégorie les gerbilles, les cobayes, les hamsters, les gerboises, les souris et les rats, entre autres. Sont interdits les chiens de prairie, les rats de Gambie et tous les écureuils et rongeurs d'Afrique. Pour les rongeurs, il n'y a pas besoin de permis d'importation ou de certificat sanitaire. Cependant, les ministères provinciaux peuvent exiger des contrôles. Par exemple, l'Alberta demande un permis spécifique pour les rats. Il faut donc contacter directement les ministères. Vous trouverez des recommandations en matière d'importation de rongeurs sur le site de l'ACIA.

III. LE CANADA C'EST GRAND, OÙ PARTIR ?

Comment choisir sa destination ? Comment être sûr que l'on choisit la ville qui nous correspond le mieux ? Ce sont toujours des questions épineuses, qui peuvent souvent déterminer l'orientation de votre PVT. Même les PVTistes les plus nomades devront choisir une ville d'arrivée !

Pour bien choisir sa destination, il n'y a pas de mystère : il faut définir ses priorités et faire quelques recherches.

Il arrive cependant que vous n'ayez aucune idée de ce dont vous avez envie : pas de souci, vous déciderez sur place, il n'y a aucun mal à partir à l'aventure, tant que vous savez un petit peu à quoi vous attendre !

01. Comment choisir sa destination ?

Si votre objectif principal est de trouver un emploi qui correspond à vos aspirations professionnelles, il va falloir que vous vous renseigniez sur les villes qui sont les plus porteuses d'emplois dans votre domaine. Pour cela, vous pouvez commencer par taper le mot-clé correspondant à votre poste dans un moteur de recherche d'emplois canadien (Monster, Indeed...). Il suffit ensuite de regarder dans quelle ville il y a le plus d'occurrences ! Ce n'est pas une science exacte, mais cela peut vous indiquer si certaines villes sont hyper-spécialisées dans votre domaine d'emploi ou non.

Tournez-vous également vers le site du gouvernement canadien Guichet Emplois. Ce site, en plus de lister quantité d'offres d'emplois, vous propose un outil très utile intitulé « Explorer des Carrières ». Cet outil vous permet de savoir, pour chaque province et territoire, si votre domaine recrute, quel salaire vous pourriez toucher et si votre profession est réglementée, c'est-à-dire si vous devez prévoir d'effectuer des démarches sur place pour être autorisé à exercer votre métier.

Si c'est votre cas, l'outil vous fournira également l'organisme à contacter pour obtenir des informations sur la procédure à suivre.

Certaines villes et provinces souffrent moins de la crise économique que d'autres, qui sont encore prospères. La situation est fluctuante et peut changer d'année en année.

Sachez qu'il n'y a cependant pas d'eldorado, où que ce soit ! Il faudra avoir beaucoup de chance et faire preuve de beaucoup d'acharnement si vous voulez trouver l'emploi de vos rêves en 2 jours.

En français ou en anglais ?

Pour apprendre l'anglais ou vous perfectionner, vous vous doutez que la province du Québec n'est pas la destination idéale. Effectivement, la province est uniquement francophone : sa langue officielle est le français. Ainsi, au quotidien, vous ne serez pas immergé dans un environnement anglophone (pour faire vos courses, pour sortir et même pour travailler). Bien sûr, il existe des quartiers plutôt anglophones, à Montréal, ainsi que des emplois bilingues.

Mais ça vous demandera un effort supplémentaire : vous devrez faire spécifiquement la démarche de trouver des colocataires anglophones, par exemple, et ils ne seront pas majoritaires !

Beaucoup de PVTistes dont l'objectif principal est de progresser en anglais envisagent dans un premier temps d'atterrir au Québec « pour se rassurer ». Pourquoi pas ? Mais sachez qu'une fois que vous êtes bien installé, il est plus difficile de bouger... Et votre envie d'améliorer votre anglais passera peut-être au second plan.

Si vous vous sentez le courage de le faire, commencez votre PVT en zone anglophone, ainsi, vous serez immédiatement dans le bain !

Les questions que vous pouvez également vous poser : vous aimez vivre au bord de l'océan ou vous préférez les paysages montagneux ou de plaines ? Est-ce que les hivers très rigoureux vous rebutent ? Est-ce que ça vous dérange d'être isolé ? Côte ouest ou est ? Vous êtes plutôt rando ou plutôt sorties urbaines ?

Un budget serré ?

Vos 2 500 $ d'économies peuvent fondre très vite. Il est donc impératif de trouver un petit boulot rapidement ou au moins de limiter vos dépenses.

Dans ce cas, les petites villes peuvent être l'idéal : c'est vrai qu'il y a moins d'employeurs, mais il y a aussi moins de concurrents et le coût de la vie y est moins élevé. C'est une solution à envisager !

De plus, si vos économies sont faibles, n'envisagez pas de faire un séjour touristique ou un road trip immédiatement à votre arrivée (à moins que vous limitiez les frais en faisant du volontariat, par exemple). Cela pourrait vous mettre rapidement en difficulté si vous ne trouvez pas d'employeur dans les quelques semaines suivant votre arrivée au Canada.

Un PVT hors des sentiers battus ?

Si aujourd'hui, tous les sentiers ont déjà été battus par les pieds des PVTistes, il demeure quand même des provinces où il est moins courant d'en croiser.

On ne vous apprend rien : Montréal et plus généralement la province du Québec,

Toronto et Vancouver sont des destinations populaires pour les PVTistes francophones. Ce n'est pas pour autant que vous vous retrouverez forcément entre PVTistes, si c'est ce que vous redoutez !

Si vous voulez vraiment découvrir des contrées presque inconnues des PVTistes, il faudra plutôt vous orienter du côté des Prairies (Manitoba, Saskatchewan) ou des provinces maritimes (Nouveau-Brunswick, Île-du-Prince-Édouard, Nouvelle-Écosse, Terre-Neuve-et-Labrador) sans oublier les Territoires du Nord-Ouest (Yellowknife) ou même le Grand Nord québécois. Le Yukon est de plus en plus prisé par les PVTistes « sédentaires » mais il n'y a pas foule pour autant !

Sachez enfin que si votre premier choix n'est au final pas le bon (la ville que vous avez choisie ne vous plaît pas, pour une raison x ou y), ce n'est pas grave du tout : il suffit de sauter dans un bus et d'aller tenter votre chance ailleurs ! Chaque ville canadienne possède son identité propre et vous trouverez chaussure à votre pied.

Toronto, Montréal et Vancouver sont de belles destinations... Mais comment ça se passe, quand on choisit de s'établir quelque temps dans des villes moins courues ?

02. Paroles de PVTistes

Quoi de mieux, pour vous aider dans votre choix de destination, que de donner la parole à des PVTistes ayant expérimenté la vie sur place ?

Du côté des stations de ski

« Même si les Rocheuses (Banff et Lake Louise) m'ont laissé sans voix pour leur beauté paradisiaque, mon chemin continuait à Whistler, et là, coup de foudre ! La station attache beaucoup d'importance au contact entre locaux et touristes, et c'est ce qui la rend aussi chaleureuse et attachante. Il est hélas juste difficile d'y trouver un logement abordable à moins de faire beaucoup de route... ».

Guillaume, 26 ans, à Whistler (Colombie-Britannique)

« Je viens de la ville donc me retrouver perdue au milieu de « pas grand-chose » a été assez compliqué au début. Et puis je me suis rendu compte que Montréal n'est qu'à une heure de route, et au fil des mois je vois bien qu'on trouve presque tout ici !
On a des bars sympas, des restos variés et tellement d'activités d'extérieur... Avec mon conjoint, nous travaillons tous deux dans la restauration et là les mots me manquent pour raconter à quel point il est facile de décrocher le job dont tu as envie ! ».

Laurence, 33 ans, à Mont-Tremblant (Québec)

« À Banff, si on aime les ambiances de petites stations de ski, on est comme un poisson dans l'eau ! C'est petit et mignon, et ce qui est vraiment sympa, c'est d'être entouré par les montagnes et de pouvoir apercevoir, à quelques minutes du centre-ville, des ours ou des cervidés.
En été, on peut randonner, louer un « moutain bike » ou un kayak, les activités ne manquent pas !
Dans la ville, il y a de quoi sortir, des bars, des restaurants, des cafés… c'est plus animé, par exemple, que Jasper (l'autre bon point de chute pour découvrir la région), qui est vraiment très petite.
Ah et aussi, ce qui est cool en Alberta, c'est qu'il y a pas mal de PVTistes anglophones, notamment des Australiens et des Néo-Zélandais, ça m'a rappelé mon PVT en Australie (nostalgie).
Bon, par contre, c'est compliqué de trouver un logement, il faut postuler suffisamment tôt pour essayer de décrocher un job avec logement fourni. »

Julie, 34 ans, à Banff (Alberta)

« Située dans les Kootenays, Rossland est une ville très dynamique l'hiver et de plus en plus touristique l'été. Les gens sont très accueillants (très grosse communauté de Québécois, notamment). La ville est très mignonne, et offre pas mal d'activités (yoga, pilates, concerts, théâtre...) en plus du ski et des raquettes (on a repéré une famille de lynx comme ça !).
Loin de l'effervescence de Whistler, pas de file d'attente monstrueuse pour aller dévaler les pistes et parfait pour bosser.
On adore Rossland pour son côté « isolé mais pas trop », l'endroit parfait pour passer notre premier hiver canadien, sans la pluie de Vancouver ou le grand froid du Québec !
Le seul bémol est le prix des logements, il faut arriver assez tôt pour trouver des bons plans ! »

Mia et Nico, 32 et 31 ans, à Rossland (Colombie-Britannique)

« Je suis parti de Vancouver pour Lake Louise/Banff. Coup de poker car aucune garantie d'y trouver un travail en plein milieu de la saison d'hiver. J'ai eu énormément de chance car un hôtel recherchait un réceptionniste et j'ai commencé moins d'une semaine après mon arrivée. Point positif par rapport à Whistler : vous êtes en plein parc national, ce qui signifie que les logements privés n'y sont pas autorisés. Du coup, vous êtes logés par votre employeur !
Je n'ai pas rencontré de locaux à proprement parler. Il n'y a néanmoins que très peu de Français parmi les saisonniers, du coup je parle 90 % du temps en anglais, vu que la majorité des clients viennent de Calgary ou d'Edmonton ! »

Thomas, 29 ans, à Lake Louise (Alberta)

« Pour la région de Canmore/Banff, ça recrute énormément aux mois de mai et septembre quand la plupart des backpackers partent aussi.

Je bosse dans l'hôtellerie-restauration, étant Maître d'hôtel en France, j'ai postulé en réception ici pour voir autre chose. J'ai trouvé un emploi de réceptionniste au bout d'une semaine. Cela fait 8 mois que je suis dans le même hôtel et je viens de passer Supervisor, l'équivalent de Premier de réception en France.

Ma copine est pâtissière et a trouvé dans un hôtel haut-de-gamme et travaille maintenant dans une pâtisserie à Canmore.

Pour le logement, c'est plus compliqué. Pas mal d'employeurs logent leur staff mais si vous êtes en couple, à vous de trouver, à moins de travailler au même endroit. Pour notre part, on a trouvé in extremis un demi sous-sol (basement) à 1 500 $ (électricité non incluse).

Pour des chambres en maison partagée, il faut compter 900, voire 1 000 $.

Sinon, la vie ici est super cool. Petite ville, station de ski pas loin. Les gens sont super accueillants, pas mal d'Australiens fêtards, surtout à Banff. Il est facile de se faire des amis avec les collègues du boulot et d'aller marcher/faire un BBQ avec eux. On côtoie les animaux et il est pas rare de croiser des cerfs/biches en allant en vélo au boulot et même des ours. Oui, attention, vous êtes dans la vallée des ours noirs et des grizzlys ! »

Mathieu, 29 ans, à Canmore et Banff (Alberta)

Du côté des villes méconnues

« La vie ici est géniale, les amoureux de plein air comme moi y trouveront leur bonheur à coup sûr. La région du Saguenay - Lac-Saint-Jean est magnifique et les activités à faire sont très nombreuses en toute saison. Quelques activités pêle-mêle que j'ai pu faire depuis mon arrivée : randonnées, chiens de traîneau, motoneige, ski de rando, chasse aux aurores boréales (chanceuse une fois !), regarder des matchs de hockey, apprendre à patiner, croisière aux baleines...
Petits points négatifs : la nécessité d'avoir une voiture pour profiter pleinement de la région et le climat difficile à supporter sur la durée : il faut s'attendre à des bons -20 °C/-25 °C entre décembre et février ! »

Marie, 22 ans, à Chicoutimi, Saguenay (Québec)

« Vivre au Yukon est une expérience différente et unique. Plongée au milieu de la nature, dans le silence des montagnes, j'erre souvent au gré de mes envies, à la découverte de vastes paysages et de la faune sauvage, plus nombreuse que les humains.
À Whitehorse, la capitale, c'est quelque peu différent. Le silence est moins présent, car même petite, la ville est agitée. Tout y est pourtant accessible à pied : écoles, épiceries, cinémas, bibliothèque... En somme, on y retrouve tous les services nécessaires, avec des prix néanmoins élevés et des choix restreints. Les gens sont chaleureux et décontractés. Vous savez, le côté « pas prise de tête » connu des Canadiens ? Ici, il est multiplié par 10.
Ce qui me plaît le plus, c'est la proximité avec ces étendues sauvages et ces montagnes à perte de vue.
Ce qui me plaît un peu moins, c'est la vie en toute petite communauté avec la perte de l'anonymat qu'elle entraîne : difficile de faire tout ce que l'on veut sans tomber sur quelqu'un que l'on connaît... »

Kelly, 31 ans, à Whitehorse (Yukon)

« J'ai traversé le pays début mars en auto. Une première pour moi et l'expérience restera marquée à vie : 6 jours, 5 300 km à vivre dans ma Jeep. C'était MALADE ! La fierté et le soulagement d'arriver dans une petite ville hors du temps, au dépaysement le plus total. Le centre-ville est vraiment incroyable avec ses petites maisons bateaux colorées, ses habitants souriants, et aussi la route de glace sur Slave Lake qui mène à un petit village autochtone. En mars, vous pourrez vous émerveiller devant le château de glace avec son festival qui a lieu durant tout le mois. La vie ici est sereine, simple et reposante. Le temps est différent. J'étais comme une gamine en observant mes premières aurores boréales... Un spectacle de la nature à couper le souffle. Si tu es chanceux, tu pourras croiser la faune locale : bisons, renards, loups, coyotes, etc.

Autour de la ville : le néant, la toundra, la nature et aucune civilisation. La plus grosse ville est à 16 heures de route ! À savoir qu'ici, la communauté francophone est impressionnante : sur 20 000 habitants, 3 000 francos environ. De quoi te sentir tout de même à la maison, ou presque.

Couvrez-vous ! Le cercle arctique est à 400 km, tout de même. Fin mars, j'ai connu les -45 °C. Autant vous dire que ça pique ! Ce qui est incroyable ici, c'est ce ciel bleu et le grand soleil quasiment tous les jours. J'ai hâte de découvrir l'été ici avec les lacs d'une belle eau bleue, et le soleil présent 20 h / 24 h. »

Anne-Cécile, 28 ans, à Yellowknife (Territoires du Nord-Ouest)

« Je suis arrivé ici en faisant du HelpX, pas mal présent dans les environs. Puis, mon voyage m'a fait rencontrer ma copine et j'ai décidé de changer littéralement mes plans pour tenter de m'établir ici…

Sherbrooke est une ville à taille humaine (plus de 160 000 habitants) où il fait clairement bon vivre !

Ce que j'aime c'est qu'ici, la nature devient urbaine avec ses nombreux parcs et promenades et ses deux lacs dont le Lac des nations, situé en plein cœur du centre-ville. Vous n'êtes qu'à 1 h 30 de Montréal et à 30 minutes de la frontière américaine...

À Sherbrooke, il y a une offre culturelle éclectique avec notamment un festival de blues et folk (concerts gratuits et payants), la fête du Lac des nations (concerts et pyrotechnie pendant une semaine) et un festival des traditions du monde (célébrations et traditions multiculturelles).

Côté loisirs : kayak, vélo, roller, course, ski, randonnées et géocaching (une folie, ici !), il y en a pour tous les goûts et pour tout le monde !

Il y a aussi 2 pôles universitaires qui attirent moult étudiants, faisant de Sherbrooke une métropole séduisante et dynamique !

Côté travail, il y a beaucoup de restaurants, d'activités de loisirs, donc ça embauche dans tous les corps de métiers (allant de l'ingénieur au serveur). »

Florent, 30 ans, à Sherbrooke (Québec)

« Charlottetown, ma belle ! Cette ville, qui m'était inconnue avant mon arrivée, a su me surprendre par la richesse des activités nocturnes et musicales de son centre-ville. Nombreux sont les bars restaurants à proposer des scènes le soir venu. Tout ce qu'il me fallait ! Entouré par l'eau, vous serez toujours à deux pas d'une marche au bord de la mer ou à travers le parc Victoria où il est bon de prendre un bain de soleil. M'intégrer, trouver un travail, cela n'a pas été difficile, la communauté acadienne et francophone est là pour vous accueillir dès les premiers pas. L'Î.-P.-É. est la plus petite province, certes, mais elle a beaucoup à offrir ! ».

Yoan, 33 ans, à Charlottetown (Île-du-Prince-Édouard)

« On dit que la région du Niagara est la côte d'Azur de l'Ontario ! La vie à Niagara on The Lake est moins chère qu'à Toronto, que ce soit le logement ou la nourriture (50 % des fruits et légumes sont produits dans la région !). Niagara est une ville très touristique en haute saison, un peu moins en basse saison. J'ai réussi à trouver un job en moins de trois semaines ! Lors de ma recherche d'emploi, j'avais beaucoup plus d'entretiens qu'à Toronto du fait que dans la région, du personnel bilingue est très recherché dans le domaine du tourisme.

Le gros inconvénient : pour se déplacer, il faut avoir une voiture. Si vous n'en avez pas, c'est très difficile ! Il n'y a pas non plus énormément d'activités une fois que l'on a fait le tour de tous les lieux touristiques de la région. Cependant, j'aime vraiment la tranquillité de la ville, qui ne va pas à 200 à l'heure comme Toronto ! »

Vincent, 23 ans, à Niagara-on-the-Lake (Ontario)

« Moncton est la plus « grosse » ville du Nouveau-Brunswick et les francophones y sont presque aussi nombreux que les anglophones, ce qui a motivé notre choix pour se donner plus de chances au niveau de l'emploi !

Mais je pense que le vrai point fort du Nouveau-Brunswick, ce sont ses habitants ! Nous avons reçu un accueil ultra chaleureux. Il y a beaucoup d'emplois mais une grande partie d'entre eux sont en centre d'appel ou en restauration, les emplois plus qualifiés sont plus durs à obtenir.

Pour résumer, je ne peux pas parler d'un coup de foudre pour Moncton, mais plus d'une relation qui se construit petit à petit, le charme d'une ville à taille humaine avec un vrai esprit de communauté et de bonne humeur ! »

Johanna, 33 ans, à Moncton (Nouveau-Brunswick)

« Après un tour à Montréal et Toronto, j'ai décidé de m'installer dans cette ville de taille moyenne à 1 h 30 de Toronto et c'est à mon goût un bon compromis. La ville n'est ni trop petite ni trop grande, il y a une vraie communauté, les gens sont fiers de leur ville et s'y investissent. Ils sont chaleureux, amicaux, et toujours prêts à vous aider. Bref, il y fait bon vivre !

Il y a tout ce dont vous aurez besoin ici : restaurants en tout genre, bars, cafés, petites boutiques, marché local, salle de sport, studio de yoga, salles de spectacle, un petit zoo... et puis au pire, Toronto n'est pas si loin !

Et quel plaisir de vivre au bord de l'eau ! Grâce à l'université de Trent et au Fleming College, il y a pas mal d'étudiants, ce qui rend la ville jeune et dynamique.

Et puis dès que vous sortez de la ville, la magnifique région du Kawartha s'offre à vous, avec des lacs partout, le parc Algonquin n'est pas très loin, ainsi que la Georgian Bay.

Il y a un centre dédié aux nouveaux arrivants étrangers : le New Canadians Centre. En tant que nouvel habitant, vous pouvez demander un « Welcome Pass » qui vous permettra de bénéficier de 3 mois gratuits à une salle de sport avec piscine, de billets pour les spectacles, musées et festivals en ville, ainsi qu'une boisson gratuite dans l'un des plus chouettes cafés de la ville avec vue sur la rivière... Enfin bref, Peterborough vous accueille à bras ouverts ! Venez tester les petites villes du Canada, ça vaut le coup ! »

Diane, 29 ans, à Peterborough (Ontario)

« Pour ma part j'ai choisi d'aller (ou plutôt j'ai été envoyée) à Penticton, en BC, dans la vallée de l'Okanagan. Je ne suis pas en PVT mais en VIE, il s'agit juste d'une différence de permis mais l'expérience reste la même.

Alors que je cherchais plutôt une expérience dans une grande ville comme Montréal ou Vancouver, j'ai eu cette opportunité à Penticton, ville de 40 000 habitants dont je n'avais jamais entendu parler ! J'ai donc débarqué de Paris à Penticton en plein milieu de l'hiver 2017 avec mon copain. Et depuis, nous profitons de l'expérience d'une petite ville de Colombie-Britannique à 100 %.

Penticton est une petite communauté entourée de deux grands lacs, de vignobles, et de moyennes montagnes sur lesquelles on peut skier en hiver et faire de la randonnée et du VTT en été. Le cadre est un paradis pour les amoureux de sport de plein air comme moi, et il y en a pour toutes les saisons.
Ce que j'apprécie particulièrement ici c'est d'avoir une vie même après une journée de travail. Ce n'est plus la routine métro-boulot-dodo comme à Paris. Au contraire, après une longue journée de travail je peux encore aller faire un plongeon dans le lac en été, faire du kayak ou partir faire du VTT sur les collines alentours. Tout est à portée de main !

Et puis il y a la météo qui est vraiment agréable : en été, la vallée est considérée comme l'un des endroits les plus chauds du Canada, il n'est pas rare qu'il fasse plus de 35 °C pendant plusieurs semaines. C'est chaud, certes, mais le lac est là pour se rafraîchir (un des lacs les plus chauds du pays, 25 °C en été !). Et en hiver, il ne fait pas aussi froid qu'à l'est mais suffisamment pour avoir des chutes de neige conséquentes qui raviront les fans de sports de neige. Le climat de la région explique la forte présence de vignobles et de vergers dans le coin. L'été, les meilleurs fruits du pays sont tout frais, à portée de main. Et en toute saison on peut aller faire un tour des vignobles et des dégustations !

Alors non je ne regrette pas du tout d'avoir atterri à Penticton. La grande ville me manque un peu parfois, mais Vancouver n'est qu'à 4 heures de route, ce qui à l'échelle du Canada n'est vraiment pas grand-chose ! »

Noémie, 26 ans, à Penticton (Colombie-Britannique)

« Winnipeg a plusieurs surnoms tout aussi charmants les uns que les autres : Winterpeg, car les - 40°C y sont fréquents, MosquitoPeg, car on se fait dévorer l'été de jour comme de nuit ou encore MurderPeg car la ville a longtemps été la capitale du crime au Canada...

Mais Winnipeg a plus à offrir que des piqûres de moustiques et de la délinquance. Il y a une vraie qualité de vie, dans les salaires (majorés pour les bilingues en général), les loyers plus abordables que dans d'autres grandes villes et la nature omniprésente. Chaque quartier a son identité et son centre névralgique, et on trouve plus de rues résidentielles que de grandes tours. Dès qu'on sort de la ville, les Prairies s'étendent à perte de vue avec des champs, le ciel très bas et des couchers de soleil sublimes. La scène culturelle n'est pas en reste non plus, avec de nombreux festivals culturels, cinématographiques ou musicaux en toutes saisons, du théâtre en anglais et en français, des semaines culinaires, des musées...

Enfin, il est possible à Winnipeg de travailler dans sa branche et/ou de travailler en français, les services en français sont quasiment systématiques, et je vous promets que le froid... on s'y habitue ! »

Kenza, 29 ans, à Winnipeg (Manitoba)

« Le changement a été brutal après Paris ! J'ai eu une réelle connexion, ne serait-ce qu'en descendant de l'avion. Ces -35 °C ressentis, c'était pour moi du jamais vu ! Et bizarrement j'ai adoré cette sensation. Dawson, c'est une ville tellement atypique !
Il y a beaucoup de vie culturelle (concerts, expos...) et sportive (j'ai appris à jouer au curling !) si l'on s'investit dans la communauté et ses activités. Une communauté très accueillante, parfois intimidante, car il y a de fortes personnalités. Mais on s'y sent réellement libre, car il n'y pas de jugement. J'ai rencontré des gens formidables, accueillants, loin de la froideur des grandes villes ! (...) »

« (...) Les Prairies (Alberta, Manitoba et Saskatchewan) sont rarement les premières destinations auxquelles on pense pour s'installer et pourtant elles ont beaucoup d'attraits !
Troisième ville d'Alberta avec ses quelque 100 000 habitants, Red Deer n'est peut-être pas la ville la plus attrayante mais elle est relativement bien située : à mi-chemin entre Calgary et Edmonton, avec sa propre petite station de ski, à tout juste 2 h 30 des Rocheuses et des parcs nationaux de Banff, Jasper, Yoho, Kootenay et de nombreuses stations de ski !
L'Alberta possède également quatre Dark-Sky Preserves (ou Réserves de ciel étoilé) dont Wood Buffalo qui est le plus grand parc national canadien et la plus grande réserve de ciel étoilé au monde.

Loin de la vie agitée des grandes villes, j'apprécie l'accueil de la population et la facilité d'accès à ces grands espaces naturels si caractéristiques du Canada. C'est un tout autre style de vie, et bien que Red Deer soit classé parmi les villes les plus dangereuses au Canada, je n'y ressens pas l'insécurité.

Même si Red Deer est une ville relativement petite, il y a quand même tout ce dont on a besoin. J'apprécie également le fort esprit de communauté. C'est très canadien de manière générale mais je trouve que c'est encore plus prononcé ici et dans les Prairies. Les habitants de Central Alberta sont vraiment tournés vers l'autre et le bénévolat, donner leurs bons tuyaux, partager, donner, ça fait partie de leur quotidien ! Et la communauté francophone est vraiment présente et ravie d'avoir de nouveaux arrivants. En espérant que davantage de PVTistes et touristes viennent découvrir ces grandes prairies qui ont tant à offrir ! »

Solène, 26 ans, à Red Deer (Alberta)

« Chéticamp est un village acadien du Cap-Breton, dans le nord de la Nouvelle-Écosse. On y parle autant français qu'anglais. En apparence, le village n'a rien d'extraordinaire : sa vraie richesse, c'est cette petite communauté de 3 000 âmes pour laquelle j'ai eu un profond coup de cœur. Ici, tout le (...) »

« (...) monde se connaît, se tutoie, s'entraide. On ne ferme pas sa maison à clé quand on s'en va. On laisse ses clés de voiture sur le contact, le temps de faire ses courses. Le soir, on joue de la musique traditionnelle à la taverne et tout le monde danse. On dirait un village de Schtroumpfs qui vit là, en retrait. En y passant six mois en hiver, j'ai pu m'imprégner de la culture acadienne et de toutes ses richesses : son accent, son Histoire, ses traditions incroyables qui perdurent (comme la Mi-Carême), son amour inconditionnel pour la musique et ses nombreux musiciens de talent, son artisanat local - notamment les tapis hookés - et sa solidarité en toutes circonstances.
Certes, en hiver, il n'y a vraiment pas beaucoup de travail, hormis quelques rares possibilités en restauration. C'est lors de la saison touristique que de nombreux postes (non qualifiés) sont à pourvoir, même si la priorité est donnée aux locaux. L'anglais est obligatoire pour être embauché, le français reste un plus. Chéticamp vaut donc le détour, non pas pour y travailler, mais pour plonger dans la culture des Acadiens. Ceux-ci sont vraiment accueillants et chaleureux, et le lien qui se tisse n'a rien de superficiel ni d'hypocrite. Si, en plus, vous jouez de la musique, cela vous aidera beaucoup ! »

Anne, 36 ans, à Chéticamp (Nouvelle-Écosse)

« Si vous ne jurez que par les grandes métropoles « à l'américaine », que vous venez au Canada pour votre carrière ou que vous rêvez des rudes hivers canadiens et de leurs célèbres tempêtes de neige, Vancouver Island n'est sans doute pas pour vous. Par contre, si vous cherchez plutôt une ville à taille humaine, une météo douce toute l'année, une ambiance détendue et un accès à la nature en quelques minutes de route, cette île a toutes les chances de vous séduire ! En vivant à Victoria, vous pouvez avoir le Pacifique au bout de votre rue, une vue sur les montagnes de l'État de Washington, vous pourrez voir passer des orques... Le tout en ayant accès à tout ce qui est nécessaire à votre vie quotidienne. En résumé, je trouve que vivre sur Vancouver Island, c'est profiter de la nature canadienne et d'une douceur de vivre incontestable... Pour quelques semaines ou plus longtemps, je recommande cette île à tous les PVTistes ! »

Anne-Lise, 27 ans, à Victoria (Colombie-Britannique)

« Kingston est à mi-parcours du trajet de bus Montréal-Toronto, j'étais la seule à y descendre. La gare de bus est au milieu de nulle part, je me demandais dans quel bled j'avais atterri ! Kingston est assez étalée mais le centre-ville fait quatre blocs. J'ai privilégié la localisation pour mon appart, que j'ai pris en coloc dans l'artère principale de la ville pour tout avoir à proximité. Une fois qu'on s'éloigne un peu, il faut vraiment une voiture. J'y ai passé un an. C'est une ville agréable à vivre, le centre a beau être petit, il est très riche en bars et restaurants. L'architecture est très jolie : les maisons sont de style victorien et les immeubles ne dépassent pas 3 étages. De plus, la ville est au bord du lac Ontario donc ça donne une petite ambiance « côtière », très agréable aussi. J'ai adoré mes longs footings en longeant le lac.

Mais c'est vrai que pour moi qui aime plutôt les grandes villes, Kingston est un peu petite. J'y ai passé une super année mais je n'aurais pas prolongé plus. Finalement, tu vas toujours aux mêmes endroits. Il n'y a pas de vie culturelle, pas de concerts, etc. C'est peut-être aussi le fait d'avoir vécu à Montréal qui biaise un peu mon jugement. On est plus dans l'ambiance petite ville calme. Comme partout, il y a plus de choses à faire l'été, tu profites plus de l'extérieur, des terrasses, du lac, des 1 000 îles. Mais en automne-hiver, les week-ends peuvent vite être longs. J'ai tendance à dire quand je parle de Kingston que c'est pas vraiment *the place to be*, mais que j'y ai quand même passé une très bonne année. Après, c'est vraiment mon point de vue personnel et mes goûts, beaucoup de mes amis étaient européens et ils adoraient leur vie à Kingston ! C'était une super expérience, j'ai adoré passer mes deux hivers canadiens avec le froid qui brûle le visage, ça fait partie de l'aventure aussi ! J'ai même joué au hockey ! Puis l'environnement anglophone était parfait, là-bas personne ne parle français donc la progression est fulgurante. »

Fanny, 27 ans, à Kingston (Ontario)

« Québec semble être le parfait compromis pour les PVTistes qui cherchent à s'installer dans une ville dynamique, sans pour autant se sentir oppressé par l'immensité des grandes métropoles nord-américaines. (...) »

« (...) Le centre historique se visite en une après-midi, mais ce n'est pas pour autant qu'il n'y a rien à faire à Québec. Assister à un concert, faire du patin ou du ski de fond dans les Plaines d'Abraham, déguster une bière dans l'une des nombreuses microbrasseries de la ville ou manger une poutine fumante devant un match d'improvisation sont autant d'activités qu'il est possible de faire sans passer son temps dans les transports en commun (à condition bien sûr d'avoir préféré le charme et le loyer plus qu'abordable d'un vieil appartement du centre-ville à la maison pavillonnaire de la lointaine banlieue).
Pour ceux qui sont véhiculés, il suffit de conduire une petite demi-heure pour profiter pleinement de la nature sauvage du Québec. Et pour ceux qui ne le sont pas, la Chute Montmorency est accessible en bus et reste impressionnante quelle que soit la saison. »

Nathan, 26 ans, à Québec (Québec)

« On ne retrouve pas à Calgary la même effervescence culturelle que dans d'autres villes canadiennes mais la proximité avec la nature incroyable des Rocheuses est un véritable atout (l'été, on peut facilement faire des randonnées pour admirer les lacs de Banff, l'hiver on peut faire du patin sur le Lac Louise, faire du ski et tout un tas d'autres activités). L'ambiance de la ville est très agréable, les gens sont d'une grande gentillesse et très accueillants. Le centre-ville n'est pas très grand mais la ville étant étendue, pour profiter au maximum de ce que peut offrir Calgary, le mieux est d'investir dans une voiture. L'hiver, la ville est calme. Avec des vagues de froid, les températures peuvent aller jusqu'à - 30 °C en ressenti, mais étrangement ce n'est pas si terrible, notamment grâce au Chinook, un vent chaud du Pacifique. L'été, le climat est agréable, on peut assister à de nombreux festivals musicaux et cinématographiques et se promener en longeant la Bow River. La ville a vécu ces dernières années une crise pétrolière, la recherche d'un travail n'est pas évidente, Calgary se remet doucement de la crise ! Pour les francophones, des associations sont présentes pour donner des cours d'anglais et aider les nouveaux arrivants dans leur recherche. »

Pauline, 25 ans, à Calgary (Alberta)

03. Le Canada, province par province

Le Canada est un vaste pays, découpé en provinces et territoires ayant des attraits qui leur sont propres. Partons à leur découverte.

Le Canada, c'est…

Un pays grand
comme 15 fois la France

36 millions
d'habitants

10 provinces
et 3 territoires

3,6 habitants au km²
(contre 372 habitants au km²
pour la Belgique !)

Un très grand territoire, le Nunavut, et **une toute petite province**, l'Île-du-Prince-Édouard

Deux langues officielles
le français et l'anglais ainsi que plusieurs autres langues autochtones

**Un pays qui compte
plus de lacs** que la totalité
du reste du monde !

60 % de la surface du pays est recouverte de forêts

La Transcanadienne, une route longue de **7 821 kilomètres**

« A mari usque ad mare » (« D'un océan à l'autre ») comme devise nationale

3/4 de la production mondiale de sirop d'érable provient du Québec

Une reine : Elisabeth II et **un Premier ministre :** Justin Trudeau

La température la plus froide jamais enregistrée au Canada : **-62,8°C** (Snag au Yukon, en 1967)

Des noms de villes amusants : Saint-Louis-du-Ha! Ha! (Québec), Happy Adventure (Terre-Neuve-et-Labrador) ou Crapaud (Île-du-Prince-Édouard)

L'Anse aux Meadows (Terre-Neuve-et-Labrador), un lieu habité par des Vikings il y a plus de mille ans : c'est la plus ancienne présence européenne en Amérique !

ALBERTA

L'Alberta est surnommée « le Texas du Canada » !

La culture « cow-boy » y est encore énormément présente puisque la plupart des élevages canadiens se trouvent en Alberta. Souvent décrite comme une province peu progressiste, elle se diversifie pourtant et devient plus dynamique culturellement. Le célèbre Stampede (un rodéo annuel ayant lieu à Calgary) est un événement renommé dans tout le pays.

L'Alberta est également l'une des provinces canadiennes les plus dynamiques économiquement, même si elle connaît une grosse récession. Les secteurs du tourisme (stations de ski dans les Rocheuses), de la construction et de l'énergie (l'Alberta est tristement connue pour l'exploitation des sables bitumeux, désastre écologique qui n'a pas bonne presse) sont de grands pourvoyeurs d'emplois.

Faire son PVT en Alberta, c'est choisir une province « nature », calme, et un peu plus éloignée des destinations habituelles !

Les villes de l'Alberta

Calgary

1,2 millions d'habitants
- 9 °C en moyenne l'hiver / 18 °C en moyenne l'été

Située entre les Prairies et les montagnes Rocheuses, Calgary est la plus grande ville albertaine, et également la plus dynamique. Calgary est cependant une ville cyclique, où les « booms » peuvent succéder à la déprise économique.

Emploi : de nombreux restaurants, hôtels et commerces offrent des opportunités. Le secteur de l'énergie est particulièrement dynamique.

Logement : comptez environ 1 200 $ par mois pour un petit appartement central et 600 à 800 $ pour une chambre en colocation.

Loisirs et sorties : de nombreux festivals ont lieu tout au long de l'année. Le Stampede est le plus populaire. À voir également, le Telus Science Centre, le Zoo, Zoolights l'hiver, les montagnes environnantes et le Parc Olympique !

Avantages : une ville très arborée, proche de la nature, où il fait bon vivre, surtout si vous aimez la tranquillité. Calgary devient de plus en plus renommée pour sa scène gastronomique ! Les habitants sont chaleureux et la ville est parfaite pour les familles.

Inconvénients : une voiture est souvent nécessaire pour se déplacer à Calgary, à moins de trouver un logement très proche du centre ou près d'une des lignes de bus.
Certains disent que Calgary est un peu morte culturellement. Le coût de la vie plus élevé qu'à Montréal mais toujours plus accessible qu'à Vancouver et Toronto.

Les villes de l'Alberta

Edmonton

820 000 habitants
- 12 °C en moyenne l'hiver / 18 °C en moyenne l'été

Au nord de Calgary et juste au milieu de la province, Edmonton est une ville qui se mérite ! Il n'est pas très courant d'y passer, encore moins d'y rester. Pourtant, elle vaut le détour.

Emploi : axé sur la construction et l'industrie pétrochimique. Les centres commerciaux sont également nombreux donc il y a de l'emploi dans le commerce de détail (magasins, fast-foods, cafés et restaurants...).

Logement : le prix des loyers est élevé. Comptez environ 1 200 $ par mois pour un appartement avec une chambre. Comptez entre 600 et 700 $ pour une chambre en colocation.

Loisirs et sorties : Edmonton est une ville universitaire, il y a beaucoup d'endroits sympas où sortir, notamment dans le coin de Whyte Ave.

Avantages : les transports en commun sont plutôt efficaces si vous ne vivez pas en banlieue, la voiture n'est pas forcément nécessaire.

Inconvénients : la météo est extrême, les hivers sont glaciaux. Edmonton est un peu excentrée pour découvrir la région, mais rien d'insurmontable.

Travailler dans le pétrole

Beaucoup de PVTistes ont en tête la province de l'Alberta pour espérer travailler sur les plateformes pétrolières, notamment à Fort Mc Murray.
Notez que les élus sont peu nombreux, et que c'est aussi un certain investissement financier.

Les villes de l'Alberta

Banff, Jasper et Canmore

Au cœur des Rocheuses
- 8 °C en moyenne l'hiver / 15 °C en moyenne l'été

Ces trois villes ont pour point commun le fait d'être des stations de ski, très touristiques aussi bien en été qu'en hiver, du fait de la proximité des parcs nationaux. Jasper compte 4 000 habitants, Banff en compte le double, tandis que Canmore en compte près de 13 000.

Emploi : jobs saisonniers de station (animateurs, moniteurs de ski, mécaniciens) et dans l'accueil, l'hôtellerie et la vente (réceptionnistes, agents d'entretien, plonge, vendeurs, etc). Région dynamique pour trouver un boulot !

Logement : comptez environ 1 100 $ par mois pour un petit appartement, et environ 700 $ pour une chambre en colocation.

Loisirs et sorties : de nombreux bars et restos, souvent très touristiques (donc pas donnés).

À ne pas manquer : les grandes stars canadiennes, le Lake Louise et le Lake Moraine, ainsi que les parcs nationaux de Banff et de Jasper. La région compte beaucoup d'autres lacs magnifiques (Valley of Five Lakes, Lake Annette, Lake Patricia, Lake Pyramid...), moins connus et donc beaucoup moins touristiques, pensez-y !

Avantages : un cadre fantastique, entre lacs, forêts et montagnes. Les amateurs de sports de plein air trouveront toujours de quoi faire.

Inconvénients : vivre en station n'est pas donné, les courses et le loyer sont chers. Cela vaut particulièrement le coup si vous êtes logé par votre employeur. Beaucoup de PVTistes du monde entier ajoutent une concurrence supplémentaire à l'emploi.

COLOMBIE-BRITANNIQUE

La Colombie-Britannique offre des paysages époustouflants, entre montagnes Rocheuses et fjords de l'océan Pacifique.

C'est une province canadienne tournée vers la nature, mais pas seulement : Vancouver est l'une des villes canadiennes les plus dynamiques économiquement, et des plus attractives.

La Colombie-Britannique ne se limite pas à Vancouver et propose bien d'autres expériences, dans d'autres villes plus modestes (voire des stations de ski) et peut même vous offrir un PVT rural, tourné vers la nature, l'agriculture et la viticulture.

Le sud de la province se distingue également du reste du Canada car il n'y gèle pas en hiver, pratique pour les PVTistes les plus frileux !

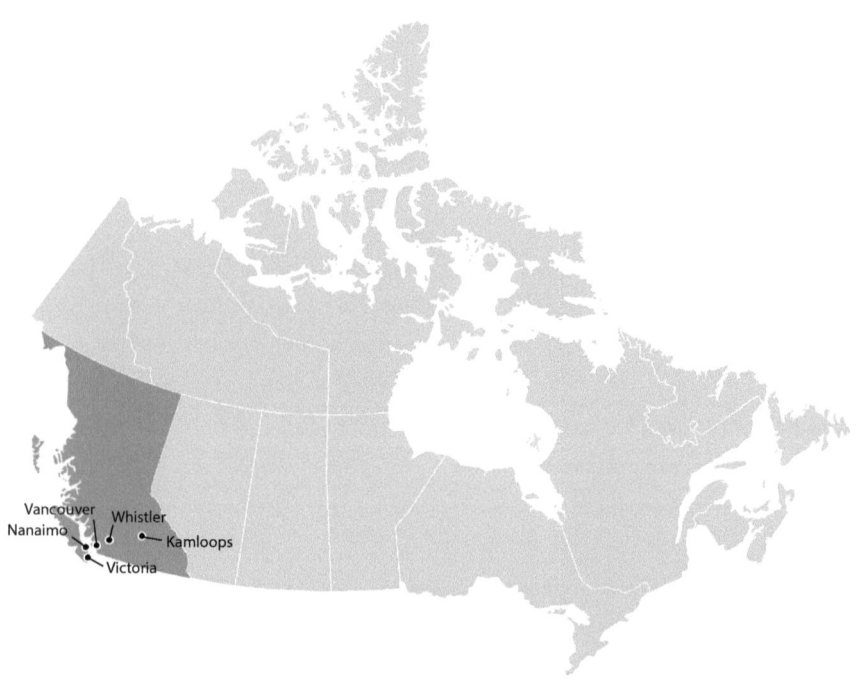

Les villes de la Colombie-Britannique

Vancouver

2,3 millions d'habitants
5 °C en moyenne l'hiver / 21 °C en moyenne l'été

Vancouver est l'une des plus grandes métropoles canadiennes et est souvent décrite comme une ville où il fait extrêmement bon vivre. Sa situation, entre océan et montagnes verdoyantes, n'y est pas étrangère. Vancouver est résolument une ville à l'ambiance « côte ouest », où amour des loisirs de plein air et découverte de la nature prédominent.

Emploi : jobs dans le tertiaire (import-export, activités portuaires), informatique, jeux vidéo et animation, hôtellerie et restauration.

Logement : en colocation, comptez au moins 1 000 $ pour une chambre proche du centre-ville. En périphérie, à partir de 650 $ (un peu moins si c'est un sous-sol).

Loisirs et sorties : le Stanley Park est le repaire des amoureux de la nature. Cet immense parc est situé en plein cœur de la ville et offre une vue sur la mer et les montagnes depuis son célèbre *seawall*. Les micro-brasseries et autres bars branchés sont nombreux du côté de Commercial Drive. Gastown est un petit quartier à l'ambiance sympathique, alors que Yaletown est un peu plus chic.

À ne pas manquer : les attractions touristiques les plus connues sont l'aquarium, Grouse Mountain, Canada Place et Stanley Park, le Science World, Chinatown, Queen Elisabeth Park, Cypress et Seymour pour les montagnes, Kitsilano pour la plage, Lynn canyon à North Van, les matchs des Canucks...

Avantages : pas besoin de véhicule pour bien profiter de la ville, le réseau de transports en commun est correct. On est très rapidement dans la nature, les activités à proximité sont nombreuses.

Inconvénients : Vancouver est la ville canadienne la plus chère, les loyers y sont prohibitifs. Posséder une voiture à Vancouver est également hors de prix. Niveau emploi, il y a beaucoup de concurrence avec des PVTistes britanniques, allemands et asiatiques. Il faut être dans un esprit « nature » plutôt que « culture » pour ne pas s'y ennuyer. Et il faut aimer la pluie !

Les villes de la Colombie-Britannique

Vancouver Island : Victoria et Nanaimo

80 000 habitants environ dans chacune des villes
1 °C en moyenne l'hiver / 11 °C en moyenne l'été

Vancouver Island est une île enchanteresse, bordée par l'océan Pacifique. Les forêts pluviales occupent une grande partie de l'île, offrant un refuge à de nombreux animaux. Au large de l'île, on peut même apercevoir des orques. L'île de Vancouver est avant tout destinée aux PVTistes aimant la nature ! Victoria est la ville principale de l'île, et la capitale provinciale. Riche en Histoire, Victoria est charmante et il y fait résolument bon vivre. Nanaimo, quant à elle, n'est pas qu'une ville étape où le ferry vous amène depuis Vancouver pour rejoindre Vancouver Island ! Vous y trouverez des auberges de jeunesse, des bars, des restos et quelques magasins. Nanaimo est une ville littorale, on profite de son port et de ses plages et on y pêche en mer ou à pied.

Emploi : principalement dans le tourisme, l'hôtellerie et la restauration.

Logement : comptez environ 500 à 650 $ par mois pour une chambre en colocation et 1 000 $ pour un petit appartement au centre.

Loisirs et sorties : ils sont tournés vers l'extérieur, en direction des forêts ou de l'océan ! Kayak de mer et randonnées vous tendent les bras.

À ne pas manquer : à Victoria, le Butchart Gardens, le Royal BC Museum, Fisherman's Wharf, et pour les sportifs, la Juan de Fuca Marine Trail ! Depuis Nanaimo, Newcastle Island et Protection Island sont accessibles en bateau (attention aux horaires, surtout pour le retour, sinon vous pourriez rester coincé sur l'île !) et se visitent à pied, sur une journée ou plus puisqu'il est possible d'y camper !

Avantages : une vraie expérience « nature », hors des sentiers battus. Rien que sur l'île de Vancouver, il y a de quoi faire et découvrir !

Inconvénients : du fait de l'insularité, il faut toujours un peu plus d'anticipation pour retourner sur le continent même si les liaisons (maritimes et aériennes) sont nombreuses, en direction de Vancouver comme des États-Unis.

Les villes de la Colombie-Britannique

Kamloops

---

90 000 habitants

- 3 °C en moyenne l'hiver / 22 °C en moyenne l'été

Kamloops est située dans l'unique désert canadien ! Effectivement, le climat semi-aride de la région offre un cadre parfait pour l'agriculture et en particulier l'activité viticole.

Emploi : service et restauration.

Logement : comptez environ 1 200 $ par mois pour un petit appartement central et 500 à 700 $ pour une chambre en colocation.

Loisirs et sorties : quelques galeries d'art et musées à visiter.

À ne pas manquer : le lac, la station de Sun Peaks, le British Columbia Wildlife Park.

Avantages : Kamloops est une ville calme, « mignonne », où il fait bon vivre. Peu de concurrence pour le travail. La ville est située entre les parcs nationaux albertains et la côte Pacifique.

Inconvénients : on peut vite se sentir excentré par rapport aux autres villes.

Faire les vendanges (ou du *fruit picking*) en Colombie-Britannique

La vallée de l'Okanagan est très prisée des jeunes Canadiens et PVTistes internationaux pour son climat chaud, qualifié de désertique. Assez unique, au Canada ! C'est aussi l'un des bassins viticoles (et arboricoles) les plus importants du Canada. Beaucoup de PVTistes y trouvent une expérience de volontariat ou de vendangeur rémunéré. La ville de Kelowna est un bon point de départ pour chercher un emploi dans le domaine.

Les villes de la Colombie-Britannique

Whistler

9 000 habitants
- 2 °C en moyenne l'hiver / 16 °C en moyenne l'été

Whistler est l'une des plus grandes stations de ski nord-américaines. Elle est idéale pour les amateurs de glisse et de plein air ! Whistler est dynamique et offre de nombreuses opportunités d'emploi aux PVTistes.

Emploi : métiers liés à la glisse (moniteurs, personnels de remontées mécaniques, techniciens), à l'hôtellerie/restauration (il y a notamment de nombreux établissements de luxe) et au tourisme de manière générale, en été comme en hiver.

Logement : entre 400 et 650 $ par mois pour une chambre partagée et entre 700 et 900 $ par mois pour une chambre privée.

Loisirs et sorties : les loisirs sont tournés vers l'extérieur, ski l'hiver, VTT l'été, sans oublier la randonnée !

À ne pas manquer : le cadre naturel somptueux. Impossible de le manquer !

Avantages : il est facile de trouver un emploi à Whistler, tant la demande est importante. La ville n'est pas difficile d'accès depuis Vancouver. Ambiance jeune et festive, typique des stations de ski.

Inconvénients : le coût de la vie est très élevé et il n'y a pas beaucoup d'autres activités que le plein air.

ONTARIO

L'Ontario est une province extrêmement attractive pour les PVTistes et l'une des provinces les plus dynamiques économiquement. Elle accueille chaque année de nombreux immigrants temporaires ou permanents.

La grande majorité de la population ontarienne se concentre sur un arc le long des rives des lacs Ontario et Érié.

Toronto est la plus grande ville canadienne, alors qu'Ottawa, de taille plus modeste, est la capitale fédérale du pays. Ces deux villes, toutes deux très différentes, peuvent offrir une expérience tout aussi intéressante aux PVTistes. N'oubliez pas non plus les autres villes de l'Ontario, comme Hamilton ou Kingston !

Les villes de l'Ontario

Toronto

2,6 millions d'habitants
- 4 °C en moyenne l'hiver / 26 °C en moyenne l'été

Toronto est une ville extrêmement dynamique et multiculturelle. On a l'impression que l'on peut croiser le monde entier dans les rues de la ville ! On y entend toutes les langues du monde, on peut y manger toutes les cuisines du monde... C'est en quelque sorte la « New-York du Canada ».

Emploi : métiers liés à l'hôtellerie et à la restauration, au service clientèle, au domaine de l'informatique, à la vente (import-export et vente au détail).

Logement : une chambre en colocation sera au minimum à 800 $ par mois dans un quartier central et à 500 $ en périphérie. Un appartement avec une chambre coûtera environ 1 700 $ dans un quartier central.

Loisirs et sorties : Toronto est une ville très dynamique culturellement. Les concerts et les festivals y sont nombreux, tout comme les bars et les restaurants.

À ne pas manquer : la CN Tower, les balades le long du lac, le Kensington Market, les Toronto Islands, et de manière générale, les quartiers très diversifiés de la ville.

Avantages : Toronto ne s'arrête jamais, même en plein hiver ! C'est une ville faite pour les PVTistes qui aiment les sorties et l'effervescence d'une grande métropole.
Cependant, de nombreux quartiers sont plus calmes. Il y a des plages facilement accessibles depuis le centre-ville, c'est un sacré avantage !

Inconvénients : le coût de la vie y est extrêmement élevé, en particulier pour le logement et la nourriture. Il n'est d'ailleurs pas si facile d'y trouver un logement. Il peut être difficile de trouver un emploi (même un petit job) si l'on ne parle pas bien anglais, même si beaucoup de PVTistes y parviennent.

Les villes de l'Ontario

Ottawa

900 000 habitants
- 10 °C en moyenne l'hiver / 21 °C en moyenne l'été

Ottawa est la capitale fédérale canadienne et représente un bassin de population assez important, avec les villes de Hull et de Gatineau (au Québec). Ottawa est une ville majoritairement anglophone, mais du fait de sa proximité avec le Québec et de son rôle de capitale d'un pays bilingue, il est possible d'y trouver des emplois bilingues (anglais-français). Ottawa est située au cœur d'une belle région qui ne demande qu'à être découverte !

Emploi : métiers liés à l'administration fédérale (comptabilité, secrétariat, traduction, analyse politique, professorat), hôtellerie et restauration, communication...

Logement : chambre en colocation à partir de 600 $ par mois dans les quartiers centraux, appartement avec une chambre à partir de 1 100 $ à Ottawa même.

Loisirs et sorties : de nombreux musées et de bons restaurants.

À ne pas manquer : patiner sur le canal Rideau en hiver, le festival des Tulipes en mai, la colline du Parlement...

Avantages : Ottawa est une ville plutôt paisible, familiale, qui accueille de nombreux immigrants du monde entier, et qui reste abordable.

Inconvénients : Ottawa n'est pas la ville « qui bouge » le plus même si elle s'est bien dynamisée ces dernières années.
Vous devrez passer par une agence de placement pour obtenir un emploi dans l'administration fédérale : n'espérez pas un emploi permanent, la priorité est donnée aux citoyens canadiens !

QUÉBEC

Le Québec, « la belle Province », est la seule province canadienne dont la seule langue officielle est le français. C'est une province atypique, historiquement riche et toujours dynamique. C'est la province de prédilection des PVTistes francophones (qu'ils soient belges ou français) espérant trouver un « bout d'Europe en Amérique ». Attention cependant, le Québec a une identité propre et est bien différent de ce que vous pouvez connaître en Europe !

Au Québec, les expériences peuvent être extrêmement variées, entre la grande métropole montréalaise, la capitale provinciale de Québec ou les plus petites villes encadrées par une nature fabuleuse (Sherbrooke ou Saguenay, par exemple).

Les villes du Québec

La ville de Québec (Québec Ville)

540 000 habitants
- 12 °C en moyenne l'hiver / 25 °C en moyenne l'été

Québec-Ville est la capitale provinciale du Québec, où siège le gouvernement. Elle est la seule ville fortifiée d'Amérique (au nord du Mexique), ce qui lui vaut parfois la réputation de ville européenne, mais ne vous y trompez pas : Québec est bien une ville d'Amérique du Nord et elle en a le caractère.

Emploi : métiers du tourisme, du commerce et de l'administration publique.

Logement : chambre en colocation à partir de 450 $ par mois dans les quartiers centraux, appartement avec une chambre à partir de 700 $ dans le centre.

Loisirs et sorties : il s'y déroule de nombreux festivals tout au long de l'année (le Carnaval ou le Festival d'Été, par exemple). Québec est idéalement localisée pour proposer énormément d'activités de plein air mais la ville possède également de nombreux lieux propices aux sorties (théâtres d'impro, concerts, bars...).

À ne pas manquer : se balader dans le Vieux-Québec et le long du Saint-Laurent, voir la Chute Montmorency, l'île d'Orléans...

Avantages : Québec est une grande ville mais reste plutôt paisible. Tournée vers la nature, elle est cependant riche historiquement.

Inconvénients : ville calme, sans doute trop calme pour certains... Le réseau de transports en commun est onéreux et déficient (la majorité des résidents possèdent une voiture).

Les villes du Québec

Montréal

2 millions d'habitants
- 10 °C en moyenne l'hiver / 21 °C en moyenne l'été

Destination n°1 des PVTistes, Montréal est une ville cosmopolite, vibrante et vivante, où il est difficile de s'ennuyer. Ville verdoyante s'étalant sur une l'île du même nom, Montréal est dynamique économiquement et culturellement.

Emploi : métiers liés aux télécommunications, à l'informatique, à la communication, à l'hôtellerie-restauration, etc.

Logement : comptez à partir de 450 $ par mois pour une chambre en colocation et aux alentours de 800-900 $ pour un appartement avec une chambre, dans des quartiers plus périphériques mais accessibles facilement par le métro.

Loisirs et sorties : énormément de concerts et de festivals, proximité avec les parcs québécois mais aussi avec la frontière américaine.

À ne pas manquer : gravir le Mont-Royal, descendre la rue St-Laurent pour voir toutes les vagues d'immigration passées (avec les quartiers grec, italien, juif, etc.), se balader dans le Vieux-Port, découvrir le Jardin botanique, profiter des terrasses du Plateau et du Mile-End...

Avantages : ville encore abordable, Montréal offre tous les avantages d'une grande métropole nord-américaine, avec des habitants aux origines diverses. La ville est dynamique, avec des quartiers très variés, et est proche de belles régions à visiter.

Inconvénients : énormément de PVTistes choisissent Montréal, notamment les Français. Cela engendre beaucoup de concurrence, aussi bien pour l'emploi que pour les logements.

Les villes du Québec

Sherbrooke

---

160 000 habitants

- 12 °C en moyenne l'hiver / 18 °C en moyenne l'été

Sherbrooke est une petite ville au cœur des magnifiques Cantons-de-l'Est. Cette région, un peu plus reculée des grands centres urbains (Sherbrooke reste tout de même à 1 h 40 de Montréal et à 2 h 25 de Québec Ville) vous offre un cadre de vie proche de la nature.

Emploi : métiers liés à l'enseignement, à l'administration (la ville est un pôle universitaire) et à la santé.

Logement : chambre en colocation entre 200 et 400 $ par mois, appartement avec deux chambres à partir de 600 $.

Loisirs et sorties : la ville est tournée vers la nature !

Avantages : destination hors des sentiers battus, peu de PVTistes pour vous concurrencer ! La ville reste relativement dynamique pendant la période universitaire.
Les prix sont abordables. La proximité avec les États-Unis peut être un atout.

Inconvénients : peu de sorties, il faut aimer la tranquillité.

À ne pas manquer : la découverte des Cantons-de-l'Est, région touristique avec une Histoire passionnante, beaucoup de lieux d'agritourisme et de petits villages à l'esprit « Nouvelle-Angleterre ».

Les villes du Québec

Saguenay

150 000 habitants
- 16 °C en moyenne l'hiver / 18 °C en moyenne l'été

Saguenay est une ville qui a englobé 3 autres villes, aujourd'hui ses arrondissements : Chicoutimi, La Baie et Jonquière. Saguenay est une ville touristique, à 200 km de Québec Ville et sur le chemin de l'Océan et de nombreux parcs nationaux.

Emploi : métiers liés au tourisme et à l'hôtellerie-restauration, à la vente et aux industries énergétiques (bois, aluminium).

Logement : chambre en colocation à environ 300 $ par mois, appartement avec deux chambres à partir de 500 $.

Loisirs et sorties : les sports de plein air ont la part belle !

À ne pas manquer : le parc national du Fjord-du-Saguenay.

Avantages : hors des sentiers battus, peu de concurrence avec des PVTistes, et la promesse d'une véritable immersion culturelle dans une petite ville québécoise.

Inconvénients : relativement isolée (cela peut aussi être un avantage, et c'est généralement pour cette raison que des PVTistes tentent leur chance en dehors des grandes villes québécoises).

ÎLE-DU-PRINCE-ÉDOUARD

C'est la plus petite province canadienne ! L'Île-du-Prince-Édouard (Î.-P.-É.) ne compte que 140 000 habitants. Ayant pour capitale Charlottetown, l'Î.-P.-É. tente d'attirer de nombreux immigrants francophones (en commençant par les PVTistes). Si vous cherchez une vie paisible, au cœur de la nature, cette province est une bonne option. L'Î.-P.-É. ne constitue que 0,1 % de la superficie totale du Canada mais offre aux PVTistes une expérience qui sort de l'ordinaire !

L'Île-du-Prince-Édouard

Charlottetown

35 000 habitants
- 8 °C en moyenne l'hiver / 18 °C en moyenne l'été

Fondée en 1885, Charlottetown est la plus grande ville de la province et possède les charmes d'une ville du bord de l'océan. Centrale, elle offre aux touristes un bon point d'ancrage pour se lancer dans la découverte de la province. Le centre-ville est parsemé de nombreux bâtiments en brique très typiques qui méritent le coup d'œil.

Emploi : métiers liés au tourisme (hôtellerie, restauration et culture), à l'agriculture et à la pêche, à la construction, et au commerce de détail.

Avantages : une communauté francophone riche et dynamique (c'est un plus en arrivant !), une destination hors des sentiers battus.

Logement : une chambre en colocation coûte environ 300 $ par mois, une maison avec deux chambres, environ 700 $.

Inconvénients : excentrée par rapport aux grands aéroports canadiens, il faut compter le coût supplémentaire du trajet pour s'y rendre.

Loisirs et sorties : avis aux amoureux des sports de plein air ! L'Île-du-Prince-Édouard regorge de magnifiques plages, de circuits panoramiques et bien sûr… de bons produits de la mer !

NOUVELLE-ÉCOSSE

Un peu plus vaste que l'Île-du-Prince-Édouard, la Nouvelle-Écosse est plus densément peuplée. Les forêts de la province s'étirent jusqu'aux côtes atlantiques. Province sublime, la Nouvelle-Écosse offre un territoire très sauvage : falaises à couper le souffle et forêts denses et parées de mille couleurs à l'automne. De nombreux villages de pêcheurs parsèment le territoire, qui reste fortement attaché à ses traditions. La Nouvelle-Écosse peut être urbaine comme très rurale, selon que l'on se rende à Halifax ou dans un village typique de pêcheurs comme Yarmouth !

> « L'architecture et l'ambiance d'Halifax sont uniques. Quand on se balade en ville, tout le monde se dit « bonjour » ! C'est plutôt facile d'y travailler dans le secteur du tourisme, c'est sans doute le secteur qui embauche le plus là-bas ! Halifax est une ville moyenne, ni trop grande, ni trop petite. En Nouvelle-Écosse, il faut absolument aller visiter les petits villages de pêcheurs. Je crois que je n'ai jamais vu des gens aussi accueillants : si pour une raison quelconque, vous n'avez nulle part où dormir, je suis sûre que quelqu'un vous accueillerait pour la nuit, sans vous connaître, et sans rien demander en retour. »
>
> *Wendy, britanno-canadienne ayant vécu plusieurs années à Halifax*

La Nouvelle-Écosse

Halifax

---

390 000 habitants

- 6 °C en moyenne l'hiver / 18 °C en moyenne l'été

Halifax est la ville la plus peuplée du Canada atlantique. C'est une ville tournée vers son port (de pêche, commercial et militaire) et vers l'industrie. Cependant, c'est une ville étudiante, chargée d'Histoire, et dynamique culturellement, où il est agréable de vivre. On peut se retrouver dans un petit village de pêcheurs en ne s'éloignant que de quelques kilomètres du centre-ville !

Emploi : métiers portuaires (import-export, manutention, industrie, pêche), tourisme, éducation.

Logement : une chambre en colocation coûte environ 500 $ par mois, une maison avec une chambre, 1 200 $ minimum.

Loisirs et sorties : beaucoup de pubs à « visiter » ! Il est facile de trouver un bar où passer de longues heures en compagnie des étudiants du coin. Halifax est également le pôle culturel des Provinces Maritimes.

À ne pas manquer : la Baie de Fundy, l'observation des baleines, les parcs nationaux...

Avantages : une grande ville étudiante et dynamique au cœur des provinces maritimes qui laissent la part belle à la nature. Le meilleur des deux mondes, en quelque sorte !

Inconvénients : du fait de sa popularité auprès des étudiants, il est parfois difficile d'y trouver un logement à prix abordable.

NOUVEAU-BRUNSWICK

Le Nouveau-Brunswick est la seule province canadienne officiellement bilingue ! De ce fait, l'accent est mis sur l'intégration des communautés francophones locales. La culture acadienne y est encore très vive. Province très rurale, le Nouveau-Brunswick s'étend entre l'océan Atlantique, le Québec et la frontière américaine.

Le Nouveau-Brunswick est également l'une des provinces qui cherche le plus activement à attirer de jeunes immigrants francophones.

Les villes du Nouveau-Brunswick

Moncton

70 000 habitants
- 9 °C en moyenne l'hiver / 21 °C en moyenne l'été

La région métropolitaine de Moncton est l'une des plus dynamiques du pays. Située dans une plaine, la ville s'est développée autour de ses cours d'eau. Moncton est un passage obligé pour se rendre sur l'Île-du-Prince-Édouard ou en Nouvelle-Écosse.

Emploi : commerce (de gros ou de détail) et transport.

Logement : comptez environ 350 $ par mois pour une chambre en colocation et à partir de 700 $ pour une maison avec deux chambres.

Loisirs et sorties : Main Street est l'endroit où il faut sortir !

À ne pas manquer : le Centennial Park et le Zoo municipal. Pour une incursion dans la culture acadienne, direction le Pays de la Sagouine, près de Bouctouche.

Avantages : la ville de Moncton est la ville francophone la plus importante du Canada, hors Québec. Les communautés francophones y sont très actives ! C'est la ville la plus dynamique de la province.

Inconvénients : Moncton n'est pas la ville canadienne la plus charmante qui soit.

Les villes du Nouveau-Brunswick

Saint John

70 000 habitants
- 15 °C en moyenne l'hiver / 25 °C en moyenne l'été

Ville portuaire, située à l'embouchure du fleuve du même nom, Saint John est la 2e agglomération la plus importante du Nouveau-Brunswick. C'est également l'une des villes canadiennes les plus anciennes, puisque sa fondation remonte à 1631 !

Emploi : le commerce de gros et de détail est le secteur le plus dynamique à Saint John.

Logement : une chambre en colocation coûte environ 400 $ par mois, un appartement avec une chambre, à partir de 800 $.

Loisirs et sorties : le Marché public unique en son genre (le plus vieux marché canadien encore en activité !), le parc naturel Irving (petit paradis des marcheurs !).

Avantages : une expérience vraiment unique dans une ville où très peu de PVTistes francophones ont mis les pieds ! Cela veut aussi dire moins de concurrence à l'emploi avec d'autres PVTistes du monde entier.

Inconvénients : la ville en elle-même n'a pas beaucoup de charme dès que l'on sort du quartier central pourvu de briques rouges, mais la Baie de Fundy vaut le détour !

Les villes du Nouveau-Brunswick

Fredericton

56 000 habitants
- 11 °C en moyenne l'hiver / 20 °C en moyenne l'été

Capitale du Nouveau-Brunswick, Fredericton est une ville paisible où se concentrent les administrations provinciales. À Fredericton, la culture acadienne reste forte et il est possible d'y trouver des emplois bilingues ou en français.

Emploi : le commerce de gros ou de détail et l'administration.

Avantages : ville qui a du charme, avec ses bâtiments de brique !

Logement : une chambre en colocation coûte environ 400 $ par mois, un appartement avec une chambre, à partir de 700 $.

Inconvénients : la vie y est chère pour une ville de cette taille. Il y a une pénurie de logements à louer.

Loisirs et sorties : la visite des nombreux bâtiments historiques.

TERRE-NEUVE-ET-LABRADOR

Pour un dépaysement le plus total, direction Terre-Neuve-et-Labrador, la province canadienne la plus orientale, composée de l'île de Terre-Neuve et de la région continentale du Labrador, qui partage sa frontière avec le Québec. Très peu peuplée, la province a pour capitale St. John's, ville pourtant dynamique qui vaut le détour.

Terre-Neuve-et-Labrador

St. John's

---

100 000 habitants

- 9 °C en moyenne l'hiver / 11 °C en moyenne l'été

Attention, ne confondez pas St. John's avec le Saint John du Nouveau-Brunswick ! St. John's est une ville colorée, située au cœur de paysages sauvages sublimes bordés par l'océan Atlantique.

Emploi : industrie pétrolière, services et administration, ainsi que les secteurs du tourisme, en saison.

Logement : comptez environ 600 $ par mois pour une chambre en colocation et 1 000 $ minimum pour un appartement avec une chambre.

Loisirs et sorties : il y a une grosse « culture pubs », à St. John's ! Il est facile de trouver des compagnons de sortie pour faire le tour des bars. La ville est plutôt festive.

Avantages : St. John's est une très belle ville, plutôt dynamique pendant la saison touristique. La nature alentour est un formidable terrain de jeu, il y a énormément à voir.

Inconvénients : ville très isolée des autres métropoles canadiennes (et donc, pas si facile d'accès), mais c'est aussi ce que l'on vient chercher à St. John's.

À ne pas manquer : le parc national du Gros Morne ainsi que de nombreux autres parcs provinciaux.

YUKON

Le Yukon est le territoire qui fait marcher l'imaginaire des lecteurs de Jack London et les amateurs de l'Histoire de la ruée vers l'or… Forêts et aurores boréales, tout au nord du Canada, loin de tout. Le Yukon pendant son PVT, pour quelques semaines ou plusieurs mois, pourquoi pas ? Attention, si vivre dans le Grand Nord est une expérience extrêmement attirante, elle n'est pas non plus faite pour tout le monde…

« S'offrir un voyage au Yukon, c'est se donner la possibilité d'aller dans l'un des derniers territoires (presque) vierges d'Amérique du Nord. C'est la perspective de parcourir des lieux incroyables, des parcs nationaux d'une beauté indicible (Kluane, Tombstone) et de se perdre, simplement, dans ce que la nature a de plus beau à offrir. C'est également la chance de pouvoir rencontrer des personnages venus d'un autre temps, émigrés d'une nuit devenus résidents d'une vie, vieux chercheurs d'or décatis, chefs de tribus, ermites des forêts, trappeurs et solitaires, géologues et personnel minier : la population regorge de personnages aussi fous que délicieux, ayant parfois la main lourde sur la bouteille mais dont le vécu est un périple incroyable à écouter. »

Cédric Tintéroff, PVTiste en 2009

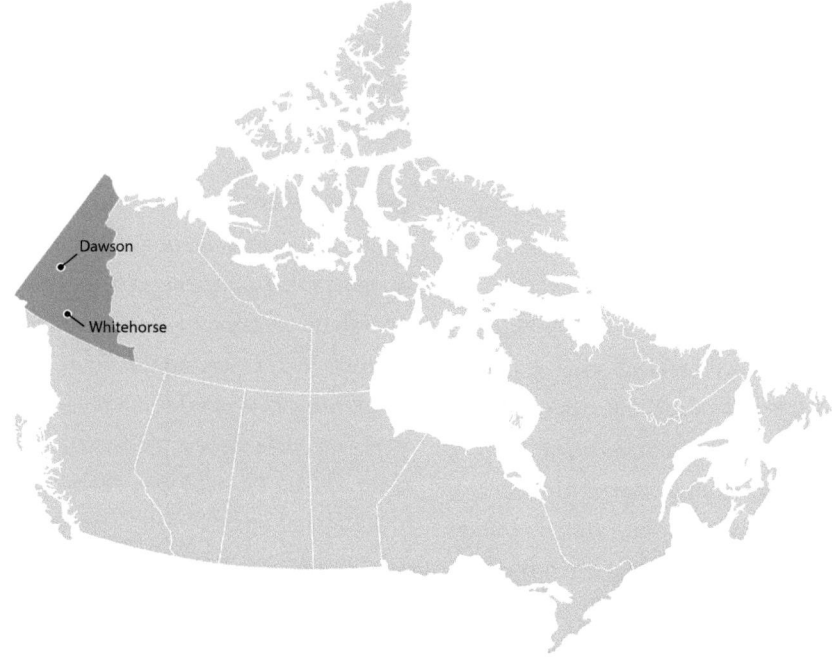

Les villes du Yukon

Dawson

2 200 habitants
- 22 °C en moyenne l'hiver / 14 °C en moyenne l'été

Cette charmante ville isolée qui façonne notre imaginaire nous plonge à l'époque de la ruée vers l'or avec ses rues non pavées, ses trottoirs en bois et son atmosphère décontractée. Dawson est une toute petite ville qui vit surtout du tourisme. Elle est très isolée et n'est généralement visitée que par les PVTistes qui viennent faire une mission de volontariat (HelpX ou WWOOFing) ou par ceux qui souhaitent vraiment vivre une expérience canadienne du Grand Nord (être musher, menuisier, bûcheron...).

Emploi : le secteur du tourisme (hôtellerie, restauration) est le premier employeur. Il est également possible de travailler au casino, en saison estivale principalement.

Logement : le bouche-à-oreille est l'une des façons les plus efficaces pour trouver un logement. Certains employeurs offrent l'hébergement à un tarif forfaitaire à leurs employés.

Loisirs et sorties : la ville regorge d'attractions pouvant être visitées à pied, dont le musée de Jack London, le Centre culturel Dänojà Zho et le Casino Diamond Tooth Gerties où il est possible de vivre une soirée au « saloon » comme l'ont fait les chercheurs d'or à l'époque. Dawson est également réputée pour sa vie nocturne, surtout en saison estivale.

Avantages : à Dawson, l'isolement est total, surtout en hiver. C'est un endroit unique où vivre une expérience exceptionnelle. La proximité avec de nombreux parcs ainsi qu'avec l'Alaska. Dawson est réputée pour son chaleureux accueil. La majorité de la ville se parcourt à pied.

Inconvénients : tout comme à Whitehorse, le logement et les courses quotidiennes sont chères et il peut être difficile de se loger. Pour découvrir les environs de Dawson, dont la route Top of the world et le parc territorial Tombstone, un véhicule est nécessaire. En plein été, la ville peut faire l'effet d'un « Disneyland » tant il y a de touristes !

À ne pas manquer : le Parc du Tombstone.

Les villes du Yukon

Whitehorse

29 960 habitants
- 14 °C en moyenne l'hiver / 13 °C en moyenne l'été

Whitehorse est la capitale et la ville la plus peuplée du Yukon. Sans grand charme architectural, parfois réputée pour être « malfamée », Whitehorse est pourtant spéciale. Isolée, attirante, magnétique : on adore ou on déteste ! Située au cœur d'une nature incomparable, on lui attribue le nom « Wilderness City ». À vous de vous faire votre avis...

Emploi : l'industrie touristique, les mines, le commerce de détail, le domaine de la santé et de la petite enfance, ainsi que le milieu de la construction représentent une part importante des emplois disponibles. Il est possible d'y trouver des petits boulots, surtout pendant la saison estivale.

Logement : entre 600 et 900 $ par mois pour une chambre en colocation.

Loisirs et sorties : à part les pubs ouverts toute l'année, il n'y a pas vraiment d'attrait touristique à proprement parler en ville, c'est pour son ambiance spéciale qu'on y reste !

À ne pas manquer : les balades dans les montagnes environnantes ! Beaucoup de musées, Miles Canyons, le Yukon Beringia Interpretive Centre, les sources chaudes Takhini et bien sûr la Yukon Quest (une course internationale de chiens de traineau longue de 1 000 miles, connue mondialement).

Avantages : malgré sa faible densité de population, Whitehorse offre la diversité de services d'une capitale, tout en offrant une accessibilité à la nature. Sa communauté se veut chaleureuse et accueillante.

Inconvénients : le logement est cher et rare : il y a plus de demande que d'offre. Il y a un réseau de transport en commun, mais les trajets et la fréquence peuvent être limités hors des heures de pointe. Afin de découvrir les environs, un véhicule est nécessaire.

TERRITOIRES DU NORD-OUEST

Paysages de taïga et de forêts boréales, routes de glace et aurores : c'est un terrain de jeu infini pour les amoureux des grands espaces. On ne se retrouve pas dans les Territoires du Nord-Ouest (TNO) par hasard : y aller se mérite !

Yellownife est la capitale des Territoires du Nord-Ouest et également sa municipalité la plus peuplée. La ville est située à seulement 500 km du cercle Arctique et offre un cadre de vie exceptionnel, loin de tout ce que l'on peut connaître...
Le centre-ville mêle gratte-ciels, maisons d'habitation et vieilles cabanes de pionniers (toujours habitées de nos jours).

Territoires du Nord-Ouest

Yellowknife

22 000 habitants

- 23 °C en moyenne l'hiver / 15 °C en moyenne l'été

Emploi : industrie minière et forestière et administration provinciale.

Logement : entre 700 et 1 000 $ pour une chambre en colocation. Il existe aussi des maisons-bateaux sur le Grand Lac des Esclaves, une expérience unique que de vivre sur une maison flottante !

Loisirs et sorties : ils sont tournés vers les grands espaces, aurores boréales, soleil de minuit l'été, le Snowking Festival tout le mois de mars (on fait la fête dans un château de neige !), le Long John Jamboree Festival, routes de glace, chiens de traineaux, canoë, camping, pêche, pêche sur glace, feu de camp (le lac est un terrain de jeu l'hiver quand il est gelé, mais aussi l'été !). Le mois de mars est LE mois où il ne faut pas quitter Yellowknife : les jours sont déjà plus longs et il fait moins froid, donc les activités sont plus abondantes.

À ne pas manquer : le parc national Wood Buffalo.

Avantages : on croirait qu'on est loin de tout, mais en y vivant, on se rend bien compte qu'au final, non ! Ceux qui veulent être vraiment loin de tout seraient déçus.

Pour ça, il faut aller plus au nord, dans les petites communautés.

Un bon équilibre vie-travail : on peut facilement aller travailler à pied et faire du camping à proximité (pas besoin de conduire des heures pour aller camper). On y trouve tous les services d'une grande ville tout en étant au contact de la nature et des grands espaces. C'est un dépaysement incroyable avec les populations autochtones. Il y a 11 langues officielles aux TNO !

Inconvénients : comme toujours dans les villes isolées, la vie y est très chère et il est difficile de trouver un logement mais on peut souvent compter sur la solidarité et l'accueil de ceux déjà sur place. L'entraide est bien présente !

NUNAVUT

Nunavut est le plus récent des territoires canadiens puisqu'il a été séparé des TNO en 1999. Nunavut est un territoire en grande majorité inuit (environ 80 % de la population totale est inuit), avec 4 langues officielles : l'inuktitut, l'inuinnaqtun, l'anglais et le français. Nunavut signifie d'ailleurs « Notre Terre », en inuit...

MANITOBA

Province des Prairies, le Manitoba n'est pas qu'un lieu de passage pour les PVTistes traversant le pays d'ouest en est. Beaucoup s'y installent quelques mois, notamment à Winnipeg, ou profitent de Churchill pendant quelques semaines, ville renommée pour ses... ours blancs.

« Friendly Canada » est la devise de la province, et ce n'est pas une réputation usurpée !

Les villes du Manitoba

Churchill

---

1 000 habitants

- 18 °C en moyenne l'hiver / 14 °C en moyenne l'été

Située au bord de la fameuse Baie d'Hudson, Churchill n'est pas l'une des plus grandes villes de la province. Cependant, elle doit sa renommée aux ours blancs et aux nombreuses activités touristiques que leur migration génère. Il est rare de rester plus de quelques semaines à Churchill, mais cela peut être un point de chute intéressant.

Emploi : principalement l'hôtellerie et la restauration. Il est surtout possible d'y faire du volontariat.

Logement : il est difficile d'y trouver un logement, on se loge généralement chez l'habitant.

Loisirs et sorties : la majeure partie des activités proposées à Churchill sont liées à l'observation de la faune (ornithologie, balades près de la Churchill River à la recherche des belugas...).

Avantages : les ours blancs ! Les observer traverser les environs pendant leur migration est un événement exceptionnel, auquel on n'a pas l'occasion d'assister souvent dans une vie.

Inconvénients : les ours blancs... Si vous n'êtes pas de grands amoureux de la nature et des ursidés, passez votre chemin, Churchill n'est pas faite pour vous !

> « Les bélugas, émerveillement garanti ! Si je devais me limiter à un argument pour vous attirer à Churchill en été, ce serait bien eux. Dès la fonte de la banquise, 4 000 bélugas font route jusqu'à l'estuaire de la rivière Churchill. Il y a peu d'endroits dans le monde où il est garanti de voir des cétacés. En août, les températures en journée oscillent entre 10 °C et 30 °C, avec un temps souvent venteux. Les nuits commençant à rallonger, j'ai pu profiter plusieurs fois du spectacle magnifique que sont les aurores boréales. Encore un moment inoubliable. »
>
> *Florence, PVTiste et voyageuse*

Les villes du Manitoba

Winnipeg

630 000 habitants
- 18 °C en moyenne l'hiver / 19 °C en moyenne l'été

Malgré son surnom peu engageant de « Murderpeg », Winnipeg est une ville de taille moyenne, familiale et chaleureuse (même si les hivers y sont glaciaux !). La ville est la capitale et la plus grande ville du Manitoba et offre de nombreuses opportunités.

Emploi : administration, enseignement, divers secteurs du tertiaire (dans le domaine de la vente, notamment).

Logement : à partir de 600 $ par mois pour une chambre en colocation, à partir de 900 $ pour un appartement avec une chambre.

Loisirs et sorties : Winnipeg offre énormément de festivals tout au long de l'année, ainsi qu'une grosse production culturelle (musique, théâtre, musées...).

À ne pas manquer : les quartiers de St Boniface et de The Forks, les musées et le parc de Fort Whyte pour voir des bisons !

Avantages : parler français est un réel avantage pour trouver un emploi. On peut trouver du travail assez rapidement !
Les habitants de Winnipeg ont la réputation d'être très chaleureux.

Inconvénients : il est toujours difficile de trouver un logement à Winnipeg. Il y fait froid, vraiment très froid l'hiver, du fait du vent !

SASKATCHEWAN

La Saskatchewan est une province canadienne méconnue des PVTistes, et à tort ! La nature y est omniprésente (et on peut l'observer à 360°, au cœur des Prairies !). Son surnom est « Land of Living Skies ». La province est incroyablement plate, les prairies s'étendent à perte de vue... Tout comme le ciel. Les villes de Regina et de Saskatoon sont cosmopolites, et les habitants de la province sont réputés pour être particulièrement accueillants.

> « Meadow Lake a une super communauté de *ranchers* amoureux du mode de vie de cowboy à la canadienne (basé sur le respect de l'équilibre, de la nature et d'une grande humilité), le tout avec une grande mixité sociale avec des *ranchers* d'origine WASP, francophones (ex-trappeurs, je pense), ukrainiens, des populations autochtones avec de nombreuses réserves, et les nouveaux immigrants. Des gens super généreux et ouverts. La lumière est magnifique partout, tout le temps, la nuit ce sont les aurores boréales et les étoiles qui prennent le relais. Le nom de « land of living skies » n'est vraiment pas volé. »
>
> *Clémence Canet, PVTiste en 2014*

Les villes de la Saskatchewan

Saskatoon

222 000 habitants

- 15 °C en moyenne l'hiver / 18 °C en moyenne l'été

Aujourd'hui la ville la plus peuplée de la province, Saskatoon est une ville en plein boom économique, mais qui reste cependant paisible et accueillante !

Emploi : au cœur des Prairies, le domaine agricole est extrêmement dynamique. Le domaine de la logistique et du transport l'est également, tout comme les plateformes téléphoniques et tous les domaines du tertiaire.

Logement : à partir de 700 $ par mois pour un appartement avec une chambre, et entre 400 et 500 $ pour une chambre en colocation.

Loisirs et sorties : l'été en particulier, la ville offre de nombreux festivals de plein air.

À ne pas manquer : les nombreux espaces arborés, comme la Meewasin Valley.

Avantages : ville arborée, le centre est assez compact donc facile à explorer. Saskatoon est en pleine croissance économique et il est possible d'y trouver un boulot rapidement !

Inconvénients : si le réseau de bus est plutôt étendu au centre, l'achat d'une voiture devient vite indispensable si l'on souhaite explorer les environs. L'hiver y est rude, comme partout dans les Prairies.

Les villes de la Saskatchewan

Regina

193 000 habitants

- 14 °C en moyenne l'hiver / 18 °C en moyenne l'été

Capitale provinciale, Regina connaît elle aussi un boom et offre de nombreuses opportunités professionnelles.

Emploi : les domaines du tertiaire et de la restauration.

Logement : à partir de 400 $ par mois pour une chambre en colocation.

Loisirs et sorties : Cathedral, Lakeview et Albert Park sont des quartiers agréables où vivre et sortir.

À ne pas manquer : se balader dans Wascana Park, le Globe Theatre, le Science Museum...

Avantages : une ville de taille modeste peuplée de locaux accueillants, c'est souvent une expérience canadienne hors du commun !

Inconvénients : trouver un logement est devenu un peu plus compliqué ces dernières années. Le centre-ville est désert après la fermeture des bureaux, il est donc plus agréable de vivre en périphérie.

> « Regina est bien comme je me l'étais imaginée grâce aux (rares) témoignages que j'avais pu trouver sur internet, à savoir une grande ville campagnarde. Je viens du sud de la France, dans les Alpes, et je ne suis franchement pas très gourmande de la folie des grandes villes. Ici on est très proche de la nature, les rues sont larges, propres et il y a des arbres partout ! Après m'être promenée du côté du Kiwanis Waterfall Park, je me demande vraiment si je ne vais pas m'installer ici durablement. J'avais prévu de revenir au Québec et de m'installer à Trois-Rivières, mais Regina est quand même un gros coup de cœur. »
>
> *Lucille, PVTiste en 2016*

IV. LE CANADA, ENFIN !

———

Après des mois, voire des années d'attente, d'économies, de préparation et d'anticipation, vous voilà enfin au Canada, prêt à vivre une aventure exceptionnelle.

01. Le passage à l'immigration canadienne

Le passage « classique » à l'aéroport

Après un long vol, vous trépignez d'impatience en attendant de sortir enfin de l'avion pour poser les pieds au Canada... Mais une dernière épreuve vous attend avant de découvrir la ville dont vous avez tant rêvé : le passage à l'immigration ! C'est une formalité relativement rapide et simple, mais il faut y passer !

Cinq documents peuvent vous être demandés :

1. Votre passeport
2. Votre lettre d'introduction ou lettre de correspondance
3. Un relevé de compte de moins d'une semaine montrant que vous avez au moins 2 500 $ d'économies
4. Un billet de départ du Canada ou, si vous arrivez avec un aller simple, des économies supplémentaires sur votre compte
5. Une attestation d'assurance pour toute la durée de votre séjour. **Important :** en cas de contrôle, si vous avez une assurance de quelques mois, vous obtiendrez un permis de quelques mois seulement, sans possibilité de le renouveler par la suite

Les autorités canadiennes vous recommandent également d'avoir sur vous les documents originaux fournis pendant votre demande de permis.

Une fois arrivé au Canada, sur les automates présents dans le hall d'arrivée, vous allez scanner votre passeport, prendre une photo d'identité et saisir quelques informations personnelles (date de départ, nature de votre voyage au Canada, déclaration de douane, etc.). On vous dirigera ensuite vers les services d'immigration (généralement une salle séparée, à quelques mètres) et on vous invitera à attendre votre tour (cela peut prendre 30 minutes comme 2 heures).

Une fois que votre numéro est appelé, un agent vous demandera votre passeport, vos justificatifs (assurance PVT et relevé de compte) et pourrait vous poser quelques questions concernant votre séjour au Canada.

Une fois ces formalités terminées, l'agent d'immigration vous tendra votre PVT (un document papier en format lettre) ! Vérifiez bien sa date d'expiration et l'orthographe de vos nom et prénom. Si vous souhaitez travailler dans le domaine de la santé ou avec des enfants et que vous avez passé une visite médicale, assurez-vous que la mention « Pas autorisé à exercer un emploi relié aux soins des enfants, à l'enseignement au primaire et au secondaire, au domaine de la santé. » n'apparaît pas.

Ça y est, il n'y a plus qu'à récupérer vos bagages, éventuellement passer la douane (notamment si vous avez déclaré importer certains aliments ou 10 000 $ ou plus en liquide) et à partir à l'aventure !

Le PVT est un permis multi-entrées, c'est-à-dire que vous pouvez sortir du territoire canadien et y revenir autant de fois que vous le souhaitez pendant la durée de validité de votre permis !

La mention « Ceci n'autorise pas la rentrée » ou « This does not authorize re-entry » inscrite sur votre permis de travail, signifie simplement que vous devrez toujours présenter votre PVT accompagné de votre passeport.

Enfin, notez que même avec un permis et un passeport valable, c'est toujours l'agent d'immigration qui aura le dernier mot et qui décidera de votre entrée, ou non, sur le territoire canadien. Cependant, si vous êtes bien en règle, il n'y a aucune raison d'être anxieux !

Le tour du poteau et le passage de la frontière terrestre

Même si la grande majorité des PVTistes valide son PVT directement dans un aéroport canadien, certains choisissent de le récupérer à la frontière terrestre, après des vacances aux États-Unis, par exemple. D'autres, qui se trouvent déjà au Canada avec un permis touristique ou de travail, optent pour un passage express aux États-Unis.

Dans ce dernier cas, on appelle ça un « tour du poteau », c'est-à-dire que vous vous rendez à la frontière américaine uniquement pour qu'un agent d'immigration canadien valide votre nouveau permis, mais vous ne mettez pas vraiment les pieds aux États-Unis !

Concrètement, vous quittez le territoire canadien, vous vous rendez à l'immigration américaine où vous dites à l'agent que vous voulez faire demi-tour. Vous passez tout de même par la procédure habituelle des prises d'empreintes et de photo... Le douanier américain vous remet alors un document « refus d'entrée aux USA ».

Vous retournez ensuite à l'immigration canadienne, où l'on vous pose les mêmes questions de routine, et comme vous l'auriez fait en arrivant par avion, vous devez avoir tous vos justificatifs (passeport, lettre d'introduction, preuve d'assurance et attestations de fonds) pour faire valider votre PVT !

Si vous en avez le temps et les moyens, profitez de l'opportunité pour aller passer une journée ou deux aux États-Unis, c'est plus sympa que de faire le tour du poste de frontière !

> Quand vous retournerez aux États-Unis, sur le formulaire I-94W, on vous demandera si vous avez déjà été refusé aux USA. Sachez qu'un refus dû à un tour du poteau n'est pas considéré comme un vrai refus car il s'agit d'une validation de permis, alors quand vous revenez sur le territoire américain, n'hésitez pas à inscrire que vous n'avez jamais été refusé !

02. La demande du NAS / SIN

Les formalités administratives au Canada sont très simples, et la demande de votre Numéro d'Assurance Sociale (NAS) ou Social Insurance Number (SIN) pour les provinces anglophones vous le prouve ! Récupérer votre NAS est absolument indispensable, même si vous êtes uniquement un résident temporaire.

Pour l'obtenir, c'est simplissime : rendez-vous dans un bureau de Service Canada ! Il y en a un ou plusieurs dans toutes les villes canadiennes. Vous avez uniquement besoin de votre passeport et de votre PVT. Une fois les documents fournis, on vous donne un reçu avec votre NAS inscrit dessus.

Votre NAS n'a pas du tout le même rôle que votre numéro d'assuré social en France ou en Belgique, c'est en fait un numéro unique, qui vous est propre, et qui sert à vous identifier. Un employeur, par exemple, vous le demandera pour pouvoir vous déclarer.

Il est important de ne pas communiquer votre NAS à n'importe qui (un propriétaire peu scrupuleux ou un patron avant que vous soyez embauché, par exemple).

> **Le NAS, pour quoi faire ?**
> Vous devrez le fournir à votre banque à votre ouverture de compte et à vos employeurs, lors de vos embauches. Il vous sera aussi utile pour déclarer vos impôts.

Votre NAS commence par un 9, ce qui veut dire que vous êtes un résident temporaire !

03. S'incrire au consulat de votre pays

L'inscription consulaire n'est pas obligatoire, mais vivement recommandée.

Elle est rapide et gratuite et vous permettra de vous faire immatriculer pour faciliter vos démarches administratives (par exemple, si vous perdez votre passeport, vous serez déjà enregistré sur les fichiers).

Pour s'inscrire, les Français doivent se rendre directement sur le site Service-Public.fr. Les Belges doivent, quant à eux, se tourner vers le consulat de Belgique à Montréal.

04. Ouvrir un compte et transférer son argent

Ouvrir un compte en banque au Canada n'est pas la démarche qui vous prendra le plus de temps et le plus d'énergie. Cela relève plutôt d'une formalité qui ne nécessitera pas plus de 10 minutes.

Tout d'abord, vous devez choisir votre établissement bancaire. Ils sont nombreux et proposent tous globalement les mêmes services aux mêmes tarifs. Vous trouverez la RBC, la TD Bank, la Caisse Desjardins, la Scotia Bank, la CIBC et la BMO notamment.

Bon plan : la banque Desjardins offre à ses clients PVTistes et Jeunes Professionnels, un mois d'assurance Globe PVT. En savoir plus : pvtistes.net/desjardins.

TransferMate
GLOBAL PAYMENTS

Transférez votre argent au Canada avec **Transfermate** ! 7,50 € via PVTistes.net au lieu de 15 € !

En savoir plus : **pvtistes.net/bonsplans**

Vérifiez auprès de votre banque française ou belge si elle a un partenariat avec une banque canadienne. Cela pourrait vous permettre, notamment, de ne pas payer de frais si vous retirez de l'argent avec votre carte bancaire une fois sur place.

Pour ouvrir un compte bancaire (avec carte de débit uniquement) au Canada, vous avez besoin de votre passeport et de votre PVT : c'est tout !
Si vous souhaitez obtenir une carte de crédit, il sera en revanche nécessaire de fournir votre NAS/SIN.

Vous devrez également renseigner une adresse postale. Celle de votre auberge de jeunesse ou celle d'un ami, en attendant de trouver un appartement, suffit amplement. C'est là que vous seront envoyés vos éventuels courriers. Aucune somme minimale n'est requise mais il est conseillé d'arriver avec une certaine quantité d'argent pour faire face aux premières dépenses.

Une fois votre compte ouvert, votre banque vous délivrera une carte de débit. Avec cette carte, vous pourrez retirer de l'argent dans tous les distributeurs de billets et régler vos différents achats dans les magasins.

Si vous souhaitez obtenir une carte de crédit, vous devrez la commander auprès de votre banque (vérifiez en amont que votre banque délivre des cartes de crédit aux détenteurs de Permis Vacances-Travail, c'est notamment le cas de la banque Desjardins).

La commande d'un chéquier est payante et n'est pas forcément utile dans la mesure où les chèques sont très peu utilisés au Canada. Certains s'en servent pour payer leur loyer ou pour régler leurs impôts, mais en dehors de ça, vous ne ferez pas beaucoup de chèques pendant votre PVT, une majorité de magasins ne les acceptant même pas.

La carte de débit

Avec une carte de débit, vous ne pourrez pas payer sur Internet à moins que le site concerné n'accepte les transactions Interac (ce qui est plutôt rare) et vous ne pourrez pas être à découvert car vous n'aurez accès qu'à l'argent que vous possédez.

Certains bars ne prennent pas les cartes de débit mais sont majoritairement équipés d'un ATM, un distributeur de billets disponible dans l'établissement et qui vous facture de 2 à 5 $ de frais par retrait. Il est préférable de retirer de l'argent dans les distributeurs de votre banque afin de ne pas payer de frais supplémentaires.

En tant que PVTiste, la carte de débit suffit amplement pour votre vie quotidienne. Les cartes de débit canadiennes sont l'équivalent de ce que l'on appelle « carte de crédit » en France ou en Belgique : vous dépensez l'argent que vous avez sur votre compte (il est retiré immédiatement ou à la fin du mois).

Au Canada, lorsque vous retirez de l'argent dans un distributeur d'une autre banque que la vôtre, vous payez des frais à chaque fois. Il est donc recommandé de choisir une banque très présente dans la ou les ville(s) où vous pensez résider ou voyager.

La carte de crédit

Au Canada, la carte de crédit est réellement une carte de crédit : vous réglez vos achats avec votre carte (que vous ayez ou non de l'argent sur votre compte) et vous devez rembourser (en faisant un virement de votre compte de débit à votre compte de crédit) tout ce que vous avez dépensé, dans un délai de 21 jours. Si vous effectuez ce remboursement après 21 jours, vous devrez payer des taux d'intérêts extrêmement élevés (jusqu'à 19,9 %).

Important : il est recommandé de ne jamais retirer de l'argent avec une carte de crédit, car les taux d'intérêts très élevés évoqués ci-dessus sont appliqués immédiatement.

L'historique de crédit

Au Canada, les organismes TransUnion et Equifax vous attribuent une note, plus ou moins bonne, en fonction de votre comportement bancaire (ils se basent sur vos prélèvements bancaires, vos factures payées sur Internet, vos paiements par carte de crédit...). Plus vous payez vos factures à temps, plus votre note est bonne, au fil du temps.

Cet historique de crédit est très important au Canada car il peut vous être demandé si :
- vous envisagez d'acheter une maison ou une voiture à crédit ;

- vous cherchez un emploi (un employeur peut conclure que si vous payez vos factures en temps et en heure, vous serez un employé fiable) ;
- vous souhaitez louer un logement (on ne vous demande pas systématiquement de le fournir mais c'est tout de même de plus en plus le cas, les propriétaires partant du principe que si vous êtes sérieux dans vos habitudes bancaires, vous serez un locataire qui prendra soin de son appartement et qui paiera son loyer).

Il peut donc être pertinent, dès votre arrivée au Canada, de commencer à vous constituer un historique de crédit. Utiliser régulièrement votre carte de crédit vous permet de vous constituer un historique de crédit.

Transférer son argent

Une fois votre compte en banque ouvert, vous pouvez procéder à un transfert d'argent. Depuis la France et la Belgique, cela peut prendre entre 5 et 15 jours. Vous pouvez également opter pour un transfert d'argent à l'international plus rapide, à un prix privilégié (7,50 euros au lieu de 15, via les bons plans de PVTistes.net), à un taux de change vraiment intéressant, avec Transfermate.

Les premières semaines de votre PVT sont généralement l'occasion de beaucoup de dépenses, soyez donc vigilant et tenez compte des délais de transfert pour éviter de vous retrouver dans une situation difficile.

Si vous optez pour un transfert via Western Union (immédiat mais plus cher), n'envoyez de l'argent qu'à des personnes de confiance car via cet organisme, l'identité du bénéficiaire n'est pas contrôlée.

Pour procéder à un virement vers le Canada, obtenez quelques informations auprès de votre banque canadienne, que vous fournirez à votre banque française ou belge ou à votre organisme de transferts d'argent :
- le nom de votre banque ;
- ses coordonnées ;
- son numéro de banque ;
- son numéro d'établissement ;
- votre numéro de compte en banque ;
- le SWIFT.

Pensez également à demander à votre banque française ou belge une autorisation de découvert. Vous n'en aurez peut-être pas besoin mais, si vous êtes amené à faire certaines dépenses imprévues ou simplement, si vous oubliez de vérifier le montant qui se trouve sur votre compte français ou belge avant de faire un achat, vous risquez, en cas de découvert non autorisé, de vous faire bloquer votre carte.

05. Internet, téléphonie : bien choisir

Les rumeurs que vous avez entendues sur le prix élevé d'Internet et de la téléphonie au Canada sont hélas fondées. Même si les prix deviennent de plus en plus abordables, vous ne trouverez pas de prestations aussi performantes pour le même prix qu'en France ou en Belgique.

Internet

Pour Internet, par exemple, il est très rare de trouver un abonnement illimité, et il est encore plus rare de trouver un abonnement à un prix raisonnable.
Les « géants » du domaine, Bell, Télus et Vidéotron ne sont pas forcément les plus intéressants étant donné que dans chaque ville il y a de plus petits fournisseurs d'accès qui offrent des prestations similaires à des prix moindres (par exemple Ebox, Acanac, Radioactif...).

Il ne faut pas hésiter à comparer toutes les offres que vous trouverez en vous posant les questions suivantes :

- Est-ce que j'ai un forfait illimité en upload et en download (c'est possible avec les petits fournisseurs ADSL comme Acanac, par exemple) ?
- Est-ce que tout est compris dans le prix ou est-ce qu'il y a des frais supplémentaires (ouverture de ligne, ouverture de contrat, location du modem...) ?
- Y a-t-il une durée d'engagement ?
- Quel est le débit réel de la ligne ?

Renseignez-vous auprès de votre fournisseur d'accès pour savoir s'il peut vous proposer une offre couplée avec un forfait de téléphone portable (ou « cellulaire » au Québec).

Téléphonie mobile

Appels entrants décomptés de votre forfait, affichage du numéro payant, messagerie vocale en option : bienvenue au Canada ! Les offres de téléphonie mobile sont souvent plus chères qu'en France et en Belgique, dans le sens où tout est généralement en option. Il n'est pas vraiment facile de trouver « le » bon plan, mais il faut s'accrocher et comparer toutes les offres (Fido, Koodo, Bell, Rogers, Virgin…) !

Si vous comptez utiliser votre téléphone au Canada, assurez-vous qu'il soit déverrouillé, sinon il ne marchera pas en Amérique du Nord !

Pour savoir si votre téléphone est désimlocké, insérez simplement une carte SIM d'un opérateur différent du vôtre. Si vous n'avez pas de message d'erreur, c'est que la même manipulation fonctionnera au Canada !

Si votre téléphone est verrouillé, vous pouvez le faire déverrouiller gratuitement après 3 mois d'engagement auprès de votre opérateur si vous êtes français. Si votre abonnement est plus récent, vous pouvez demander à votre opérateur le coût d'un déblocage, vous rendre dans une boutique de téléphonie normalement habituée à ce genre de demandes ou encore faire cette démarche sur un site Internet proposant ce service. Le résultat n'étant pas garanti, ce n'est pas forcément la meilleure option.

---

06. Faire ses courses

La nourriture

Quand on arrive dans un nouveau pays, les magasins sont souvent des endroits assez dépaysants : on y trouve de nouvelles marques, une autre façon de se nourrir et de nouvelles habitudes à acquérir !

Il est courant, au Canada, d'aller « faire son épicerie » dans plusieurs grandes surfaces différentes, en fonction de son budget mais aussi des « circulaires » et des coupons de réduction que l'on peut avoir. Les Nord-Américains sont friands des coupons de réduction à découper ou à imprimer : c'est une pratique beaucoup plus répandue là-bas qu'en France ou en Belgique.

Une autre manière d'économiser : la traque aux « spéciaux » (ou prix spéciaux). À l'entrée de chaque supermarché, vous pourrez trouver une brochure présentant les produits en promotion. Il n'y a plus qu'à aller les chercher sur les présentoirs ! Les prix peuvent être très variables en fonction des magasins, mais aussi en fonction des promotions qui ont lieu tout au long de l'année.

Oubliez le fromage au lait cru pas cher. Oubliez, d'ailleurs, tout fromage pas cher, même les fromages industriels ! Même si les fromages au lait cru québécois sont excellents et variés, ils ne sont pas plus abordables que les fromages importés d'Europe. Tout produit importé est extrêmement taxé. Il faudra donc faire avec les produits locaux pendant votre PVT même si, de temps en temps, un passage chez le fromager est le bienvenu, pour une petite raclette, par exemple.

Vous retrouverez certaines chaînes de supermarchés dans tout le pays : Loblaws, IGA, Metro, Walmart... pour ne citer qu'eux. No Frills est une chaîne de supermarchés intéressante financièrement même s'il peut être judicieux d'acheter certains produits ailleurs selon la qualité souhaitée. Cette chaîne est présente notamment en Ontario, au Nouveau-Brunswick, en Colombie-Britannique et en Alberta.

> Au Québec, vous n'allez pas au « dépanneur » pour faire réparer votre voiture, mais pour faire des courses d'appoint... pour vous dépanner. Il y a des dépanneurs à tous les coins de rue. Vous pourrez y trouver bières, sodas, chips, articles ménagers...

Costco est également une bonne alternative pour acheter en grande quantité (pratique, par exemple, si vous êtes dans une grande coloc'). Vous pouvez également acheter des produits en vrac dans l'enseigne Bulk Barn, dans de nombreux supermarchés canadiens et dans des magasins indépendants spécialisés.

Les prix de produits identiques peuvent vraiment beaucoup varier d'une grande surface à une autre, c'est pour cela qu'il est important de faire du repérage !

Et pour manger bio et/ou végétarien ?

Les produits biologiques sont de plus en plus répandus, au Canada. Cependant, le prix reste très élevé (c'est surtout le cas pour les produits carnés et laitiers). Dans les plus grandes villes, il existe des marchés de producteurs et des systèmes de paniers biologiques et/ou locaux. Même chose ici : ces systèmes sont plus onéreux que ce que vous connaissez habituellement en France ou en Belgique.

Whole Food Market, la chaîne américaine spécialisée dans la vente de produits biologiques, possède plusieurs antennes en Ontario et en Colombie-Britannique. Cependant… il y a une raison pour laquelle son surnom est « whole paycheck » (salaire complet), attendez-vous à des prix élevés !

Les produits alimentaires sont clairement étiquetés pour les personnes souffrant d'allergies ou ayant des restrictions alimentaires. Les produits halal, kasher, sans gluten, etc. sont faciles à trouver, même s'ils sont plus coûteux. Le Canada étant un pays au climat difficile, l'agriculture est compliquée dans certaines régions et à certaines périodes de l'année. En résulte le fait qu'il ne soit pas si facile que ça de trouver des produits locaux, hormis en zone très rurale ou dans les plus grandes villes proposant de nombreuses alternatives. Encore une fois, faire son marché sera plus cher au Canada qu'en Europe.

Les végétariens et végétaliens auront en revanche un grand choix de produits adaptés, notamment dans les restaurants !

Les autres articles

Dollarama, une enseigne présente à peu près partout au Canada, est très pratique pour acheter du petit matériel pour son premier emménagement (produits ménagers, produits de cuisine…). De la nourriture sèche (conserves, sucreries) y est aussi vendue, mais attention à la qualité !

Au Canada, il est très répandu d'acheter des meubles et des articles d'aménagement d'occasion ou d'en récupérer gratuitement : les Canadiens ont l'habitude de déposer les meubles dont ils ne veulent plus sur le bord du trottoir. Libre à vous de les emporter !

Les ventes de garage sont également très avantageuses. Le principe est simple : il s'agit d'un grand débarras qui s'organise sur le trottoir, dans le but de faire de la place dans son garage ou dans son appartement ! Il y a le risque, cependant, de vous laisser tenter par les articles de vos voisins et de ne pas réussir, au final, à faire de la place chez vous...

> Les commerces qui proposent le Débit Interac comme mode de paiement peuvent également vous proposer de retirer de l'argent en même temps que vous payez vos achats. Cela s'appelle du « cash back ». Exemple : vous en avez pour 20 $ de courses et vous souhaitez retirer 30 $, vous paierez donc 50 $ avec votre carte de débit et repartirez avec vos courses et vos 30 $ en liquide, sans avoir payé de frais de retrait.

Certaines ventes de garages sont de véritables événements dans tout le quartier. Vous trouverez de nombreux articles (vêtements, vaisselle, vélo, CDs...) à tout petit prix. Vous pouvez également aller vous fournir à l'Armée du Salut ou dans les organismes équivalents, en fonction de votre ville.

Les ventes sur Internet sont également très courantes, notamment sur le site Craigslist où il est possible de faire de supers affaires.

> Attention : en achetant d'occasion, surtout des textiles et des matelas, vous pourriez vous exposer au fléau des punaises de lit.

Les ventes sur Internet sont également très courantes, notamment sur le site Craigslist où il est possible de faire de supers affaires.

Les pharmacies comme on les connaît habituellement, qui ne vendent que des médicaments, sont rares. On se retrouve souvent à entrer dans de grosses enseignes (Jean Coutu, Pharmaprix, Drug Mart...) qui ont en effet un comptoir de médicaments sur ordonnance au fond du magasin et beaucoup d'autres médicaments en libre service. Les pharmacies sont calquées sur le modèle américain des « drugstores » où l'on ne trouve pas seulement des médicaments, mais aussi une quantité incroyable de choses qui n'ont rien à voir : une panoplie de choix de produits d'hygiène corporelle, es étagères entières de papeterie, de la nourriture pour bébé et pour animaux, des jouets pour enfants... Et souvent, un bureau de poste au fond du magasin. On peut aussi y faire des photos d'identité pour les diverses démarches administratives, et même y faire faire des livres photos de nos vacances.

Acheter de l'alcool, du tabac et du cannabis

L'alcool

Au Canada, la vente d'alcool est réglementée par l'État. Chaque province possède sa régie des alcools : pour en acheter, vous devrez donc vous rendre dans des magasins... publics.

L'inconvénient de ces boutiques, c'est qu'elles ferment plus tôt que nos épiceries françaises et belges (elles ouvrent plus ou moins tard selon les boutiques et selon le jour de la semaine).

Elles ne laissent donc pas vraiment de place à l'imprévu. Une soirée qui se décide au dernier moment ? Vous vous rendez compte qu'il n'y a pas assez d'alcool pour finir la soirée alors qu'il est 22 h passées ? Pas d'épiciers pour vous dépanner, dommage pour un pays où plusieurs chaînes de supermarchés ouvrent toute la nuit.

La réglementation est différente en fonction des provinces, et vous pourrez trouver plus ou moins facilement de l'alcool :

- Alberta : la bière, le vin et les spiritueux sont vendus au Liquor Barn.
- Colombie-Britannique : la bière, le vin et les spiritueux sont vendus dans les magasins provinciaux BC Liquor Stores et dans des cavistes privés. La bière peut être achetée dans des brasseries.
- Manitoba : il est possible d'acheter de l'alcool au magasin provincial (Liquor Mart) et dans des magasins privés. Les hôtels ont le droit de vendre de la bière.
- Nouveau-Brunswick : la bière, le vin et les spiritueux ne sont vendus que dans les magasins provinciaux (Alcool NB Liquor). Vous trouverez une petite sélection de vins dans certains supermarchés.
- Terre-Neuve-et-Labrador : la bière est disponible dans les supermarchés ainsi que dans les magasins provinciaux (LNC). Le vin est uniquement

- vendu dans les magasins provinciaux.
- Nouvelle-Écosse : la bière, le vin et les spiritueux sont majoritairement vendus dans les magasins provinciaux (NSLC). Il est parfois possible d'en trouver dans des supermarchés.
- Ontario : la bière et le vin sont vendus dans les magasins provinciaux (LCBO and Beer Store). La législation ayant changé il y a peu, la bière, le vin et le cidre sont également autorisés à la vente dans les supermarchés.
- Île-du-Prince-Édouard : la bière, le vin et les spiritueux sont uniquement vendus dans les magasins provinciaux (PEILCC).
- Québec : quelques références de bière et de vin sont vendues dans les supermarchés et les dépanneurs. Les magasins provinciaux (SAQ) proposent un plus grand choix et vendent également des spiritueux.
- Saskatchewan : la bière, le vin et les spiritueux sont uniquement vendus dans les magasins provinciaux (Sask Liquor) et chez les revendeurs agréés par le gouvernement. Il est également possible d'en trouver en vente dans certains bars et restaurants.

L'alcool est très taxé et il est difficile, voire impossible, de trouver des alcools bon marché. La bière reste la boisson alcoolisée nationale, les bonnes brasseries locales sont nombreuses et les prix restent abordables.

> **BYOB : Bring You Own Bottle**
>
> Les Canadiens proposent souvent que chacun apporte sa « *bottle* », sa « *booze* » (son alcool) ou encore sa « *beer* », qu'il boira pendant la soirée. Vous devrez donc souvent apporter votre alcool et le boire, sans toucher à l'alcool des autres. Dans le même genre, vous serez peut-être étonné de trouver au Québec des restaurants arborant l'écriteau « Apportez votre vin » (*Bring Your Own Bottle*). Ce sont des restaurants ne proposant pas de carte des vins. À vous, donc, d'apporter le vôtre.

L'âge légal pour consommer de l'alcool est variable en fonction des provinces :
- 19 ans en Colombie-Britannique, au Nouveau-Brunswick, à Terre-Neuve-et-Labrador, dans les Territoires du Nord-Ouest, en Nouvelle-Écosse, au Nunavut, en Ontario, sur l'Île-du-Prince-Édouard, en Saskatchewan et au Yukon.
- 18 ans en Alberta, au Manitoba et au Québec.

Une pièce d'identité vous sera toujours demandée pour l'achat et la consommation d'alcool. On peut également vous en demander une à l'entrée de certains bars ou clubs, passée une certaine heure.

La consommation d'alcool dans les lieux publics est généralement interdite, peu importe le moment du jour ou de la nuit. Dans toutes les provinces et territoires, la consommation d'alcool est interdite au volant, et les provinces de l'Ontario et du Québec interdisent également la possession d'une bouteille d'alcool ouverte dans votre véhicule, même si vous êtes à l'arrêt.

Le tabac

Le tabac n'est pas donné (plus ou moins 10 $ le paquet selon les provinces), mais à l'inverse de l'alcool, on peut en acheter dans les dépanneurs, les épiceries et les supérettes.

Comme dans la majorité des pays d'Europe, il est interdit de fumer dans les bars et restaurants au Canada. Les interdictions peuvent en revanche être plus restrictives : dans certains territoires et provinces, il est également interdit de fumer dans les lieux publics (et il est parfois interdit de fumer dans un rayon de 9 mètres autour des restaurants, des immeubles d'habitations, des écoles...).

Le cannabis récréatif

Depuis octobre 2018, la vente et la consommation de cannabis récréatif sont autorisées au Canada. Sa vente est réglementée par les gouvernements provinciaux, au même titre que l'alcool.

Les personnes de plus de 18 ans ou 19 ans ont le droit de :
- posséder jusqu'à 30 grammes de cannabis récréationnel légal en public ;
- partager jusqu'à 30 grammes de cannabis récréationnel légal avec d'autres adultes ;
- acheter du cannabis séché, non-séché ou de l'huile de cannabis à un revendeur homologué par la province ;
- cultiver (depuis des graines légales) jusqu'à 4 plants de cannabis par foyer, pour usage personnel (sauf Québec, Nunavut et Manitoba) ;
- fabriquer des produits dérivés du cannabis, comme des boissons et de la nourriture, à domicile et à partir du moment où le cannabis n'est pas utilisé pour

créer des produits concentrés.

Il n'est en revanche pas possible de fumer en public.

La vente en ligne est possible dans toutes les provinces et territoires, par l'entremise de revendeurs privés homologués et de sites gouvernementaux. Dans certaines provinces, le cannabis est disponible dans des magasins privés.

L'âge minimal d'achat et de consommation du cannabis est variable, mais dans la majorité des provinces il s'agit du même âge que pour la consommation d'alcool.

Faire du shopping

Pour faire du shopping, vous ne serez pas dépaysé : les magasins sont globalement les mêmes qu'en Europe, à part quelques marques canadiennes ou américaines que vous aurez le bonheur de découvrir, notamment si vous cherchez un bon manteau à votre arrivée. Ces marques qui proposent des vêtements chauds ne sont pas forcément les marques les moins chères mais la qualité sera au rendez-vous !

Les centres commerciaux sont très nombreux, il y en a dans chaque ville. Certains sont tellement imposants que ce sont des villes à part entière (par exemple, Edmonton, en Alberta, possède le plus grand centre commercial d'Amérique du Nord) : on y trouve une multitude de magasins, évidemment, mais également un « food court » (aire de restauration « fast food », où vous pourrez acheter votre déjeuner) et souvent une patinoire intérieure.

D'autres grands magasins proposent des vêtements bon marché (Winners, HomeSense, Marshalls), de quoi aménager votre intérieur, acheter une tente et des vêtements, toute sorte d'articles pour la maison, pour faire du sport (Canadian Tire) ou encore des équipements informatiques et audiovisuels (Best Buy). Le magasin généraliste le moins cher (mais controversé !) reste Walmart. Pour trouver des articles de sport, vous pouvez vous tourner vers Décathlon (Montréal uniquement) et vers Sport Experts (au Québec, en Colombie-Britannique, en Alberta et à Ottawa uniquement). À Toronto, rendez-vous chez Sport Chek !

Il existe également des magasins typiquement canadiens, comme Roots ou La compagnie de la Baie d'Hudson (le plus vieux détaillant d'Amérique du Nord, puisqu'elle a ouvert en 1670 !).

Les taxes

C'est sans doute la difficulté commune à tous les nouveaux arrivants au Canada : comprendre comment fonctionnent les taxes canadiennes.

Au restaurant
Au restaurant, vous ne verrez que des prix hors taxes sur les menus. À ces prix, vous devrez ajouter les taxes de votre province et le pourboire correspondant à la qualité du service que vous avez reçu. Si vous avez été satisfait du service, laisser 15 % de pourboire (voire plus) est recommandé.

Dans les magasins
Que vous achetiez des vêtements, des chaussures, de l'électroménager ou de la décoration d'intérieur, tous les prix indiqués sur les étiquettes des articles sont hors taxes. Un petit calcul s'impose donc également lorsqu'on fait du magasinage (shopping, version québécoise) pour savoir combien on devra payer à la caisse.

Dans les supermarchés et épiceries
Tous les articles que vous pourrez acheter dans les magasins ne sont pas taxés de la même façon. Et pour simplifier les choses, les taxes varient également en fonction des provinces et territoires canadiens !

En bref :

- Une taxe fédérale sur les Produits et Services (la TPS) est ajoutée, et ce, dans toutes les provinces canadiennes. La taxe fédérale est de 5 %. Cependant, les produits alimentaires de base (les fruits et légumes, les œufs, la viande...) sont exemptés de cette taxe.
- À cette taxe fédérale s'additionne la taxe provinciale (qui est de 0 % pour l'Alberta et de 7 % pour la Colombie-Britannique, à titre d'exemple). De la même façon, les produits de base sont exemptés de cette taxe provinciale.

La consigne

Au Canada, la majorité des canettes et des bouteilles en plastique, en verre, et les briques en carton sont consignées. À l'entrée de certains supermarchés, vous trouverez une machine automatique où restituer canettes, bouteilles et autres emballages. En échange, vous obtiendrez quelques piécettes...

Pour l'alcool, un programme de consigne existe également. Par exemple, dans le cadre du programme Bag it back en Ontario, des Beer stores majoritairement, mais pas seulement, reprennent vos différents contenants : vous récupérez 10c par petite canette de bière et 20c par bouteille (bière, vin, alcool fort) rapportée. Renseignez-vous dans vos supermarchés et magasins d'alcool.

V. LES CHOSES SÉRIEUSES COMMENCENT !

---

01. Améliorer son anglais

Une fois les premiers jours passés, les choses sérieuses commencent : recherche de logement, perfectionnement de l'anglais, mais aussi recherche d'un véhicule, parmi d'autres aspects que nous allons développer dans ce chapitre.

Votre connaissance de l'anglais va être déterminante dans votre parcours canadien. Vous aurez sans doute plus de difficulté à faire des rencontres et à trouver du travail si vous ne parlez pas anglais que si vous vous débrouillez pas mal, voire franchement bien.

Si vous ne parlez pas du tout anglais, vous avez le choix de vous rendre dans la province francophone du Québec, dans la seule province bilingue du pays, le Nouveau-Brunswick ou alors, de vous lancer le défi d'apprendre l'anglais pendant votre PVT en vous rendant dans une province anglophone !

Avant votre départ et une fois sur place, différentes options s'offrent à vous pour vous permettre de *speaker english very well*.

Améliorer votre compréhension

Avant de partir, vous avez la possibilité de vous améliorer en anglais sans dépenser un euro !

Vous pouvez lire en anglais : des magazines anglais ou bilingues (comme Vocable), des journaux, des livres simples d'accès ou que vous avez déjà lus en français.

Vous pouvez également regarder des séries ou des films en version anglaise sous-titrée ou sans sous-titres si vous êtes suffisamment à l'aise.

Pour élargir votre vocabulaire, envisagez d'autre part de regarder des films francophones sous-titrés en anglais afin de vous familiariser avec la grammaire et la logique de l'anglais. Les chaînes de télé anglaises ou américaines sont aussi une option intéressante.

Pour joindre l'utile à l'agréable, la musique peut aussi être une bonne façon d'apprendre un peu de vocabulaire et certaines tournures de phrase.

Les livres-audio peuvent également vous aider à vous familiariser avec l'accentuation des mots et à habituer votre oreille à l'accent. Écoutez un livre que vous connaissez déjà par cœur pour ne pas buter sur le déroulement de l'histoire, et pour pouvoir juste écouter !

L'écoute de la radio, en fond sonore, en travaillant, par exemple, familiarisera également votre oreille avec l'anglais, même si vous n'êtes pas extrêmement concentré sur ce que vous entendez.

Améliorer votre expression écrite

Pour vous permettre d'être plus au point en expression écrite, inscrivez-vous sur des forums anglophones dédiés à des sujets qui vous intéressent, afin de communiquer au quotidien en anglais !

Améliorer votre expression orale

Les rencontres

Que ce soit à l'occasion d'une soirée ou dans le cadre du travail une fois arrivé au Canada, vous aurez différentes occasions de pratiquer votre anglais.

Certains petits boulots vous permettront de vous améliorer rapidement s'ils vous donnent l'occasion de beaucoup parler avec vos collègues et les rencontres que vous ferez représenteront un excellent exercice : un inconnu à une soirée, l'ami d'un proche, voire votre futur(e) petit(e)-ami(e). Quel meilleur moyen de parler anglais que de sortir avec un anglophone ?

N'oubliez pas que le complexe des langues étrangères est typiquement français. Ne vous dévaluez pas, vous avez certainement un meilleur niveau d'anglais que vous ne le pensez.

Il suffit d'avoir le courage de se lancer ! Les automatismes et les connaissances de bases acquises pendant votre scolarité vous reviendront rapidement. Enfin, n'oubliez pas que le Canada accueille des millions d'immigrants qui ont eux-mêmes un accent ! Tout le monde est habitué à entendre des accents du monde entier : personne ne va se moquer du vôtre.

Si vous avez au moins les compétences basiques pour soutenir une conversation en anglais, peu importe que ce ne soit pas parfait. Ce n'est pas grave de faire des erreurs de langue, jetez-vous à l'eau !

D'ailleurs, on dit souvent qu'un petit verre détend et fait oublier ce complexe, pensez-y.

Les échanges linguistiques

Les échanges linguistiques, proposés en nombre conséquent sur Internet, permettent à deux personnes qui maîtrisent des langues différentes de partager leurs connaissances sans dépenser d'argent. Les échanges ont souvent lieu dans un bar et consistent en deux périodes de discussion :

l'une en français, pour votre interlocuteur et l'une en anglais, pour vous.

Les expériences bénévoles

Pourquoi ne pas envisager de pratiquer votre anglais dans le cadre de missions bénévoles ou d'expériences telles que le WWOOFing ou le HelpX ?
La pression est bien moins grande que s'il s'agissait d'un emploi et vous serez amené à pas mal discuter avec vos hôtes ou avec les membres de l'association que vous aurez choisie.

Prendre des cours d'anglais

Avant votre départ ou une fois au Canada, vous avez bien sûr la possibilité de prendre des cours d'anglais. Si vous quittez un emploi pour partir en PVT, pensez à vous renseigner sur le nombre d'heures dont vous disposez sur votre Compte Personnel de Formation (CPF). Vous pourrez peut-être suivre une bonne semaine de cours d'anglais juste avant votre départ.
Suivre des cours d'anglais à votre arrivée au Canada aura le double avantage de vous plonger dans un environnement anglophone et de vous faire rencontrer des élèves venus du monde entier avec lesquels vous n'aurez généralement qu'une seule langue en commun : l'anglais.
Un meilleur niveau d'anglais et plusieurs dizaines de rencontres quelques jours après son arrivée, c'est plutôt sympa.

sur vos cours d'anglais à **ILAC** à Toronto et Vancouver !

sur vos cours d'anglais intensifs au **YMCA** à Montréal
(en contactant : pvtistes.YMCA@ymcaquebec.org)

20 $ de réduction sur vos cours d'anglais professionnel "Workplace English" à **Educacentre** à Vancouver.
En savoir plus : **pvtistes.net/bonsplans**

148

02. Trouver un logement

La recherche de logement peut être aussi excitante que stressante. Excitante parce que vous allez trouver votre logement pour quelques mois et stressante parce qu'il n'est pas toujours facile de tomber sur l'appartement rêvé.
Vous trouvez l'appartement qui vous plaît, vous vous mettez d'accord avec le propriétaire, vous signez le bail, et voilà ! Pas besoin d'avoir 10 garants ni de payer des frais d'agence. Dans certaines villes, cette recherche est parfois plus difficile, du fait de la pénurie de logements (comme à Whitehorse) ou des loyers plus élevés dans des villes comme Toronto ou Vancouver. À Toronto principalement (mais ça peut aussi être le cas au Québec ou ailleurs), les propriétaires peuvent vous demander un historique de crédit et/ou des fiches de paie, car la demande de logement est désormais supérieure à l'offre.

Décoder les annonces

3 et ½, 1 200 pieds carrés… Vous feuilletez les petites annonces et tout cela vous semble un peu obscur : c'est normal ! Au Canada, on ne parle pas de la surface en m², il est même très rare que, dans une annonce, la surface soit mentionnée.
On indique plutôt le nombre de pièces : un 3 et ½ est par exemple un appartement comportant 3 pièces (chambre, salon et cuisine) et le ½ est la salle de bains (qui compte tout simplement pour une demi-pièce !). Les toilettes sont très rarement séparées de la salle de bains.
Il n'est pas rare de voir des 3 et ½ finalement plus petits en surface que des 2 et ½ ! Généralement, cependant, même si le salon et la chambre ne sont pas fermés (par exemple s'il y a une alcôve), l'appartement sera classifié comme un 3 et ½.
Dans les provinces anglophones, on lira plutôt sur les annonces qu'un *one bedroom* (un 2 pièces : salon + chambre) ou un *two bedrooms* (3 pièces) est à louer.

> Rassurez-vous, il est généralement plus facile de trouver un logement au Canada qu'en France ou en Belgique : les formalités administratives sont allégées, surtout pour les colocations. Pour les appartements, dans les villes les plus denses, la concurrence est parfois rude et les propriétaires demandent de plus en plus de garanties.

L'appartement est équipé ou semi-meublé ?

S'il est équipé, cela signifie que l'appartement est pourvu d'électroménager, qui est généralement compris dans le loyer. L'appartement peut également être semi-meublé (le minimum vital est là) ou même entièrement meublé (*fully furnished*).
Il peut aussi être précisé dans l'annonce qu'il y a une « entrée laveuse/sécheuse », cela voulant dire qu'il y a la place et les branchements nécessaires pour en installer une.
Au Québec, on désigne le lave-linge par « laveuse », le sèche-linge par « sécheuse » et la cuisinière par « poêle ».

Chauffé ou non chauffé ? Tout inclus ou non inclus ?

Dans un pays où l'hiver dure au moins 4 mois, cela peut être un sacré avantage financier que d'avoir un appartement chauffé, surtout s'il n'est pas très bien isolé. Si c'est précisé dans l'annonce, cela veut dire que les factures de chauffage ne seront pas pour vous !
C'est la même chose si l'annonce stipule que tout est inclus : en plus du chauffage, vous ne paierez ni l'eau ni l'électricité. Parfois, il est même précisé que vous ne payez pas Internet ou le câble.
Au Canada, « hydro » signifie l'électricité (et non l'eau !). La « facture d'hydro » (*hydro bill*) est donc votre facture d'électricité. Ce terme est l'héritage d'une époque où l'électricité canadienne était majoritairement générée par la force hydraulique.
Si vous comptez acheter un véhicule, n'hésitez pas à vérifier qu'il y a un stationnement inclus.

Qu'est-ce qu'un condo ?

Condo est l'abréviation de « condominium ». Ce sont généralement des appartements récents, dans des résidences plus ou moins luxueuses. Souvent, des services haut de gamme sont proposés, surtout pour les condos en centre-ville : gardien, piscine ou salle de sport privée... Les condos ne sont pas forcément le mode de logement le plus abordable, mais il peut y avoir de bonnes occasions, notamment en colocation.

Un appartement en sous-sol (« basement » ou « semi-basement ») ?

Au Canada, ces appartements sont très répandus : ils sont effectivement en sous-sol, sous le « 1er étage » (qui équivaut, chez nous, au rez-de-chaussée) ! La qualité de ces appartements est très variable : certains peuvent même être plutôt lumineux.

Il faut prendre en compte le fait que ces appartements peuvent être plus bruyants, moins lumineux et plus humides que des appartements classiques. La bonne occasion n'est cependant pas rare, et c'est une solution vraiment économique.

S'agissant des étages, au Canada, la convention est généralement la même qu'aux États-Unis : le premier étage (*first floor*) est le rez-de-chaussée et l'étage du dessus est le deuxième étage (*second floor*).

Passer par une agence ?

Si la recherche de logement vous angoisse, il est également possible de passer par un agent immobilier qui vous aidera à trouver votre appartement : vous contactez un agent immobilier (qui ne travaille pas forcément pour une grande agence, il peut très bien travailler à son compte), vous discutez avec lui pour qu'il puisse connaître vos critères, et le tour est joué ! Contrairement au système français, vous ne paierez pas de frais d'agence : l'agent immobilier est rémunéré par le propriétaire et non par vous.

Trouver un logement à distance, c'est possible ?

Même si l'on recommande toujours d'attendre d'être sur place avant de s'engager, pour les plus stressés d'entre nous, il est confortable de s'installer immédiatement après être descendu de l'avion ! Il est tout à fait possible de trouver un logement à distance, mais il faut cependant respecter quelques précautions :
- Si vous ne connaissez pas encore la ville dans laquelle vous cherchez un logement et que vous ne savez pas dans quel quartier faire vos recherches : Google Maps peut être très utile pour visualiser les environs et l'ambiance des quartiers.

- Il est toujours délicat de louer un appartement pour une longue durée si vous ne l'avez pas visité : une connaissance déjà sur place ou un PVTiste ne pourrait-il pas y aller pour vous ?
- N'envoyez jamais d'argent par Western Union. Western Union n'est pas un moyen de paiement (comme peut l'être paypal ou un virement bancaire), c'est-à-dire que vous ne pourrez pas retracer l'argent que vous avez envoyé. Si l'on vous demande un paiement par Western Union : refusez et cherchez autre chose. Hormis pour les locations de courte durée (des entreprises sont spécialisées dans le domaine des locations pour les vacances, et il n'y a généralement rien à craindre), il est très rare que l'on vous demande d'avancer de l'argent. Il est plus prudent de trouver un propriétaire qui acceptera de vous garder le logement pour votre arrivée : vous signerez tout en arrivant.
- Si le propriétaire ou le locataire vous semble étrange pendant vos échanges, si vous hésitez ou si vous avez un mauvais pressentiment, ne vous engagez pas, vous trouverez autre chose. Ce conseil est d'autant plus vrai si vous cherchez une colocation : seriez-vous prêt à vivre avec des gens avec qui vous ne vous entendez pas du tout ?
- Il ne faut jamais se précipiter, même si le logement vous semble être une occasion en or ! Il ne sert à rien de chercher son logement trop en avance, à moins que le locataire précédent ne quitte le logement au moment où vous arrivez, ce qui tomberait bien !
- Il y a généralement moins d'annonces pour des logements qui se libèrent dans trois ou quatre mois que pour des appartements disponibles rapidement.

Trouver un logement sur place

De manière générale, il est plus facile de trouver le logement qui vous convient lorsque vous serez sur place. Vous serez plus familiarisé avec la ville et vous pourrez faire les visites vous-même ! Les petites annonces seront votre seule lecture pendant plusieurs jours : PVTistes.net, Craigslist et Kijiji seront votre Top 3 des sites à consulter !

Vous pouvez aussi, en vous baladant dans la rue, repérer des écriteaux « à louer » et consulter les rubriques « logement » des journaux locaux !

Le réseautage fonctionne également pour la recherche de logement : parlez-en à votre entourage ! Vous pourriez être surpris de l'efficacité du bouche-à-oreille.

Au Québec, la tradition veut que les baux se terminent le 1er juillet de chaque année. C'est en effet en juillet que les Québécois déménagent et les petites annonces sont très nombreuses à ce moment-là ! Cependant, il est tout à fait courant de trouver un logement qui vous convienne à d'autres périodes de l'année.

En visitant un appartement, il ne faut pas oublier de demander ce qui est inclus dans le loyer mensuel (chauffage, eau chaude, électroménager, parfois l'électricité ou Internet...). Faites également attention à l'état des lieux, que vous pouvez normalement consulter (notez qu'il n'est pas systématique) et à l'état général de l'appartement (est-il bien isolé ? La plomberie et l'électricité sont-elles en bon état ? Semble t-il sécuritaire ? Y a-t-il des travaux à réaliser ? Etc.). Cela ne diffère guère d'une visite d'appartement en France ou en Belgique !

Peu importe le type de logement que vous choisissez, la signature d'un bail est amplement conseillée (cela vous protégera mieux), et dans certaines provinces (comme l'Ontario), elle est même obligatoire. Les baux sont facilement trouvables et vendus dans toutes les pharmacies, librairies ou dépanneurs. Le bail est un contrat qui définit les obligations et les engagements respectifs du propriétaire et du locataire.

Location, colocation ou sous-location ?

Tout dépend de votre tempérament. La colocation est un mode de logement très prisé des PVTistes puisqu'il peut vous immerger directement dans la culture canadienne, par exemple, grâce à des colocataires canadiens (voilà une manière simple de commencer à parler anglais s'ils sont anglophones !). La colocation ainsi que la sous-location offrent les avantages de ne pas devoir acheter de meubles et de pouvoir emménager rapidement. Bien que la plupart des couples préfèrent louer un appartement individuel, il n'est pas rare d'en voir en colocation. Même si vous sous-louez un appartement, il est important de remplir un bail.

LES BONS PLANS PVTISTES.NET

Bénéficiez de réductions ou d'avantages !

Billet d'avion - Assurance PVT / EIC
Location de voiture - Cours d'anglais
Banque - Transfert d'argent
Change de devises

23 kg de bagages supplémentaires offerts sur **Air Transat**.

Un mois d'assurance Globe PVT offert aux clients de la banque Desjardins.

Jusqu'à -20 % sur vos locations de voiture **Hertz**.

L'assurance logement

Elle n'est pas obligatoire au Canada, cependant il est plus que prudent d'en souscrire une (généralement proposée par votre banque), sinon, en cas d'inondation ou de vol par exemple, tout reste à votre charge et les frais peuvent s'élever à des milliers de dollars. Pour une assurance locative, il faut compter environ 30 $ par mois.

Et avec un animal ?

Au Canada, il est difficile de trouver un logement avec son chat, son chien, son lapin ou son furet... Effectivement, les propriétaires sont peu enclins à autoriser leurs locataires à posséder un animal, à cause des dégradations éventuelles qu'ils peuvent provoquer. La recherche de logement sera d'autant plus difficile avec votre petit compagnon si vous cherchez un logement dans les grandes villes. Dans les plus petites métropoles, vous noterez que les annonces autorisant les animaux sont plus nombreuses. Si le propriétaire est sceptique mais ouvert, n'hésitez pas à amener votre animal avec vous pendant les visites pour lui montrer qu'il se comporte bien.

---

03. Acheter une voiture ou un van

Vous êtes baroudeur, ou vous avez tout simplement besoin d'un véhicule pour vous rendre au travail ? Si la location de voiture peut convenir dans certaines situations (que ce soit la location de voiture classique ou la location communautaire comme Communauto, par exemple), dans d'autres situations, l'achat d'une voiture est indispensable ! Acheter une voiture n'est pas une démarche si compliquée, il suffit simplement de prendre quelques précautions !

Voiture ou pas voiture ?

Si vous vivez dans une très grande ville canadienne (Montréal, Toronto ou Vancouver), l'achat d'une voiture pourra vous sembler superflu (à moins de travailler en banlieue, par exemple, ou à des horaires décalés lorsque les transports en commun ne fonctionnent plus). Avant de prendre cette décision, évaluez bien votre projet. L'achat d'un véhicule est une charge financière supplémentaire : si vous travaillez et vivez en centre-ville, vous pourrez sans doute vous en passer.

En revanche, si vous souhaitez partir tous les week-ends en voyage, la voiture s'avèrera vite indispensable, surtout si vous êtes mordu de plein air. Si les villes sont bien reliées (par le bus, notamment) les unes aux autres, il est très difficile, voire impossible, de rejoindre beaucoup d'espaces ruraux en transports en commun, au Canada.

Encore une fois, faites vos calculs et évaluez la somme que vous devrez débourser pour acheter une voiture, et celle que vous devrez débourser pour louer régulièrement un véhicule.

Nous vous conseillons de vivre quelques semaines dans la ville de votre choix et de prendre vos habitudes (notamment vis-à-vis des transports en commun) avant de vous décider.

Si vous vivez dans une plus petite ville (par exemple une station de ski dans les Rocheuses canadiennes ou autre), être véhiculé deviendra rapidement indispensable.

« Mettre la clé dans le contact et partir,
Ne dépendre de rien ni personne,
Suivre son feeling,
Écouter ses inspirations,
Sans horaires de train ni de bus à respecter,
Sans bagages lourds à trimballer,
Sans pouce levé sur le bas-côté,
Être maître de son temps et de ses mouvements,
Libre de s'arrêter sur un coup de cœur,
Libre de repartir ailleurs…

Voilà pourquoi j'ai choisi de voyager en minivan aménagé : de Nouvelle-Écosse au Yukon, mon véhicule m'a offert autonomie et indépendance, protection et sécurité, abri et refuge… C'était à la fois mon moyen de transport, ma maison roulante, ma chambre, ma cuisine… Le minivan est, selon moi, la meilleure option pour découvrir librement un pays, à son rythme, selon ses envies, et accéder aux endroits reculés ou non desservis par les transports locaux… Il devient lui-même un chouette compagnon de voyage ! (…) »

> « (...) Le minivan est, selon moi, la meilleure option pour découvrir librement un pays, à son rythme, selon ses envies, et accéder aux endroits reculés ou non desservis par les transports locaux... Il devient lui-même un chouette compagnon de voyage !
>
> Je me souviendrai toujours de ces trois jeunes Français ayant tenté d'atteindre en stop le parc national Forillon (situé à peine à 6 km de là où ils étaient)... Comme personne ne les avait pris à temps, ils avaient dû revenir sur leurs pas pour ne pas manquer leur bus de retour... Avoir franchi l'Atlantique, fait 6 000 km depuis la France, fait du stop jusqu'en Gaspésie... pour flancher à 6 km d'un merveilleux parc national inoubliable, faute de moyen de transport, quel gâchis !
>
> Le minivan : un max de liberté, un minimum de contraintes ! ».
>
> *Anne, reporter PVTiste au Canada et amoureuse du road-trip*

La recherche

Comme en France ou en Belgique, vous pouvez très bien acheter votre voiture à un particulier (via un site de petites annonces, par exemple) ou à un professionnel (un concessionnaire, que ce soit pour un véhicule neuf ou d'occasion). Dans les deux cas, avant d'acheter quoi que ce soit, prenez vos précautions.

Si vous achetez à un particulier, il est conseillé de faire une vérification chez un garagiste agréé CAA (ce n'est pas obligatoire, mais cela peut vous prémunir contre de mauvaises surprises). Parfois, vous devrez passer le « safety test » ou l'équivalent du contrôle technique qui est obligatoire une fois par an. Vous devrez le passer si, par exemple, il arrive à échéance peu après votre achat.

Vérifiez vous-même ou demandez au garagiste de vérifier le VIN ou NIV (Vehicle Identification Number ou Numéro d'Identification du Véhicule), une combinaison de 17 chiffres et lettres. On le trouve sur le tableau de bord, la portière du conducteur ou les papiers d'immatriculation. De cette façon, vous serez certain que la voiture n'a pas été volée ni accidentée. Si elle l'a été, elle sera sur une liste dont dispose votre futur assureur (pensez à aborder le sujet).

Le permis de conduire et l'échange de permis

Votre permis français ou belge (même présenté avec le permis international) n'est valable que 3 ou 6 mois (selon les provinces) sur le territoire canadien ! Pour le Québec, étant donné que vous êtes un travailleur temporaire, votre permis est valable 6 mois ou un an (les sources officielles se contredisent).

Une fois ce délai passé, vous devez échanger votre permis français ou belge pour un permis de la province canadienne dans laquelle vous résidez. C'est une démarche qui est, la plupart du temps, très simple. Cependant, il n'y a pas toujours d'accord d'équivalence entre la France, la Belgique et votre province canadienne. Le prix de l'échange de permis est également variable, comptez de 20 à une centaine de dollars. Les assureurs peuvent être rassurés en voyant que vous détenez une pièce d'identité canadienne avec une adresse postale fixe. Le montant de la police d'assurance a donc des chances de baisser un peu si vous avez un permis canadien ! De plus, cela vous permet d'avoir une pièce d'identité canadienne, ce qui peut s'avérer pratique pour la vie quotidienne !

Vous devez vous rendre au bureau de la SAAQ (pour le Québec), de l'ICBC (pour la Colombie-Britannique) ou du MTO (pour l'Ontario), par exemple, avec votre permis français ou belge.
On vous le prendra (et on ne vous le rendra pas, sauf au Québec, où vous pourrez le garder !) pour l'échanger contre un permis canadien.
Les conditions d'échange sont variables en fonction des provinces (notamment en fonction de votre expérience de conducteur), renseignez-vous donc auprès de l'agence adéquate afin d'en savoir plus.

Si vous souhaitez acheter une voiture, il n'est pas toujours aisé de trouver un assureur qui acceptera de vous assurer avec un permis étranger et vous risquez de rencontrer des problèmes pour immatriculer votre véhicule.

Si c'est le cas, rassurez-vous, dans la plupart des provinces, pas besoin de repasser le permis ! Il suffit juste de l'échanger contre un permis canadien.

L'assurance et l'immatriculation

L'assurance

Si vous aviez déjà un véhicule en France ou en Belgique, n'hésitez pas à demander à votre ancien assureur votre contrat, pour prouver aux assurances canadiennes que vous avez déjà de l'expérience (et de préférence, que vous n'avez jamais eu d'accident !). C'est très important si vous comptez négocier votre contrat au Canada car vous pourrez peut-être (selon les assureurs) faire jouer votre expérience d'ancien conducteur. Pour trouver l'assurance la moins chère, il n'y a pas de miracle, il faut demander des devis un peu partout (y compris à votre banque) ! Les contrats sont à peu près les mêmes que ceux auxquels nous sommes habitués : assurance au tiers (appelée « d'un bord »), totale (appelée « des deux bords »), responsabilité civile, etc.

La règle d'or à retenir en cherchant une assurance, c'est de dire la vérité, bien sûr, mais aussi de ne pas forcément mentionner votre projet de long road trip (si vous en avez un dans un coin de la tête) au moment de la signature du contrat. Attendez d'être certain de partir !

Difficile de recommander une compagnie d'assurance plus qu'une autre car chaque situation est différente : le montant de la police d'assurance variera selon l'âge du conducteur, son expérience de conduite et la date d'obtention du permis de conduire.

L'immatriculation

L'immatriculation est l'étape suivante : une fois que vous avez souscrit votre contrat d'assurance, vous devez vous rendre au même endroit que pour l'échange du permis ! Vous devrez payer des taxes (en fonction de l'Argus), les frais d'immatriculation ainsi qu'une assurance supplémentaire et obligatoire pour les dommages corporels. Vous devrez prouver que votre voiture est au moins assurée au tiers.

Dans la majorité des provinces, vous pourrez souscrire votre assurance auto auprès d'une banque, d'une compagnie d'assurance ou d'un courtier en assurance. En Colombie-Britannique, au Manitoba et en Saskatchewan, le gouvernement propose un système d'assurance minimale publique et obligatoire, qui se souscrit au moment de l'immatriculation.

VI. AU TRAVAIL !

---

01. Le travail : un autre pays, des codes différents

Le PVT au Canada donne souvent l'impression d'un choc culturel assez léger, mais il existe pourtant quelques différences importantes, notamment dans le monde du travail. Nous allons vous présenter les différentes étapes de votre future recherche d'emploi et nous vous donnerons des précisions sur les techniques de recherche, les règles à respecter pour bien gérer votre entretien d'embauche et son suivi ainsi que quelques informations sur les horaires de travail et les salaires canadiens, notamment.

Pour les PVTistes les moins à l'aise en anglais qui craindraient de se rendre dans une province anglophone, n'oubliez pas que le français est une langue très présente au Canada !

Il existe un grand nombre d'emplois francophones ou de jobs où vous n'aurez pas directement affaire aux clients. Vous aurez la possibilité d'améliorer votre anglais avec vos collègues ou en dehors du temps de travail, avec vos colocataires et vos amis. De quoi vous préparer pour un futur entretien en anglais dans les mois qui suivront !

Le pouvoir du réseautage et du bénévolat

Même si le réseautage est répandu en France et en Belgique, il l'est encore plus au Canada ! Il n'est pas rare de trouver un emploi parce que l'un de vos contacts vous aura informé qu'un poste se libère dans sa société la semaine suivante et qu'il peut parler de vous à son patron... et tout ça au cours d'une soirée sans rapport avec votre recherche d'emploi !

En tant que nouvel arrivant, vous n'aurez pas forcément beaucoup de contacts sur place, c'est pour ça qu'il est important de sociabiliser, par exemple en participant aux sorties PVTistes, en allant vous inscrire à un club de sport ou à une association d'amateurs d'oiseaux sauvages, par exemple. N'hésitez pas à dire autour de vous que vous cherchez un emploi (sans toutefois être trop insistant !) et commencez à créer votre réseau !

Le bénévolat ou le volontariat peuvent également vous apporter énormément, surtout si votre recherche d'emploi stagne. Parfois, les employeurs canadiens sont réticents à l'idée d'embaucher quelqu'un qui n'a jamais eu d'expérience professionnelle canadienne. Et pas facile d'avoir une première expérience canadienne si personne ne veut vous donner votre chance...

Ainsi, vous êtes réellement gagnant sur tous les plans :

1. Vous participez à la vie d'une association qui vous tient à cœur : c'est valorisant !
2. Vous vous forgez une première expérience canadienne : rémunérée ou pas, ça n'a pas d'importance pour le recruteur.
3. Travailler pour une association, c'est aussi rencontrer des gens, donc se faire un réseau !

Une solution peut être de participer à la vie associative d'un des très nombreux organismes présents au Canada. Vous en trouverez certainement un qui vous intéresse dans votre ville !

À Montréal	À Toronto	À Vancouver
cabm.net	volunteertoronto.ca	govolunteer.ca

Retrouvez également des opportunités associatives dans tout le Canada sur le site charityvillage.com.

02. Faire son CV à la canadienne

Si vous trouvez le temps de préparer votre CV avant de partir, c'est plutôt une bonne chose dans la mesure où vous pourrez entamer plus rapidement votre recherche d'emploi. On peut penser que faire un CV ne prend pas beaucoup de temps, mais quand il n'est pas à jour, qu'il faut l'adapter aux critères du pays et qu'en plus (si vous partez dans une province anglophone) il faut le rédiger en anglais, ça change tout !

Sachez qu'au Canada, de nombreux organismes sont disponibles pour aider, gratuitement ou non, les nouveaux arrivants francophones à rédiger leur CV selon les critères du pays.

À Montréal	À Toronto	À Vancouver
citim.org emploi-jeunesse.org Danielle Staraci Fondation Ressources Jeunesse	Le Collège Boréal L'Ontario, c'est chez moi	Collège Éducacentre BC Talents FFCB La boussole

Le CV canadien, le « resume », n'est pas comparable au nôtre et a ses caractéristiques propres. Il faut bien veiller à ne pas en dire trop ou pas assez, au risque de ne pas accéder à l'étape de l'entretien.

> Les communautés francophones de tout le pays sont très actives, notamment dans les provinces ou territoires où les francophones sont plus rares qu'ailleurs. N'hésitez donc pas à envisager toutes les destinations canadiennes !

À proscrire

Votre CV ne doit pas présenter de qualités ou de défauts subjectifs. Aucune photo ne doit être fournie, vous ne devez pas préciser votre âge, si vous êtes un homme ou une femme, votre nationalité, votre situation familiale ou le nombre d'enfants que vous avez. Oubliez également les loisirs sans lien avec le poste convoité. Toutes ces informations n'ont rien à voir avec vos qualités professionnelles et elles ne doivent pas déterminer si vous êtes un bon ou un mauvais candidat.

Ces critères sont considérés comme discriminants et n'ont pas leur place sur un CV canadien.

À bien mettre en valeur

À l'inverse, tout ce qui touche de près ou de loin à votre expérience professionnelle, à vos compétences, vos atouts, vos réussites et votre évolution, est à mettre en avant.

La composition du CV

Aujourd'hui, il est possible de voir une dizaine de CV et de ne pas en trouver deux organisés de la même façon. Les informations qui suivent ont pour objectif de vous expliquer plus en détail ce qu'attend de votre CV l'employeur qui le consultera. Pour la mise en page, c'est à vous de voir ce qui vous semble le plus clair, le plus agréable à lire et le plus pertinent. Un conseil cependant : faites simple et sobre !

1. Vos coordonnées

Faites apparaître vos nom et prénom, votre adresse, votre courriel et votre numéro de téléphone. N'envoyez pas de CV avec votre adresse française ou belge, à moins de préciser votre date de disponibilité si vous postulez avant d'arriver. Cette méthode est moins efficace car les employeurs préfèrent vous rencontrer plutôt que de vous parler au téléphone mais ça peut tout de même fonctionner.

2. Votre objectif (facultatif)

En une ou deux phrases, vous devez résumer vos attentes professionnelles et vos savoir-faire. Votre embauche sera bénéfique pour vous comme pour l'entreprise et ça doit se sentir ! Évitez le pronom « je ».

Préférez plutôt :
- Les substantifs : « expérience de X ans..., maîtrise de... » avec une liste de vos compétences (programmation, préparation, conception, gestion...).
- Les adjectifs : « expert en..., compétent pour... » en parlant de vous à la troisième personne, « à la recherche de... », etc.
- Les verbes : « maîtrise aussi bien... que..., possède X années d'expérience..., recherche un poste qui... », toujours à la troisième personne.

Nommez le poste que vous recherchez puis utilisez une ou plusieurs des méthodes ci-dessus pour proposer une présentation efficace et convaincante. N'hésitez pas à être précis si vous travaillez dans un domaine au jargon spécifique comme l'informatique, par exemple.

Vous pouvez écrire un petit résumé qui vous valorise, en indiquant la durée de votre expérience sur le marché du travail. Vous pouvez aussi faire le choix de ne noter que votre titre (par exemple, informaticien, boulanger, mécanicien, etc.) si vous êtes qualifié dans un domaine précis, et que vous cherchez dans ce domaine.

3. Vos compétences

Cette pratique est de plus en plus courante, quel que soit le pays où l'on souhaite travailler. Cette catégorie n'est pas obligatoire, même si elle est fortement recommandée. Il s'agit de citer, sous forme de puces, environ 5 qualités professionnelles et personnelles qui résument bien votre profil.

Essayez au maximum de reprendre les exigences citées dans l'annonce pour laquelle vous postulez. Reprenez les mots-clés de l'annonce, afin de bien mettre en avant le fait que vous correspondez à certaines qualités exigées, voire à toutes.

Ces compétences peuvent être par exemple « travail en équipe », « autonomie », « organisation », « créativité », « capacité d'adaptation »... Il peut également s'agir de compétences linguistiques ou informatiques.

4. Vos expériences professionnelles

Un peu comme sur votre CV français ou belge, inscrivez le nom du poste occupé, les dates de début et de fin, le nom de l'entreprise et sa localisation.

Vos autres expériences ou stages, rémunérés ou non, sont les bienvenus.

Vous pouvez choisir de faire apparaître vos dernières expériences en tête, comme c'est souvent le cas, ou de mettre en valeur vos expériences les plus pertinentes en les triant par domaines professionnels si, par exemple, vous n'avez pas toujours travaillé dans votre domaine.

Rendez-vous dans la Classification Nationale des Professions au Canada (vous la trouverez via Google) pour trouver l'intitulé précis de votre poste, ainsi que le vocabulaire employé dans votre domaine au Canada. Ainsi, votre CV sera parfaitement adapté !

Sous chaque poste, vous devez – si vous avez matière à le faire – parler de vos responsabilités et des objectifs que vous avez atteints. N'hésitez pas à appuyer vos dires sur des chiffres et des pourcentages, si le chiffre d'affaires de votre entreprise a augmenté grâce à votre travail, par exemple. Vous pouvez également préciser le nombre de personnes qui travaillaient sous votre responsabilité.

Pour les jobs alimentaires ou les postes que vous avez occupés mais qui ne présentent pas vraiment d'intérêt pour votre recruteur, inutile de décrire trop en détail l'objet du poste.

5. Vos activités bénévoles

Au Canada, le bénévolat, c'est une seconde nature. Il est donc primordial de mettre en avant les activités bénévoles que vous avez été amené à faire. À vous ensuite de décrire cette activité de façon à ce que cette expérience laisse transparaître une ou plusieurs de vos compétences. Il est possible de mettre le bénévolat et le volontariat dans cette catégorie, tout comme il est possible de créer une catégorie uniquement dédiée au travail bénévole.

6. Vos qualifications

Citez les langues que vous parlez en précisant si c'est votre langue maternelle, si vous les parlez couramment ou à un niveau intermédiaire ou débutant. À noter que « bilingue » au Canada signifie que vous parlez couramment la langue, pas forcément que vous êtes réellement bilingue.

C'est également dans cette section que vous pourrez énumérer vos compétences en matière informatique. Si vous recherchez un poste administratif, il n'est pas rare au Canada de préciser à quelle vitesse vous tapez à l'ordinateur.

Si vous vous rendez dans des agences de placement pour votre recherche d'emploi, vous ferez ce test et obtiendrez un résultat que vous pourrez ajouter à votre CV. Sinon, faites le test chez vous en recopiant un texte et en vous chronométrant. Vous indiquerez un nombre de mots par minute. Il s'agit des compétences que vous n'avez pas mises en avant en haut de votre CV mais dont votre futur employeur doit tout de même avoir connaissance. C'est ici que vous devez noter votre appartenance éventuelle à un ordre professionnel, etc.

7. Votre formation

Au Canada, la formation n'est pas forcément ce que vous mettrez en avant en premier sur votre CV. Cependant, tout dépend de votre domaine d'emploi !

Comme vous le faites habituellement, listez vos diplômes ou études dans l'ordre décroissant et précisez les dates de début et de fin et la ville ou les villes où vous avez étudié. Ayez bien à l'esprit que certains diplômes ou certains cursus français ou belges ne sont pas connus au Canada. Attention, l'équivalence peut varier en fonction des provinces.

Précisez donc en une ligne à quel métier vous ont formé ces études ou quelle était la matière la plus importante. Il est également possible d'ajouter entre parenthèses le nom du diplôme canadien qui s'en rapproche le plus.

8. Vos références

Au Canada, on vous demande de façon quasiment systématique des références. Pensez bien, avant de partir, à demander une lettre de recommandation à vos anciens employeurs. Généralement, ce sont trois références qui sont exigées. Un numéro de téléphone et/ou une adresse e-mail vous seront demandés pour chaque référence. Les lettres de recommandation sont un atout puisqu'elles présentent vos compétences et vos qualités sans même devoir contacter qui que ce soit, mais il se peut que des coordonnées téléphoniques soient tout de même exigées.

Vous pouvez choisir d'indiquer, au bas de votre CV, la mention « Références sur demande » ou laisser les employeurs vous les demander (certains candidats préfèrent en effet ne pas écrire cette mention, partant du principe que les employeurs peuvent les contacter pour les leur demander).

9. Intérêts et activités
Ne mettre que des activités en rapport avec le poste que vous convoitez. Par exemple, un sport collectif pourra montrer votre esprit d'équipe. D'autres loisirs pourront montrer votre persévérance, votre esprit passionné, votre originalité, etc. Cette partie ne doit être incluse que si elle représente un réel plus pour votre candidature.

Pour résumer, il faut réussir, grâce à votre CV, à prouver que vous serez un élément clé de l'entreprise. Sans tomber dans la prétention, il faut choisir les bons mots pour vous mettre en avant.

Il n'y a pas un seul CV possible, à vous d'opter pour la configuration qui mettra le plus en valeur votre candidature.

Lexique français/anglais
Objectif / Objective
Compétences / Skills
Expérience professionnelle / Work experience
Activités bénévoles / Volunteer experience
Formation et stages / Education and training
Qualifications / Qualifications
Références / References

> Au Canada, on n'utilise pas le format A4 mais le format lettre (dans les réglages de votre traitement de texte, il devrait y avoir un paramètre « US Letter » ou « Format Lettre US » ou équivalent).

Exemple de CV canadien (francophone)
Cet exemple de CV n'en est qu'un parmi tant d'autres (il existe des CV chronologiques ou par compétences). À vous de voir quel type de CV vous convient le mieux, et convient le mieux au poste que vous convoitez ! Le type de mise en page est à votre discrétion également mais notez qu'un CV canadien dépasse rarement 2 pages.

Lamya Pévété 12 AVENUE MAMINEAU 514 212 2424
G6W 1J8 MONTRÉAL, QUÉBEC LAMYA.PEVETE@GMAIL.COM

Assistante à la vente

Compétences Ou Résumé

- Excellent relationnel, empathie et goût pour la gestion d'équipe
- Très bon sens de l'organisation
- Maîtrise du français et de l'anglais, tant à l'écrit qu'à l'oral

Expérience

Mandarine (n°1 des télécommunications françaises), Strasbourg, France - 2012 à 2019
Conseillère clientèle référente

- Proposer une solution adaptée aux besoins du client
- Assister techniquement le client
- Soutien et assistance à l'équipe de conseillers (10 personnes)

Mandarine (n°1 des télécommunications françaises), Strasbourg, France - 2010 à 2012
Assistante gestion technique réseau

- Assurer l'affectation des ressources techniques (matériau et et techniciens)
- Garantir la qualité des données techniques du réseau, de contribuer à la maîtrise des coûts de production

Restaurant Moose, Colmar, France - 2009 à 2010
Serveuse

- Procéder à l'ouverture et à la fermeture du restaurant
- Adresser les commandes
- Préparer les commandes des boissons, aide occasionnelle en cuisine

Formation

BTS communication et vente, École Rosa Parks, Trifouilli, France – 2010
(Correspond au DEC Formation technique au Québec).

Baccalauréat littéraire, Lycée Olympe de Gouges, Trifouilli, France - 2008
(Correspond au DEC au Québec).

Renseignements Complémentaires

Français (langue maternelle), anglais courant, grec
Connaissance et expérience : PowerPoint, Word, Excel et Outlook, Columbine, RepPak.

Intérêts Et Activités

Pratique du volley-ball à haut niveau.
Voyages linguistiques à Dublin : passionnée par la culture irlandaise.

Références

Sur demande.

03. Comment et où chercher un emploi ?

Le domaine dans lequel vous souhaitez travailler va en partie déterminer la façon dont vous allez procéder à votre recherche d'emploi. Il est évident qu'un serveur ne va pas postuler de la même façon qu'un développeur informatique. Certains outils leur seront communs, d'autres leur seront propres. Voici comment entamer une recherche de travail pro-active !

Le porte-à-porte

C'est une démarche qui n'effraiera pas certains PVTistes mais qui en terrorisera d'autres, d'autant qu'elle peut s'avérer rapidement décourageante. Vous pouvez à la fois déposer votre CV dans tous les restaurants et magasins de votre quartier, comme choisir de n'entrer que dans les commerces ayant affiché dans la vitrine de leur magasin « Help wanted » ou « On embauche ». Présentez-vous au manager avec le sourire et en ayant l'air motivé. S'il est absent, demandez à quel moment vous pouvez revenir pour vous entretenir avec lui. Pensez également à éviter les périodes de fortes activités, l'heure du déjeuner dans un restaurant, par exemple. Le manager n'aura pas de temps à vous consacrer.

> Attendez-vous à un entretien informel au moment de déposer votre CV et préparez-vous en ce sens, en particulier si vous postulez à un emploi en anglais ! Sachez donc répondre en anglais à des questions telles que « Quelles sont vos compétences ? », « Pourquoi voulez-vous rejoindre notre équipe ? », « Depuis combien de temps êtes-vous au Canada ? », « Combien de temps allez-vous y rester ? », « Avez-vous de l'expérience ? », « Quelles sont vos compétences ? », « Quand seriez-vous disponible pour commencer ? » ou encore « Quel salaire souhaitez-vous toucher ? ».

Les candidatures spontanées

Il y a des entreprises dans lesquelles vous aimeriez vraiment travailler ? Vous pouvez dans ce cas décider d'envoyer une candidature spontanée. Il est alors préférable de joindre à votre CV une lettre de motivation, appelée lettre de présentation (ou *cover letter*) au Canada, afin de bien montrer à votre potentiel futur employeur votre motivation et vos qualifications.

Les sites de recherche d'emploi

Les sites de recherche d'emploi Monster, Linkedin et Workopolis ainsi que les sites de petites annonces Craigslist et Kijiji sont de bonnes ressources.

Sur Monster, vous pouvez à la fois consulter des offres d'emploi et mettre votre CV en ligne, ce qui aboutira peut-être, selon votre domaine et vos compétences, à des appels rapides d'employeurs ou d'agences d'intérim.

Attendez-vous cependant à être contacté par des agences de placement cherchant à agrandir leur base de données de candidats et parfois, par des arnaqueurs.

Enfin, nous vous recommandons vivement de consulter le site gouvernemental Guichet Emplois qui, en plus de vous proposer des offres d'emploi, vous fournit des informations sur les opportunités (plus ou moins bonnes) dans votre domaine, province par province, sur les salaires proposés aux quatre coins du pays et sur la réglementation de certaines professions.

Vous pouvez également utiliser Google pour trouver des sites spécialisés dans un domaine en y écrivant par exemple « Job + votre domaine ».

Les agences de placement

Quel que soit le domaine dans lequel vous recherchez un emploi et surtout si vous travaillez dans l'administration, l'informatique ou encore la finance, il est recommandé de se rendre dans les différentes agences de placement de votre ville pour qu'elles aient toutes votre CV et puissent avoir la possibilité de vous placer dans une entreprise.

Cette étape, surtout si vous faites le tour des agences, est assez laborieuse et peut être décourageante car vous allez faire exactement les mêmes tests dans toutes les agences.

Les tests que l'on vous fera passer dépendront du poste que vous souhaitez occuper mais également des compétences que vous avez dit avoir dans votre CV. De ce fait, si vous savez utiliser Word, Excel et Powerpoint, vous passerez les tests de ces trois logiciels. Si vous ne maîtrisez que Word, vous n'en passerez qu'un. S'ajoutent à cela le test d'écriture, pour déterminer votre vitesse de frappe ou encore le test de pavé numérique, pour déterminer votre vitesse à saisir des séries de chiffres (numéros de téléphone, par exemple). Ces petits tests concernent majoritairement les jobs de saisie ou d'assistanat. Si vous êtes prêt à occuper toutes sortes de postes, l'agence vous fera sans doute passer ces tests.

Avant de passer le test de saisie de texte, pensez à vous entraîner sur un clavier QWERTY car vous risquez de faire un grand nombre d'erreurs. Votre vitesse habituelle de frappe peut également s'en ressentir !

S'inscrire dans une agence de placement est gratuit. L'agence facture le client (c'est-à-dire l'employeur) et non le candidat ! Voici une liste non exhaustive des agences de placement présentes au Canada :

- Adecco
- Kelly Services
- Manpower
- Quantum
- Randstad
- Altis HR

Il ne suffit pas de se rendre dans ces agences et de faire leurs tests pour être sûr de trouver un emploi. Il est important de rappeler votre conseiller régulièrement, tous les lundis matins par exemple pour lui confirmer que vous êtes toujours à la recherche d'un emploi et pour lui demander s'il a quelque chose pour vous. Si vous ne donnez pas de nouvelles régulièrement à votre conseiller, votre CV se perdra dans la masse et vous diminuerez vos chances d'être placé, à moins d'avoir des compétences spécifiques ou remarquables.

Les arnaques

De tout temps, vous verrez apparaître l'offre de rêve, dans votre domaine, très bien payée et en centre-ville. Ça existe ! Donc ne fermez pas immédiatement la fenêtre de votre navigateur. Soyez simplement vigilant ! Certaines offres ont pour objectif d'attirer des personnes à la recherche d'un emploi pour leur soutirer de l'argent.

Souvenez-vous toujours que vous ne devez ni payer pour travailler, ni travailler gratuitement ! Faites des recherches sur l'entreprise sur Google ou Glassdoor (un outil permettant de lire des avis anonymes des employés sur leur entreprise).

Le réseautage

Nous avons abordé un peu plus tôt dans ce guide le pouvoir du réseautage et du bénévolat. Ce sont en effet des outils à part entière. Il ne s'agit pas de ne parler que de travail ou de votre recherche acharnée mais d'ouvrir la porte à une possible envie, de la part de votre interlocuteur, de vous aider dans votre recherche. Gardez en tête que bon nombre d'emplois sont pourvus sans qu'une annonce soit publiée. Il y a un vrai « marché caché » (*hidden ou invisible job market*). C'est aussi le cas en France et en Belgique, mais dans une moindre mesure. C'est là que réside l'importance du réseautage !

04. La lettre de présentation et l'entretien d'embauche

Pour les emplois dans la restauration et la vente, une lettre de motivation n'est pas indispensable.

La lettre de présentation

La forme

Il n'y a pas une seule façon de faire une lettre de présentation, comme il n'y a pas une seule façon de rédiger un CV, mais voici l'une des méthodes qui correspondent au modèle canadien. L'ensemble du texte de votre lettre doit être justifié ! Inscrivez tout d'abord vos nom, prénom, adresse, numéro de téléphone et courriel.

Au-dessous, précisez la date, puis le nom et l'adresse de votre destinataire et enfin l'objet, en laissant bien une ligne entre chaque élément. Si vous ne connaissez pas le nom du recruteur, faites en sorte de l'obtenir en appelant l'entreprise et en demandant le nom du ou de la responsable des ressources humaines.

Le fond

Passons maintenant au contenu de votre lettre : à l'instar de votre CV, elle doit être percutante. Expliquez ce qui vous amène à postuler dans cette entreprise, précisez pourquoi elle aurait tout intérêt à intégrer un nouvel élément tel que vous puis proposez un rendez-vous au destinataire de votre lettre.

Enfin, concluez comme vous le faites habituellement dans une lettre de motivation. Ajoutez vos nom et prénom et signez. Précisez « Pièce Jointe : CV (en français) / Resume (en anglais) » et votre lettre est terminée.

Attention, elle ne doit pas dépasser une page ! Il est également possible d'indiquer vos coordonnées sous vos nom et prénom en fin de lettre, et donc, de faire commencer votre lettre par la date, avant de préciser les coordonnées de votre destinataire.

Avant d'envoyer votre candidature, vérifiez qu'il n'y a aucune faute ou coquille dans votre lettre.

L'entretien d'embauche

Il y a différents types d'entretien d'embauche. Par exemple, la pression ne sera pas la même pour un entretien en agence de placement et un entretien directement avec une entreprise.

Quand vous rencontrez un conseiller dans une agence de placement, vous devez être convaincant non seulement pour qu'il ait envie de vous placer mais également pour qu'il soit sûr de ce que vous valez. Il n'est pas rare d'être placé par une agence, sans entretien préalable avec l'employeur. Il est donc important de faire bonne impression.

Si vous trouvez que votre entretien n'a pas été fantastique, ne vous inquiétez pas, l'objectif de l'agence est avant tout de vous placer, la pression est moindre que pour un entretien direct.

Si votre anglais a été votre point faible, par exemple, rien n'empêchera votre conseiller de vous placer sur un poste francophone, bilingue, ou encore là où vous n'aurez pas trop de relations directes avec le public.

Pour un entretien direct avec l'entreprise, l'exercice est forcément plus difficile. Il ne s'agit pas, pour eux, d'ajouter un CV à leur liste de candidatures mais de trouver le meilleur candidat possible.

La première expérience canadienne

La première expérience canadienne est souvent indispensable ! Vous arrivez tout juste au Canada. Vous avez des compétences et peut-être même de l'expérience, mais cela ne suffit pas toujours car vous n'avez pas travaillé, étudié ou fait de bénévolat au Canada.

Quel que soit votre domaine de compétences, il est important, à votre arrivée, de trouver un job alimentaire ou même un emploi temporaire qui ne corresponde pas forcément à votre parcours pour avoir une première expérience canadienne et donc une première recommandation locale. Lors de vos candidatures suivantes, vous pourrez alors indiquer les coordonnées de ce premier employeur afin qu'il vous présente comme un employé agréable et sérieux. Cherchez par exemple dans les bars, les restaurants, les magasins et les centres d'appels.

À défaut de trouver un job, optez pour le bénévolat ! Attention, cependant, il arrive que certains organismes qui recherchent des bénévoles imposent une durée minimale de présence avant de devenir une référence pour vous.

Cela dit, il arrive également que des PVTistes trouvent immédiatement un emploi dans leur domaine, sans passer par la case job alimentaire !

La tenue vestimentaire

En règle générale, adaptez votre tenue au poste convoité. Il est évident que dans certains domaines il est inconcevable de venir en jean. Dans d'autres, c'est l'inverse, se présenter en costume trois pièces serait vraiment surprenant. Préférez toujours la sobriété le jour de votre entretien.

Si vous êtes embauché, vous en apprendrez plus sur les codes vestimentaires de votre entreprise. Beaucoup, par exemple, laissent leurs employés s'habiller comme ils le veulent tous les vendredis ou un vendredi sur deux, à l'occasion du « *casual Friday* », le vendredi décontracté.

Le duo classique chemise et jupe/pantalon vous garantira une tenue correcte sans en faire trop. Même si, dans certains domaines, il est fréquent d'être habillé de façon décontractée et de ne pas être rasé, mieux vaut, dans le doute, faire bonne impression le jour J, sans pour autant être sur son trente-et-un. Cela évitera que votre employeur vous trouve négligé. Vous vous adapterez plus tard au style de vos collègues !

L'entrevue

Pensez à apporter votre CV, pour vous appuyer dessus lorsque vous parlerez de vos expériences ou simplement pour le cas où l'employeur attendrait de vous que vous l'apportiez.

Une fois de plus, vous allez devoir être convaincant. Développez vos réponses avec des faits marquants, des compétences et des chiffres. Il ne s'agit pas de lire votre CV à haute voix mais de résumer votre profil en une ou deux phrases, en fonction de la question.

Si on vous demande quels sont vos qualités et vos défauts, adaptez-les à l'emploi pour lequel vous postulez. Si vous allez travailler en équipe, évitez de dire que vous avez du mal à déléguer. Si vous allez travailler seul sur le poste, ne dites pas que vous n'êtes pas très autonome. Ce détail est normalement évoqué dans la description du poste.

Il est possible que l'on vous demande d'illustrer un défaut ou une qualité ou encore un point que vous n'aurez pas abordé. « Vous est-il déjà arrivé de... et qu'avez-vous fait ? ». Quitte à inventer quelques détails, servez-vous de tout ce que vous avez pu vivre, dans votre vie professionnelle, scolaire ou personnelle pour élaborer une réponse pertinente. Attendez-vous à devoir évoquer une situation où vous avez fait face à un problème et préparez-vous à détailler le travail que vous avez fourni pour arriver à le résoudre et ce que, avec le recul, vous auriez pu améliorer pour être meilleur.

Essayez au maximum d'avoir confiance en vous, vous avez les compétences pour le poste et si vous ne les avez pas toutes, vous espérez plus que tout avoir l'occasion de les acquérir en travaillant dans l'entreprise qui vous accueille pour un entretien. Soyez serein et vous aurez de grandes chances de séduire votre interlocuteur. Pensez bien à vous renseigner en amont sur l'entreprise (nombre de salariés, activités, actualités...) en allant sur leur site, sur Google ou sur Linkedin.

> Un entretien peut paraître plus difficile au Canada : c'est un autre pays, avec d'autres codes, on craint de se tromper et on risque de mal interpréter les réactions de son interlocuteur. Ne soyez donc pas trop déstabilisé si c'est votre cas, c'est normal.

Et l'anglais ?

Si vous vivez dans une province francophone, il est possible qu'on teste votre niveau d'anglais. Pensez à préparer une présentation de vous en anglais pour ne pas être pris au dépourvu. Vous avez quelques hésitations et n'êtes pas sûr de vous ? C'est toujours mieux que de ne pas oser parler ou d'être trop à l'aise et finalement de ne pas parler anglais si bien que ça ! Il se peut également qu'on teste votre français, à l'écrit généralement, parfois à l'oral, mais vous l'avez compris, ce n'est pas ça le souci ! C'est la partie en anglais de votre entretien qui peut être déterminante et ça se prépare ! Pensez aux différentes questions que votre interlocuteur pourrait être amené à vous poser, préparez vos réponses, et une fois sur place, tout ira bien.

Vous n'êtes pas à l'abri de ne pas comprendre une question ou de ne pas trouver le mot exact pour y répondre. Pas de panique, des milliers de PVTistes ont été dans la même situation avant vous.

> Votre langue maternelle est le français, on aura donc tendance à apprécier vos connaissances en anglais, plutôt qu'à les mépriser. Avec une bonne dose de motivation, vous pourrez convaincre votre interlocuteur de vous laisser le temps d'être à l'aise en anglais ! Nombre de PVTistes ont bénéficié de cette chance et ont pu améliorer sensiblement leurs compétences linguistiques.
>
> Pour certains postes où un bon niveau d'anglais est exigé, il est évident que vous ne ferez pas l'affaire si vous n'êtes pas à l'aise ou n'avez pas un vocabulaire assez étendu, notamment dans le domaine concerné. Mais il n'y a pas de miracle, entraînez-vous, prenez des cours, faites des échanges linguistiques, occupez un autre poste pendant quelques semaines et reprenez rendez-vous avec la personne qui vous a reçu !

Fin de l'entrevue

Votre entretien est maintenant terminé, remerciez la personne qui vous a reçu et n'hésitez pas à lui confirmer votre intérêt pour le poste. Mais attention, ça ne s'arrête pas là. Vous avez également la possibilité de lui demander si vous pourrez l'appeler dans quelques jours pour savoir ce qu'il en est. Avec son accord, vous aurez toute la liberté de le faire.

L'après-entrevue

C'est bien connu, au Canada, l'entrevue n'est pas la dernière étape avant l'embauche. Si vous n'avez pas convenu avec votre interlocuteur d'une date où vous l'appelleriez, permettez-vous, deux jours après votre entretien par exemple, de le contacter pour savoir s'il a fait son choix. Il ne l'aura sans doute pas encore fait et verra par cet appel que vous êtes vraiment motivé par le poste. Évitez cependant de le rappeler trop souvent.

Il peut arriver que vous sortiez d'une entrevue euphorique car tout s'est très bien passé. Sachez que, globalement, beaucoup de gens sortent avec cette impression, mais quand on vient d'arriver au Canada, on ne le sait pas forcément.

Alors, même si vos réponses vous ont semblé pertinentes vis-à-vis de votre recruteur, même si les sourires ont été nombreux, et même si on vous a laissé entendre que vous aviez de grandes chances d'avoir le poste, ne soyez sûr de rien avant que l'on vous annonce la bonne nouvelle. Un autre candidat a pu faire meilleure impression que vous.

Vous n'avez pas forcément les compétences requises mais le recruteur ne vous l'a pas dit pour ne pas vous froisser, alors un peu de patience et de relance et vous aurez une réponse claire et précise !

L'embauche

Ça y est, vous êtes embauché, félicitations !
Vous ne signerez pas forcément de contrat de travail, il n'y a pas à s'inquiéter.

Vous travaillerez, à temps plein, entre 35 et 40 heures, à des horaires de bureau traditionnels ou à des horaires décalés, notamment si vous travaillez dans des centres d'appels, où il est possible de terminer assez tard.

Les documents à fournir au moment de votre embauche :
- obligatoire : NAS / SIN ;
- facultatif : un chèque annulé faisant office de RIB.

La signature d'un contrat de travail n'est pas systématique (et c'est légal !), surtout pour les petits boulots. En revanche, assurez-vous d'avoir des fiches de paie.

---

05. Les conditions de travail : congés, salaires, impôts et le cas particulier des travailleurs autonomes

Les congés

Les congés, c'est l'un des points qui effraient le plus les PVTistes qui envisagent un PVT sédentaire ! Ne pas pouvoir profiter du V du PVT, c'est dommage, tout de même !

En effet, les congés payés s'élèvent à deux semaines par an. Il est cependant possible de prendre des congés sans solde, si votre patron est d'accord, bien sûr. Beaucoup d'entreprises ferment pendant les fêtes ou pendant les vacances scolaires et vous imposeront des congés à ces périodes. Avant de poser vos congés, renseignez-vous pour savoir si certains jours sont imposés à tous les employés, sinon vous risquez de devoir poser des congés sans solde si vous avez déjà utilisé tous vos congés payés.

Le travail autonome

Pendant un PVT, il est tout à fait possible de travailler à son compte, autrement dit de devenir travailleur autonome, en complément d'une activité salariée ou en activité principale. Vous pouvez travailler pour des clients du monde entier !

Les démarches administratives sont allégées : si vous ne gagnez pas plus de 30 000 $ par an dans le cadre de votre activité autonome, vous n'êtes (dans la plupart des cas) pas assujetti aux taxes et vous n'avez pas d'obligation d'obtenir un statut particulier pour pouvoir émettre des factures.

N'oubliez pas toutefois de mettre assez d'argent de côté pour payer votre impôt sur le revenu (si concerné) à la fin de l'année fiscale.

Les impôts

Lorsque vous travaillez au Canada, certains impôts sont prélevés directement sur votre paie. Chaque année, avant le 30 avril, tous les PVTistes qui se trouvaient au Canada l'année précédente doivent remplir une déclaration de revenus.

Avec votre statut de PVTiste, vous avez de grandes chances de toucher de l'argent qui vous aura été prélevé en trop. Mais attention, il est également possible, notamment si vous avez beaucoup travaillé et plutôt bien gagné votre vie, que vous deviez payer un impôt sur le revenu.

Que vous fassiez votre déclaration au Canada ou depuis la France ou la Belgique, vous avez le choix de la faire vous-même ou en faisant appel à un comptable ou à un organisme spécialisé dans le retour d'impôts.

Quel salaire peut-on espérer ?

Sur le site Guichet Emplois (dans l'onglet « Explorer des carrières »), vous trouverez les salaires minimum, médians et maximaux de chaque emploi, province par province.

Vous pouvez également faire une recherche par domaine de compétences et avoir accès à des offres actuellement disponibles.

Les petites annonces d'emploi pourront également vous donner une idée de la fourchette de salaire auquel vous pouvez prétendre, lorsque celle-ci est indiquée.

Des exemples de salaires courants pour les PVTistes

Il faut savoir que le salaire est très variable en fonction de la province ou du territoire, de la ville, de votre expérience, de votre niveau d'étude, de l'entreprise dans laquelle vous postulez, etc. Difficile, dans ce cas, d'établir des généralités, et les indications ci-après restent vagues ! Le salaire est généralement annoncé à l'année pour les postes les plus élevés (par souci de comparaison, nous avons retranscrit tous les salaires en salaires horaires).

Serveur·se à Montréal
10,55 $ de l'heure + pourboires
Le salaire fixe est le salaire minimum provincial car l'essentiel de la rémunération vient des pourboires (*tips*)

Assistant·e de vente dans un magasin de vêtements à Winnipeg
14 $ de l'heure
(expérience de 2 ans)

Co-équipier·e dans un fast-food à Whitehorse
14 $ de l'heure

Commis-Réceptionniste expérimenté·e en station de ski, à Canmore
15 $ de l'heure

Caissier·e à Saskatoon
12 $ de l'heure

Employé·e dans un *call center* à Fredericton
11 $ de l'heure
(pour un débutant)

Développeur·se (informatique) à Toronto
30 - 35 $ de l'heure
(expérience de 2 ans)

Import-Export à Vancouver (*transportation coordinator*)
20 $ de l'heure
(pour un débutant)

06. Une autre façon de travailler : WWOOFing, HelpX et Workaway

WWOOF, HelpX et Workaway sont les trois réseaux de volontariat les plus connus (mais il en existe d'autres). Ces organismes vous proposent d'accéder, via leur site internet et une petite cotisation, à des listes d'hôtes souhaitant accueillir des volontaires. En tant que volontaire, vous serez logé, nourri, mais pas rémunéré, en l'échange de quelques heures de travail par jour.

De cette façon, vous pouvez avoir accès à des savoir-faire et à des rythmes de vie que votre parcours, professionnel ou personnel, ne vous a pas forcément amené à expérimenter. C'est aussi l'occasion de barouder à travers le pays et de découvrir des provinces canadiennes loin des sentiers battus.

Ça vous tente d'apprendre à faire du fromage ? De vous occuper d'animaux ? De travailler dans une école de yoga ? De faire des crêpes pour une auberge de jeunesse ? De vivre au rythme de la population locale, loin de la foule ? Eh bien, ces expériences sont faites pour vous.

> « Lorsque je pense au volontariat, je ne le vois pas comme un moyen économique de voyager (même si je prends cette variable en considération). Sincèrement, je ne veux pas faire du couchsurfing déguisé ou du tourisme rural. Je ne souhaite pas profiter d'un hôte pendant deux semaines et m'en aller vers un autre horizon sans avoir rien donné, et sans avoir rien appris.
>
> Ce type de voyage est à mon sens un « break d'apprentissage » qui permet d'expérimenter le voyage au long cours sous une forme alternative, en vivant chez l'habitant, au cœur de sa vie, de ses us et coutumes, de son travail.
>
> En s'effaçant un temps du milieu salarial ou éducatif, on peut déconstruire notre pensée dans le but d'en reconstruire une nouvelle, fondée sur d'autres repères et expériences de vie.
>
> La route m'a appris à vivre. Elle fut ma deuxième école. L'univers du bénévolat était vaste et m'apprenait tout un tas de choses : l'agriculture biologique, les techniques de maraîchage, le soin des animaux, la vie avec les chiens de traîneaux, le travail dans les gîtes ou encore le fonctionnement d'un institut arctique. Les possibilités me semblaient infinies. »
>
> Laetitia Larmarcq, PVTiste en 2013-2014

Le volontariat avec un permis de travail

Avec un permis de travail ouvert comme le PVT, vous êtes libre de faire du volontariat quand bon vous semble.

Le volontariat sans permis de travail

Sans permis de travail, en revanche, votre passage à la douane peut être plus problématique.

Le volontariat, s'il n'est pas rémunéré et qu'il ne représente pas une concurrence à l'embauche (c'est-à-dire que personne ne pourrait être employé et rémunéré pour effectuer ce travail), est permis au Canada, mais ça ne doit pas être le but premier de votre voyage au Canada. D'autre part, vous ne devez pas dépasser 4 semaines de volontariat chez le même hôte.

Le souci, c'est que les agents d'immigration ne sont pas toujours très au courant et certains volontaires se sont vus refuser l'entrée au Canada.

Il est donc préférable de ne pas évoquer votre projet de volontariat à votre arrivée dans le pays.

Attention, même si vous ne l'évoquez pas, le douanier peut tout de même vouloir s'assurer que vous aurez les moyens de subvenir à vos besoins pendant votre séjour au Canada. Vous pouvez donc être amené à prouver que vous avez suffisamment d'argent sur votre compte avec un relevé bancaire, pour pouvoir payer vos nuits en auberge de jeunesse et vos dépenses courantes. Un billet d'avion retour sera également un atout !

> Attention, aux USA, en revanche, il est strictement interdit de faire du volontariat sans permis de travail !

Le WWOOFing

Le WWOOFing a pour but de donner accès à l'agriculture biologique et à l'éco-construction. Vos possibilités seront donc limitées à des travaux dans ces domaines.

Pour faire du WWOOFing au Canada, il vous faudra payer une cotisation de 50 $ pour une personne et de 65 $ pour un couple, deux amis ou encore un parent avec son (ses) enfant(s). Cet abonnement est valable deux ans.

Le HelpX

De son vrai nom le Help Exchange, cette expérience est globalement la même que celle du WWOOFing à la différence près que le HelpX vous donne accès à une plus grande variété d'expériences.

Il ne s'agit pas simplement de fermes biologiques. Vous pouvez également travailler dans une auberge de jeunesse, un ranch, un Bed and Breakfast ou une ferme non biologique.

L'inscription est gratuite mais il est possible de payer 20 euros pour devenir membre Premier. Vous pourrez ainsi voir les avis des précédents helpers sur les différents sites d'accueil et contacter tous les hôtes alors qu'avec la version gratuite, vous ne pourrez contacter aucun hôte et ne pourrez être contacté que par les hôtes Premier.

Workaway

Workaway est un autre réseau qui se développe de plus en plus à travers le Canada. Vous trouverez des offres de volontariat similaires à celles d'HelpX ! L'adhésion annuelle pour une personne s'élève à 36 euros alors qu'une adhésion pour deux personnes est à 48 euros.

Peu importe le réseau que vous choisirez : soyez vigilant lorsque vous contactez les hôtes. N'acceptez pas d'être exploité (de travailler un trop grand nombre d'heures hebdomadaires sans rétribution, par exemple, ou de devoir payer vous-même votre logement). Posez un maximum de questions à votre futur hôte en amont, sur les conditions de votre accueil. L'expérience n'en sera que plus positive pour tout le monde !

Quelques conseils pour réussir votre volontariat :

- Communiquez au maximum avec votre hôte potentiel : demandez-lui combien d'heures de travail il attend de vous, quels seront vos horaires et vos jours de repos, quelles seront vos conditions de logement et quelles seront vos tâches (si cela n'est pas indiqué au préalable dans l'annonce).
- N'envoyez jamais de messages groupés : personnalisez toujours les messages envoyés pour chaque hôte, évitez le copier-coller ! Vous augmenterez vos chances de trouver un hôte intéressé par votre profil.
- Remplissez bien votre profil (photo, intérêts, capacités...).
- Si vous avez des doutes et que les commentaires des précédents volontaires ne vous convainquent pas, passez à autre chose, vous trouverez un autre hôte !
- Refusez de faire ce que vous trouvez dangereux, rien n'est imposé.
- Une fois sur place, impliquez-vous dans la vie de la famille (s'il y en a une).
- Laissez un commentaire sur le profil de l'hôte et demandez-lui une référence.
- Si ça s'est mal passé : signalez-le au site, c'est anonyme.

VII. INTÉRESSONS-NOUS DE PLUS PRÈS AU CANADA

---

01. Les différences culturelles

Ce n'est pas parce que le Canada est un pays occidental que vous n'allez pas ressentir le choc culturel. Certains PVTistes ne sont pas du tout déroutés, tandis que d'autres le sont très vivement : le choc culturel peut même parfois être très douloureux.
Sachez-le : le Canada n'est ni la France ni la Belgique ! Les mœurs sont différentes, les interactions professionnelles et personnelles le sont également.

Encore une fois, il est difficile de parler de sujets si délicats sans faire de généralités. Évidemment, chaque individu est différent et possède sa personnalité propre. Les expériences peuvent également être très diverses en fonction des provinces, des villes, des cadres de vie... Après tout, le Canada est un immense pays, qui est loin d'être homogène.

Pardonnez-nous, donc, pour cette énumération de traits de caractère, qui nous parait tout de même importante pour vous permettre de comprendre la culture canadienne. Il n'y a pas de bonne ou de mauvaise façon d'être : c'est aussi dans ces attitudes que se manifestent les différences culturelles !

On constate, sur notre forum de discussions; que les ressentis des PVTistes sont souvent les mêmes.
Tout d'abord, les Canadiens sont extrêmement accueillants, en particulier dans les Prairies et en Acadie ! Aucun Canadien ne vous laissera en difficulté dans la rue alors que vous cherchez votre chemin, et on vous saluera toujours avec un grand sourire. Au bout de quelques jours, vous serez sûrement frappé par l'ouverture et la cordialité des gens !

> Le tutoiement est plus immédiat au Québec qu'en France ou en Belgique : les serveurs ou vos collègues vous tutoieront facilement ! Attention, cependant, à ne pas tutoyer n'importe qui et n'importe quand, attendez parfois que l'on vous le demande (par exemple, pour les personnes âgées, votre supérieur hiérarchique, etc.).

Pour autant, il n'est pas si facile que ça de se faire des amis : tout d'abord, vous êtes un nouvel immigré, vous n'allez peut-être rester que quelques mois au Canada, il est donc difficile pour un Canadien de réellement s'investir dans une amitié qui ne sera pas forcément durable.
Bien sûr, comme dans toute relation d'amitié, il faut être compatible, mais même si vous sentez que votre relation a du potentiel, il peut être difficile de se faire inviter dans le cercle intime d'un Canadien. Il ne s'agit d'ailleurs pas de prendre des questions polies de la part de votre interlocuteur pour une déclaration d'amitié.

De plus, si votre collègue ou votre voisin vous raconte des anecdotes personnelles, ce n'est pas pour autant qu'il vous considère comme un ami : il pourrait bien à peine vous parler le lendemain !

Concernant les relations de couple, les codes sont eux aussi différents. En France ou en Belgique, bien souvent, quand on s'entend bien avec une personne et qu'on s'embrasse, il y a un accord tacite : on est ensemble et on est exclusifs ! Ce n'est pas du tout le cas au Canada, et de manière générale en Amérique du Nord, où on « *date* » plusieurs personnes en même temps avant, éventuellement, d'être officiellement ensemble. Il n'y a bien sûr pas de règle pré-établie et chaque personne est différente et conçoit les relations amoureuses différemment. D'ailleurs, le Canada (surtout le Québec) étant une société moins étouffée par les codes patriarcaux, les femmes sont plus enclines à aborder les hommes en soirée et il est admis que les hommes n'ont pas forcément à faire le premier pas. Le respect est une chose importante : au Canada, pas question d'interpeller ou d'aborder quelqu'un dans la rue pour le draguer. Se balader en ville est souvent bien plus apaisant qu'en Europe.

Les Canadiens sont perçus comme un peuple extrêmement poli, et les Américains s'amusent toujours énormément à compter le nombre de « *sorry* » prononcés par les Canadiens en une seule phrase.

Cette prédisposition à la politesse a cependant un double tranchant : il est souvent difficile d'obtenir un avis ou une opinion tranchée de la part d'un Canadien. Par exemple, au travail, on peut vous dire que tout se déroule parfaitement alors que quelques semaines plus tard, vous vous rendrez compte que vous avez commis des impairs. Dommage, personne ne vous aura prévu et ce sera trop tard...

On vous ménagera toujours, sans entrer dans le vif du sujet. N'y voyez pas de l'hypocrisie, il s'agit plutôt d'éviter le conflit autant que possible ! La consensualité (ou le politiquement correct, diront certains) est le maître-mot.

Les Français sont des latins : ils aiment discuter, pinailler, avoir des conversations échauffées sur des sujets sérieux et repartent ensuite chacun de leur côté, satisfaits, après une bonne soirée animée. Pour les Nord-Américains de manière générale, cette scène serait plutôt décrite comme une querelle dont on ne revient jamais !

D'ailleurs, le second degré est très peu employé et souvent mal compris au Canada : c'est à savoir !

Votre capacité d'adaptation est très importante : vous n'êtes pas dans votre pays, vous n'êtes pas « chez vous », il faut donc agir en conséquence. Observez les mœurs canadiennes, essayez de déterminer les différences qui vous interpellent, et de préférence, ne mettez pas les pieds dans le plat !

Il faut apprendre à composer avec les nouveaux éléments culturels que l'on vous donnera. Ce n'est pas facile, mais c'est nécessaire !

> Le terme « liqueur » ne signifie pas la même chose au Québec qu'en France et en Belgique. En fait, si vous demandez de la liqueur au Québec, vous vous retrouverez avec une boisson gazeuse (sans alcool !).

Des comportements canadiens

Tous ceux qui sont déjà allés au Canada racontent qu'en ouvrant une carte de la ville en pleine rue, ils se sont fait aborder par un Canadien leur proposant son aide. C'est donc avec l'envie de connaître cette gentillesse, cette tolérance et cet optimisme légendaires des Canadiens que l'on part, heureux de bientôt faire leur connaissance. Mais la culture d'un pays ne se résume pas qu'à ses habitants et, comme partout, il y a des différences de comportements d'une province à l'autre, d'une ville à l'autre et bien sûr d'un individu à l'autre.

Les premières semaines, on constate forcément que l'ambiance est globalement plus détendue que ce à quoi on est habitué, les esprits sont plus calmes et une certaine sérénité, plutôt agréable, peut être ressentie. On se balade dans la rue sans vraiment ressentir d'insécurité. Les discussions sont plus informelles, beaucoup de choses semblent plus simples... On ressent une vraie liberté, à la fois liée au fait que le Canada est un pays accueillant, mais également car le PVT est une aventure tellement intense, que chaque journée nous émerveille !

On découvre que tous les prix sont affichés hors taxes et donc, qu'on ne paie jamais le prix indiqué sur les étiquettes dans les magasins. Les fins de repas nécessitent une calculatrice car en plus des taxes à ajouter au prix de vos plats, vous devrez déterminer le pourboire (« *tip* » en anglais) minimum à laisser : 15 % du prix de la note, hors taxes (si le service a été correct). Si vous payez par carte, une étape pourboire vous est proposée au moment du règlement.

> Ne jouez pas les « maudits Français », laissez bien le pourboire minimum, voire plus si votre serveur·se a été sympa et efficace !

Les premières semaines, on découvre que les chips coûtent moins cher que le lait, que les Canadiens et Canadiennes n'hésitent pas à porter une short ou une jupe courte quelle que soit la température. On apprend des expressions québécoises ou l'accent anglais des Canadiens que Robin nie avoir dans How I Met Your Mother, on constate que des déneigeuses rendent les rues tout à fait praticables quand, en France ou en Belgique, on glisse pendant une bonne semaine sur les plaques de verglas.

On est heureux de réaliser par soi-même que globalement, la confiance règne ! Si vous perdez quelque chose dans la rue, on vous le rapportera certainement : au Canada, c'est globalement plus relax qu'en Europe !

Après quelques semaines, ce qui nous était apparu comme une attitude zen de la part des Canadiens peut également devenir agaçant. Certains de nos comportements peuvent être considérés comme déplacés, sans qu'on ne comprenne vraiment pourquoi. Là, le choc culturel peut devenir plus fort et il faut faire avec. Notre comportement n'est pas volontairement « décalé », nous évoluons simplement avec des codes différents depuis dix-huit, ving-cinq, ou trente ans. Il est difficile de se défaire de ses propres codes sociaux ! Seulement, par volonté d'intégration, il faut au moins tenter de le faire, et se remettre en question.

Les expatriés ressentent souvent une période de « lune de miel », de quelques semaines ou de quelques mois, avant de ressentir, parfois brusquement, le choc culturel et de se rendre compte que le Canada n'est ni l'Eldorado ni la société idéale : le pays a également des dysfonctionnements.

Pas évident, en quelques semaines, d'abandonner ses habitudes. Chassez le naturel et il revient au galop, c'est bien connu. Pas évident non plus de sentir, en quelque sorte, qu'on n'est pas à la hauteur, qu'on peine à s'acclimater. Il faut parfois un certain temps d'adaptation pour s'intégrer complètement et se sentir à l'aise, c'est sans doute aussi pour ça que le PVT dure deux ans (un an pour les Belges).

Un ou deux ans pour modifier un peu son comportement et pour appréhender celui des autres. Un ou deux ans également pour se rendre compte que si beaucoup de Canadiens sont réellement gentils, tolérants et optimistes, certains, comme c'est le cas partout ailleurs, ne valent pas la peine d'être rencontrés.

Arnaques au logement, employeur malhonnête, disputes qui dégénèrent… oui, ça existe aussi au Canada. Vous n'en ferez sans doute pas les frais mais soyez simplement conscient que le Canada est un pays comme un autre, plein de personnes généreuses et passionnantes comme d'individus moins exceptionnels. Le Canada fait beaucoup rêver et c'est très bien... tant qu'on ne perd pas le sens des réalités.

---

02. Les traditions canadiennes

Le temps des sucres :
mi-mars à fin-avril, visite des cabanes à sucre (principalement au Québec et un peu en Ontario et au Nouveau-Brunswick) pour déguster les produits de l'érable.

La Fête de la Saint-Jean-Baptiste :
24 juin, fête nationale du Québec. Si toutes les provinces possèdent une fête qui leur est propre, la fête nationale du Québec est particulièrement célébrée !

La saison des couleurs :
au début de l'automne. Les dates de l'Été des Indiens changent chaque année, en fonction de la météo ! Vous pourrez observer les magnifiques forêts canadiennes parées de couleurs orangées pendant quelques semaines, en automne.

Les séries éliminatoires de la Coupe Stanley : à partir de mi-avril, la phase finale du championnat de hockey le plus fameux débute. Les villes canadiennes possédant une équipe sont en ébullition !

Les fins de semaine au chalet (*cottage*) : de juin à septembre (en fonction des provinces). Les Canadiens aiment partir quelques jours dans un chalet (ou camper) en plein cœur de la nature, pour se baigner, pêcher ou simplement se reposer.

Les Pow-Wow : d'août à septembre. Tout l'été, bon nombre de peuples autochtones organisent des Pow-Wow, fêtes traditionnelles spirituelles. Les non-autochtones peuvent y assister, dans le respect des règles de bienséance.

La Fête du Canada (Canada Day) : 1er juillet, fête nationale du Canada commémorant l'indépendance. Feux d'artifice et fêtes populaires sont au rendez-vous !

L'Action de grâce (Thanksgiving) : le 2e lundi d'octobre, pour célébrer les bénédictions reçues pendant l'année. C'est l'occasion de déguster un repas copieux en famille ou entre amis.

L'Halloween : la nuit du 31 octobre. La célébration de l'Halloween est moins populaire au Canada que chez son voisin du sud, mais cela reste la fête favorite des petits Canadiens (et des plus grands) !

L'hiver canadien :
à partir de novembre jusqu'à mai, en fonction des provinces. Hockey sur glace, patin, traîneaux à chiens, ski, randonnée nordique, raquettes, pêche sur glace, motoneige, spa en extérieur, aurores boréales... L'hiver canadien offre mille opportunités.

03. Immersion canadienne

La culture canadienne, ce n'est pas que des caribous faisant du skidoo avec des bûcherons ! Il n'y a d'ailleurs pas une culture canadienne mais des cultures canadiennes, et autant de différences entre les provinces et les territoires du Canada, sans oublier les nombreuses cultures autochtones (les Premières Nations canadiennes), reconnues au nombre de onze.

De ce fait, il est impossible de faire un état des lieux des cultures canadiennes sans généraliser ni lister les clichés... Cependant, il est vrai que certaines activités nous semblent typiquement canadiennes... Les voici !

L'importance du sport

Le sport et les grands espaces tiennent une place primordiale dans la culture canadienne : il est courant, pour un Canadien, d'aller passer la fin de semaine dans un chalet au bord d'un lac, pour faire du canoë ou se baigner. En hiver, le patinage est l'une des activités principales, même en ville, où les patinoires à ciel ouvert sont très nombreuses !

Pour les Canadiens, le sport, c'est indispensable. Ils assistent à des matchs en famille ou entre amis dès leur plus jeune âge. On peut facilement trouver des billets à des prix abordables, sauf peut-être pour le hockey qui reste le sport le plus prisé. Si vous ne cherchez pas à être aux premières loges, vous pouvez facilement trouver, pour 10 ou 20 $, des places pour un match de baseball ou de basket. De quoi se divertir une après-midi ou une soirée ! Que vous soyez ou non un grand fan de sport, vous vous devez d'assister au moins à un match. Au programme : pizza, hot dog et bière à gogo, des pom-pom girls et un loto pendant les matchs de basket, des anniversaires et des demandes en mariage pendant les matchs de baseball, c'est un pur divertissement !

Pensez bien, cela dit, à revoir les règles du jeu avant de vous rendre au stade, surtout pour le baseball ! Si les places de hockey professionnel sont un peu chères pour votre porte-monnaie, tournez-vous plutôt vers des matchs d'équipes universitaires comme les Marlies de Toronto dont le niveau est excellent !

Littérature, culture et festivals

Pourquoi ne pas commencer à découvrir la richesse culturelle du Canada avant de partir, par exemple en découvrant les grands auteurs canadiens, que ce soit de roman ou de bande-dessinée : Margaret Atwood, Michel Tremblay, Michel Rabagliati, Alice Munro, etc. Les productions cinématographiques ne sont pas en reste, avec bien sûr Xavier Dolan, Denis Villeneuve, Jean-Marc Vallée ou encore Sarah Polley.

Le pays accueille un nombre incroyable de festivals, été comme hiver (même si c'est le cas surtout en été !). Peu importe la ville dans laquelle vous allez vous établir : vous aurez forcément le choix entre de nombreux festivals.

À Montréal, ville qui se targue d'offrir plus de 100 festivals annuels (de cirque, de musique, de danse, de comédie, etc.), on ne peut pas s'ennuyer. Les plus réputés sont l'International des Feux Loto-Québec, une compétition de feux d'artifice regroupant des entreprises pyrotechniques du monde entier, le Festival International de Jazz de Montréal, ou encore le festival Juste pour rire, un festival humoristique francophone.

À Ottawa, le festival le plus réputé est celui du Bal de neige (Winterlude), pendant lequel on peut patiner et admirer des sculptures de glace, au mois de février. Au printemps, c'est le Festival des Tulipes qui attire de nombreux visiteurs sur la colline du Parlement abondamment fleurie.

Le Carnaval de Québec est une institution depuis plus de 50 ans, où l'on se réunit sur les Plaines d'Abraham pour célébrer la beauté de l'hiver en compagnie de Bonhomme, la mascotte du festival.

À Vancouver, les festivals sont autant sportifs que culturels, avec par exemple le Vancouver Folk Music Festival ou le festival Celebration of Lights, autre concours international de feux d'artifice.

Toronto est la ville canadienne du cinéma, comme en témoignent le Toronto Film Festival ou le Toronto Independent Film Festival. La ville accueille également l'une des plus grandes marches des fiertés LGBTQ+ d'Amérique du Nord : Pride Toronto attire plus d'un million de visiteurs chaque année ! En 2016, même le Premier Ministre canadien, Justin Trudeau, s'est joint aux célébrations.

Le festival Stampede est l'un des festivals canadiens les plus renommés et se déroule à Calgary : 10 jours de rodéo, de compétitions agricoles et de « western » ! La ville accueille plus d'un million de visiteurs sur cette période-là, ce qui présage une ambiance de folie.

Dans tout le pays, la francophonie est célébrée, aussi bien dans les provinces francophones qu'anglophones. On retrouve régulièrement des festivals d'Histoire, de musique ou de cinéma francophone.

Bien sûr, il existe d'innombrables festivals régionaux ou locaux, à taille plus modeste, mais qui valent eux aussi le coup d'œil. Renseignez-vous auprès des offices de tourisme des lieux que vous souhaitez visiter !

04. La place des Premières Nations

Au Canada, on utilise les termes Premières Nations (First Nations) pour désigner les populations autochtones. Plus précisément, les peuples autochtones du Canada sont composés des Premières Nations, des Inuits et des Métis. Utiliser les termes « Indiens » ou « Amérindiens » est très offensant puisque c'est une dénomination utilisée par les explorateurs européens qui pensaient avoir navigué jusqu'en Inde.

Il existe un ministère dédié aux Affaires autochtones et au Développement du Nord Canada, qui vous propose sur son site, une carte interactive répertoriant toutes les nations autochtones, ainsi que leurs représentants politiques.

Aujourd'hui, plus de la moitié des autochtones canadiens vivent en milieu urbain, en particulier à Winnipeg, Edmonton et Vancouver.

Le gouvernement canadien travaille aujourd'hui à la réconciliation (c'est le terme officiel), un travail considérable compte tenu des violences subies par les populations autochtones, notamment celles des « pensionnats indiens » :

« *Quelque 150 000 enfants autochtones ont été séparés de leurs familles et de leurs collectivités pour joindre un pensionnat indien. Bien que 139 des pensionnats indiens ont fermé leurs portes au milieu des années 1970, le dernier pensionnat administré par le gouvernement fédéral a été fermé à la fin des années 1990.* »
Source : www.aadnc-aandc.gc.ca

En 2008, le Premier Ministre de l'époque, Stephen Harper a demandé pardon aux populations autochtones, au nom du gouvernement du Canada et de tous les Canadiens, et a souligné la détermination du gouvernement pour que ces événements tragiques ne se reproduisent plus jamais.

Les populations autochtones restent plus durement touchées par le chômage, ont une espérance de vie inférieure de 6 ans par rapport à la moyenne canadienne et la majorité des Autochtones atteignent le seuil de pauvreté ou vivent en dessous de celui-ci.
L'égalité est loin d'être atteinte et les préjugés et la discrimination sont encore vivaces.

« *Si nous allons nous réconcilier, il faut que les Canadiens libèrent leurs pensées, leur cœur et leur esprit des idées fausses au sujet des peuples autochtones.* »
M. Bellegarde, chef national de l'Assemblée des Premières Nations.

Aujourd'hui, l'activisme politique des Autochtones est loin d'être terminé et différentes associations se battent pour la reconnaissance de leur(s) culture(s), pour l'accès à l'éducation et à la santé ainsi que pour la récupération de leurs territoires ancestraux. Récemment, le mouvement *Idle No More* en est l'illustration.

---

05. L'anglais et le français parlés au Canada

Nous mettons volontairement de côté les autres langues du Canada, notamment le Cree, l'Inuktitut et l'Ojibwe, qui font partie des 26 langues parlées par les populations autochtones, pour nous concentrer sur les deux langues officielles du Canada : le français et l'anglais.

L'anglais parlé au Canada est très proche de l'anglais parlé aux États-Unis, mais avec une orthographe presque identique à celle de l'anglais britannique.

L'accent canadien se remarque par la prononciation des mots comme « *about* » (où il y a une diphtongue : « *abaout* ») qui ressemble plutôt à « *aboot* ». « *Eh* » est également une interjection très présente, surtout en fin de phrase, pour signifier « *right?* » ! L'anglais du Canada n'est pas seulement influencé par les différents anglais du monde entier, il a aussi ses propres « canadianismes ».

Le français parlé au Canada est lui aussi très différent du français parlé en Belgique, en France ou en Suisse. C'est un sujet extrêmement polémique : il convient de l'aborder avec d'énormes pincettes avec un francophone du Canada ! De manière générale, les débats sur « qui parle mieux le français » n'aboutiront pas, tout simplement car il n'y a pas de réponse catégorique, juste des différences. Ne moquez pas les expressions locales et ne vous asticotez pas à ce sujet ! La francophonie est extrêmement diverse dans le monde, et le français parlé dans les communautés francophones canadiennes ne déroge pas à la règle.

Au Québec, la syntaxe, le vocabulaire et la grammaire sont différents du français dont vous avez l'habitude. Parfois calqué sur la syntaxe anglaise, le français du Québec emploie aussi bien des anglicismes que des expressions qui sont aujourd'hui désuètes en France ou en Belgique.

Le chiac est un français parlé en Acadie, notamment près de Moncton, au Nouveau-Brunswick. Le chiac est un « franglais » qui emploie la syntaxe française avec le vocabulaire anglais, par exemple : « *Ey le PVTiste, tu viens-tu watcher un movie avec moi?* » De manière générale, le chiac n'est pas si usité que cela au Nouveau-Brunswick, où les francophones utilisent plus volontiers le français acadien (le français acadien a quelques similitudes avec le français du Québec, mais l'accent et les régionalismes sont différents !).

06. Les spécialités culinaires canadiennes

On ne va pas se mentir, si vous appréciez les bons petits plats, il y a des chances que votre tradition culinaire européenne vous manque. Adieu (mais seulement pour un ou deux ans !) la charcuterie locale diverse et variée, les chicons goûteux de mamie, le bon vin pas cher... Bonjour le sirop d'érable, le bacon, la poutine et les queues de castor ! Rassurez-vous, il ne s'agit pas de déguster un castor ! La queue de castor est en fait une sorte de gaufre, généralement recouverte de chocolat.

Au Canada, on peut « malbouffer ». Mais on peut aussi bien bouffer ! La cuisine canadienne est un savant mélange des héritages culinaires autochtones, français et britanniques. Aujourd'hui, il est également difficile d'exclure les cuisines asiatiques et sud-américaines tant leur présence est importante. Cependant, voici un petit état des lieux de la gastronomie traditionnelle du Canada.

Partout au Canada

Le sirop d'érable est exclusivement produit dans l'est du Canada (et un petit peu aux États-Unis), dans la province du Québec (90 % du total de la production canadienne), et dans quelques érablières de l'Ontario et du Nouveau-Brunswick.
Le Canada est à l'origine de 78 % de la production mondiale de sirop ! Pas étonnant, donc, de trouver régulièrement au menu le sirop d'érable, pour accompagner des crêpes, pancakes, et même d'autres plats salés comme les « fèves au lard ».

Le sirop d'érable donne lieu à une multitude d'autres produits comme du sucre d'érable, des sucettes (appelées « suçons » au Québec), des liqueurs ou du beurre (qui ressemble à de la pâte à tartiner).

Attention, il ne faut pas confondre le sirop d'érable avec son homologue, moins cher et bien moins savoureux, le sirop de table (du sirop de maïs bourré d'arômes artificiels), communément appelé « le sirop de poteau » au Québec.

Comme partout en Amérique du Nord, le lard (ou bacon), est présent dans tous les plats (ou presque), au petit-déjeuner comme dans les sandwiches. On peut même trouver du bacon parfumé au sirop d'érable.

La tourtière (ou *meat pie*) est une grande spécialité canadienne. C'est une tourte à base de viande (n'importe laquelle, en fonction de la région ou de l'occasion : bœuf, porc, gibier...).

Le sandwich à la viande fumée est une spécialité juive introduite au Québec par les migrants. Elle est aujourd'hui une spécialité québécoise réputée. Viande fumée, moutarde sucrée, pain au seigle... C'est tout simple ! À Montréal, l'enseigne la plus connue est Schwartz's, mais on peut aussi citer Main Deli ou Dunn's Famous. Autant vous dire que ce n'est pas un plat minceur...

La poutine est souvent réputée pour être, depuis l'étranger, LA spécialité culinaire canadienne (en particulier québécoise).

La poutine est un plat à base de pommes de terre frites, de sauce brune et de fromage frais en grain, communément appelé le « fromage qui fait couic couic » (une allusion au bruit que fait le fromage sous la dent !). Il existe plusieurs variantes de poutine que proposent les restos spécialisés (ajout de steak haché, de viande fumée, de salade de chou...).

La cuisine traditionnelle québécoise

La cabane à sucre est un bon exemple d'une tradition culturelle intimement liée à la gastronomie.

Les cabanes à sucre sont situées sur les exploitations où est produit le sirop d'érable. À l'arrivée du temps des sucres (au printemps, de mars à avril), il est habituel d'aller déguster à la cabane des plats typiquement québécois, très rustiques : saucisses à l'érable, fèves au lard, soupe de pois, oreilles de crisse (fines tranches de lard),

beignes... À la fin du repas, on déguste la tire d'érable : on verse du sirop chaud liquide sur de la neige, le sirop devient assez solide pour qu'on l'enroule sur un bâton à sucer et hop ! Voilà une sucette à l'érable !
Le pâté chinois est le hachis parmentier local et la recette est globalement la même, le maïs en plus ! Le pâté chinois est considéré par beaucoup comme le plat national québécois.
Le pain de viande est un mélange de viande hachée, de mie de pain trempée dans du lait, d'oignons et d'œufs. Le pain est ensuite enfourné. Il se déguste chaud ou froid.
Les bagels font partie intégrante de la réputation internationale de la cuisine montréalaise. Importé par les immigrants juifs, le bagel est implanté particulièrement dans le Mile End, rue St Viateur. Depuis longtemps, il y a une guerre rangée pour savoir d'où proviennent les meilleurs bagels, Montréal ou New York (les rédactrices de ce guide s'accordent pour dire qu'il n'y a même pas de discussion à avoir : Montréal est le grand vainqueur !). Le bagel est fabriqué à base d'une pâte au levain, d'abord bouillie puis cuite au four. On le sert coupé en deux, avec du fromage frais, du saumon, des tomates, etc. Les bagels peuvent être parfumés à l'oignon ou encore saupoudrés de graines de pavot ou de sésame.

La cuisine traditionnelle autochtone

La cuisine autochtone n'est pas constituée de plats mijotés, mais plutôt de pièces de viande (phoque, caribou, baleine) et de poisson (truite, cabillaud...). De manière générale, tous les produits de la chasse ! C'est surtout le cas pour les Inuits, qui conservent la viande dans la glace.

Le sirop d'érable était déjà consommé par les Premières Nations, et les populations de la côte ouest faisaient une grande consommation du saumon. Le pain « bannock » ou bannique a été importé par les colons écossais au Canada et est aujourd'hui communément consommé.

La cuisine acadienne

Plus tournée vers la mer, la cuisine acadienne est très spécifique des côtes atlantiques. Les fruits de mer en font partie intégrante, notamment le homard, préparé en « *lobster rolls* » (guédille, en français). Ce sont des morceaux de chair de homard, accompagnés de salade et de mayonnaise dans un pain à hot-dog. On trouve les *lobsters rolls* partout en Amérique du Nord, mais cette tradition culinaire a particulièrement de l'importance en Acadie et en Gaspésie.

Le fricot est un plat typiquement acadien et pourrait être assimilé à la « *chicken soup* » des Américains ou même au gombo des Cadiens, les descendants des Acadiens demeurant en Louisiane. Parfait pour accommoder les restes !

À votre santé !

Le vin étant majoritairement importé, la boisson nationale alcoolisée canadienne reste la bière. Il existe des bières industrielles canadiennes, comme les bières Molson (la Coors, par exemple). Molson est une énorme brasserie, la première implantée au Canada (en 1786 à Montréal).

Les brasseries locales sont très répandues au Canada, notamment au Québec, où on trouve des dizaines de bières différentes, aussi goûteuses les unes que les autres.

Le vin de glace est une production très importante au Canada, le pays en est désormais le premier producteur mondial. Le raisin est vendangé gelé : le vin est extrêmement sucré, du fait d'une vendange tardive, mais aussi du fait de la glace, qui retient d'autant plus le sucre dans les raisins. Au Québec, on trouve le cidre de glace, élaboré selon le même procédé, mais avec des pommes.

07. La nature canadienne et les animaux

La nature canadienne... C'est sans doute l'une des raisons majeures de votre venue au Canada. Comment reconnaître un touriste à Montréal ? Facile ! Il suffit de repérer tous les gens essayant de prendre en photo les gros écureuils gris du Mont-Royal... Les écureuils que l'on voit le plus souvent en ville au Canada sont des « écureuils de l'est » (sciurus carolinensis), qu'ils soient gris ou noirs : ils sont pourtant de la même espèce. Ils sont gros, et sont souvent comparés à des rats par les locaux ! Notre cœur tendre de PVTistes ne peut cependant que fondre en les voyant courir sur les fils électriques...
Ce n'est pas la seule espèce d'écureuils que vous pourrez voir, puisque l'on en compte 22 au Canada, y compris deux espèces d'écureuils volants, comme le *northern flying squirrel* (le grand polatouche, en français), que vous trouverez dans les forêts de conifères, du Yukon à la Nouvelle-Écosse.

L'animal le plus emblématique du Canada, c'est pourtant le castor ! C'est un grand architecte reconnu pour ses prouesses hydrauliques. Il est même le symbole de l'essor économique du Canada, et pour lui rendre hommage, son effigie est frappée sur les pièces de 5 cents. Les castors sont des animaux utiles, créant des zones humides grâce à leurs barrages, ce qui attire de nombreuses autres espèces animales. Ils sont donc indispensables à la survie de certaines espèces, comme les coléoptères, qui ne survivent que dans les plan d'eau créés par eux. A contrario, les barrages peuvent également être un obstacle pour la migration de certaines espèces de poissons et de mollusques.

Après avoir été longtemps chassée par les trappeurs pour sa fourrure (et avoir failli disparaître !), la population de castors est aujourd'hui prospère en Amérique du Nord (de 10 à 15 millions d'individus).

Pour autant, il n'est pas si facile que ça d'apercevoir un castor en liberté : ces animaux sont actifs au crépuscule et pendant la nuit, et sont plutôt discrets...

Les ratons-laveurs (*raccoons*, en anglais), et plus précisément les *north-american raccoons*, peuplent les villes ! Dans la nature, ils trouvent refuge dans les arbres creux, terriers et buissons, mais ils sont aussi à leur aise dans les granges et les sous-sols.

L'étalement urbain (surtout en Amérique du Nord, où les villes sont très étendues, sous la forme de *suburbs*) ne les a pas chassés. Ils se nourrissent de ce qu'ils trouvent : contenu de poubelles, nourriture pour chiens ou chats... Vous en apercevrez peut-être un dans votre jardin, le plus souvent la nuit !

Attention cependant, si le raton est très mignon et réputé pour être intelligent, le mâle adulte est souvent agressif et peut être porteur de la rage. Il vaut mieux les observer de loin !

L'animal que vous aurez le plus de chance de rencontrer au Canada est cependant... le moustique (le maringouin, en québécois). Pendant tout l'été, et particulièrement au mois de juin, les moustiques sont redoutables parce qu'ils sont très nombreux.

Au Canada, les moustiques ne plaisantent pas ! Ce ne sont pas du tout les mêmes qu'en Europe. Ici, ils sont beaucoup plus gros et coriaces. Ils peuvent vraiment vous gâcher vos vacances si vous n'êtes pas préparé.

Quelques précautions :

- Promenez-vous toujours avec des vêtements longs couvrant intégralement vos bras et vos jambes. Attention à bien glisser votre tee-shirt dans votre pantalon, sinon, certains petits malins en profiteront pour vous piquer sur la fine bande de peau découverte... En fonction de votre projet, il est parfois indispensable de se munir d'une moustiquaire de visage.
- Évitez de vous parfumer ou encore d'utiliser des produits de beauté ou une lessive trop parfumés.
- Un répulsif anti-moustique au DEET est souvent indispensable. Attention, cependant, c'est un produit hautement toxique et allergène. Vérifiez le taux de concentration du DEET dans votre répulsif. À vous de juger si vous souhaitez utiliser des répulsifs plus naturels !

Les mouches noires (*black flies*) se faufilent dans le moindre interstice pour vous mordre. La morsure de la mouche noire est ronde et généralement très irritante. Attention, en très grand nombre, les morsures de mouches noires peuvent provoquer la fièvre de la mouche noire : maux de tête, fièvre, nausées, articulations douloureuses, ganglions, etc. Pour éviter cela, les précautions sont les mêmes que pour contrer les moustiques.

Si vous êtes allergique aux piqûres et aux morsures, évitez tout simplement de vous exposer pendant l'été (en évitant les balades en forêt, par exemple), et n'oubliez pas d'avoir toujours votre traitement sur vous, même pour vous balader en ville.

Le moustique n'est pas notre seul mouton noir, il vaut mieux également se méfier d'un autre insecte : la tique. La tique peut être vectrice d'une maladie grave mais méconnue : la maladie de Lyme. Les tiques infectées sont présentes dans tout le pays, mais le taux d'infection le plus élevé est à l'est et au centre du Canada. Afin d'éviter de vous faire mordre par une tique pendant vos activités de plein air, portez des vêtements longs, de couleur claire, et évitez le plus possible de marcher ou de camper dans des herbes hautes. Après une balade, vérifiez que vous n'avez pas été mordu.

Le Québec compte pas moins de 13 espèces de mammifères marins préservés notamment dans le parc marin de Saguenay-St-Laurent. Tadoussac est un haut lieu touristique de l'observation des baleines. Attention, si cela vous intéresse d'approcher de près les mammifères marins, à bien choisir des tours opérateurs respectant la charte stricte d'observation des animaux : les embarcations ne doivent pas s'approcher d'eux à moins de 10 mètres. Il est bien sûr strictement interdit d'aller se baigner avec les baleines.

Il n'y a pas qu'au Québec que l'on peut observer des mammifères marins. Direction la Colombie-Britannique pour observer des lions de mer et des orques. Les orques de la côte pacifique canadienne sont un peu particuliers : ils ne se nourrissent pas vraiment de mammifères marins (dont font partie les phoques) mais plutôt de poissons !

Connaissez-vous le pika ? Ce petit rongeur est réputé pour être un des animaux les plus mignons du monde. Il existe 2 sortes de pikas au Canada : le *mountain pika*, que l'on trouve dans les Montagnes Rocheuses de l'Alberta et de la Colombie-Britannique et le *collared pika*, que l'on trouve uniquement dans les plus hautes latitudes de la Colombie-Britannique et du Yukon. Le pika est aujourd'hui menacé par le réchauffement climatique : il est parfaitement adapté au froid et à la vie en haute altitude mais ne peut survivre aux grosses chaleurs. Actuellement, les pikas migrent vers de plus hautes altitudes pour trouver le froid, mais jusqu'à quand le pourront-ils ?

Les ours blancs, que l'on peut observer dans le Grand Nord canadien pèsent environ 400 kg, mais certains peuvent peser jusqu'à 800 kg ! Il est intéressant de noter que la masse des ours blancs décline, ce qui est un bon indicateur des pressions qu'ils subissent. La National Geographic Society a estimé que les ours blancs ont perdu environ 50 % de leur masse depuis les années 1970. Les ours maigrissent... leur territoire aussi. En mal de partenaires, certains ours blancs s'accouplent avec des grizzlis : cela donne une hybridation que l'on nomme « grolar » (mais ça n'a rien à voir avec son poids, c'est juste la contraction de grizzli et *polar bear* !)

On peut observer les ours blancs principalement dans la baie d'Hudson, à partir de Churchill, au Manitoba. Le parc national Wapusk protège le pergélisol et tous les animaux du Grand Nord, dont l'ours polaire et le lièvre d'Amérique.

Au fil des ans, de plus en plus d'ours blancs font les frais du réchauffement climatique qui ne permet pas une formation de glace habituelle dans la baie d'Hudson et qui fait fuir les phoques, principale nourriture des ours blancs.

Le renard polaire, même s'il est moins présent que son cousin le renard roux, vit sous de très hautes latitudes. Au Canada, on le trouve uniquement dans le Grand Nord (Yukon, TNO, Nunavut...). La fourrure du renard change de couleur en fonction des saisons ! Gris au printemps, il devient brun foncé en été, et en hiver, blanc comme neige, pour mieux se camoufler... Sa fourrure épaisse lui permettrait de survivre jusqu'à -80 °C ! Protégé en Suède, le renard polaire est encore chassé pour sa fourrure au Canada. Néanmoins, la population de renards polaires est plus sensible au nombre de lemmings disponibles qu'à la chasse dont elle est victime.

Comment réagir lorsque l'on croise un ours noir ou un grizzli ?

Si vous emménagez à Toronto ou à Montréal, vos chances de croiser un ours en liberté sont proches du néant. Cependant, si votre destination est Dawson (au Yukon), ou même des villages plus reculés du Québec, de l'Alberta ou de la Colombie-Britannique, autant savoir comment réagir et comment vous préparer, si vous rencontrez un ours !

- *Pour éviter d'en rencontrer*

Si vous surprenez un ours en train de dévorer ses baies favorites et s'il ne vous entend pas arriver, il risque d'être agressif. Pour éviter cela, la meilleure idée est de faire du bruit en marchant (en parlant fort, en tapant des mains) surtout quand vous n'avez pas de visibilité. Éventuellement, vous pouvez accrocher des clochettes à votre cheville ou à votre sac à dos, mais ce n'est pas suffisant !

Si vous campez ou pique-niquez, il est indispensable de ranger vos provisions et tout produit odorant (comme votre dentifrice ou vos savons) dans une *bear box* quand celle-ci est à votre disposition, ou de hisser votre paquet d'affaires en haut d'un arbre et de le suspendre.

Il faut éviter autant que possible que les ours s'habituent à la présence humaine. Si vous laissez de la nourriture sur des aires de camping, ils seront de plus en plus nombreux à venir : un ours qui s'habitue trop à la présence humaine devient dangereux. Protéger votre nourriture, c'est vous protéger, mais c'est aussi protéger les ours !

Ne vous approchez jamais d'oursons, leur mère n'est jamais bien loin, et il n'y a rien de plus dangereux qu'une ourse qui protège sa progéniture...

- *Si toutefois, vous tombez sur un ours*

L'ours risque de se dresser devant vous, de grogner, de souffler fort et de râler. Il peut éventuellement gratter le sol pour feindre de vous attaquer.

Quel comportement adopter ? Il faut toujours faire face à l'ours, ne surtout pas courir. Restez calme et parlez-lui paisiblement. N'essayez pas de l'approcher mais restez plutôt immobile ou reculez doucement, toujours en lui faisant face.

Si l'ours commence à s'approcher de vous ou s'il n'est pas impressionné, agitez les bras (vous apparaîtrez comme étant plus gros et plus impressionnant) et haussez la voix, sans crier. S'il se rapproche encore, utilisez votre vaporisateur de poivre (ou *bear spray*) pour essayer de le faire fuir. Si l'on est précautionneux, les attaques d'ours noirs (surtout dans les parcs nationaux ou régionaux) restent relativement rares.

Différencier l'orignal, le caribou et le wapiti

Ces animaux sont des icônes de la faune canadienne. On vous dira d'ailleurs souvent que vous partez en PVT « au pays du caribou »... Ce à quoi vous pouvez rétorquer que vous partez également « au pays de l'orignal » ! Quelle est la différence entre ces deux animaux ? Qu'est ce que le wapiti ?

Le caribou (qui se dit également « *caribou* » en anglais !) est présent dans les forêts de l'est du pays. En Europe, le caribou se nomme « renne ». Il a des bois imposants mais plutôt fins, et peut peser jusqu'à 200 kg.

L'orignal, aussi appelé élan en Europe (« *moose* » en anglais américain et « *elk* » en anglais britannique) est le plus grand de tous les cervidés. Alors que le caribou se déplace principalement avec sa harde, l'orignal est un animal très solitaire. Il a des bois imposants et plutôt plats, qu'il perd à l'automne. Les mâles orignaux peuvent peser jusqu'à 700 kg. Il est facile de reconnaître un orignal : il est presque bossu !

On trouve 3 espèces de wapitis (« *elk* » en anglais américain : ça devient compliqué !) au Canada : le wapiti du Manitoba, le wapiti des montagnes Rocheuses et le wapiti de l'est. Plus petit que l'orignal, le wapiti est tout de même plus imposant que le caribou. Les bois du wapiti montent très haut et sont plutôt pointus.

Différencier la marmotte du spermophile

Le spermophile est un rongeur du genre des écureuils alors que la marmotte, rongeur également, fait partie du genre... des marmottes. Pour les différencier, la meilleure solution est de comparer leur taille ! La marmotte nord-américaine pèse entre 2 et 7 kg alors que le spermophile est généralement plus menu (ce n'est pas toujours le cas, le spermophile arctique, que l'on peut apercevoir au Yukon, peut parfois être énorme !).

Finalement... le plus facile est de se promener avec une photo d'identité de ces deux messieurs (ou dames) pour les comparer !

Différencier le grizzli de l'ours noir

Le site Parcs Canada est de loin le plus qualifié pour vous expliquer la différence entre les deux ours. En bref : le grizzli est généralement plus imposant que l'ours noir. La différence réside également dans la forme de leur museau : le grizzli possède un museau long et pointu.

Différencier le coyote du loup

Les coyotes ont toujours l'air amaigri, même s'ils sont en pleine santé. Ils ont les pattes très hautes et sont élancés : ça leur permet de courir vite !

En revanche, le loup est généralement plus court sur pattes, plus trapu et a le poil plus long. Il existe également un loup arctique, tout blanc, et présent dans le Grand Nord, comme son nom l'indique. Dans le reste du Canada, l'espèce que vous allez côtoyer le plus souvent est le loup gris.

VIII. PARCE QUE ÇA PEUT ARRIVER...

01. Un souci de santé : comment se soigner ?

Même en étant bien préparé, on ne peut pas toujours tout prévoir. C'est aussi ce qui fait le charme d'un tel voyage ! Cependant, voici quelques conseils pour ne pas se laisser décourager par les coups durs.

> Pour toute urgence médicale, composez le 911.

Un système de santé différent

Nous l'avons évoqué dans la section Comment choisir son assurance ? de ce guide, vous risquez de devoir débourser une très grosse somme d'argent en cas d'accident grave au Canada. Heureusement, votre assurance PVT est là pour prendre en charge ces frais.

Obtenir un rendez-vous chez un médecin généraliste relève souvent de l'exploit et aller à l'hôpital rime souvent avec grosse dépense (jusqu'à 1 000 $ pour une simple angine, par exemple) et attente pendant de longues heures. D'où l'importance des cliniques privées, les walk-in clinics. Les médecins de ces cliniques sont bien connus pour vous ausculter à vitesse grand V. La consultation coûte entre 90 et 200 $ et dure entre 2 et 4 minutes.

C'est un vrai travail à la chaîne et beaucoup de PVTistes ressortent de leur consultation à la fois surpris et déçus de la qualité du service. C'est pourtant l'option la plus pratique pour vous !

Il est intéressant de se renseigner, lorsqu'on s'installe dans un quartier, sur les cliniques présentes aux alentours. Si vous n'avez qu'un petit souci de santé, c'est vraiment l'idéal ! Pensez à télécharger l'application Doctr.ca qui répertorie les hôpitaux et les cliniques du Canada et vous informe des temps d'attente et des taux d'occupation.
Pour les médecins spécialisés (dentiste, ophtalmologue...), la prise de rendez-vous rapide est plus aisée.

Les pharmacies

Si votre souci de santé est mineur et que vous pensez ne pas avoir besoin de consulter, vous pouvez également demander conseil à un pharmacien, peut-être existe t-il un médicament en ventre libre qui pourrait vous aider à vous remettre.

02. Un coup de déprime ou des soucis financiers : que faire ?

Partir un an ou deux dans un pays qu'on ne connaît pas, en laissant tout derrière soi, peut être une véritable bouffée d'air frais. Mais ça peut également vous réserver quelques moments difficiles si vous avez du mal à rencontrer des gens, si vous n'arrivez pas à vous sentir à votre place ou si vous peinez à trouver un emploi.

Si c'est votre cas, sachez tout d'abord que vous n'êtes ni le premier ni le dernier PVTiste à qui ça arrive. Ces expériences fortes que sont les PVT nous apportent beaucoup, des bonnes choses comme des moins bonnes, mais c'est aussi ce qui les rend aussi riches. Cela dit, pas question de subir son PVT !

Les rencontres

Si vous avez du mal à faire des rencontres, listez les différents moyens que vous avez pour y remédier. Comme en France ou en Belgique, certaines activités favorisent les rencontres : les événements culturels, le sport et les sorties notamment. Vous pouvez vous inscrire dans un club de danse, de photographie, d'expatriés ou dans une association... Sortez et amusez-vous !

Les soirées PVTistes sont une excellente façon de rencontrer des personnes qui vivent la même expérience, avec les mêmes difficultés et les mêmes bonheurs que vous. C'est l'occasion de se créer un réseau, aussi bien amical que professionnel.

> Même si vous étiez complètement dans la perspective d'éviter vos compatriotes, ne sous-estimez pas les effets bénéfiques que peuvent vous apporter ce genre de rencontres. Il n'est pas toujours facile de rencontrer des Canadiens, et pas forcément plus facile de réussir à partager avec eux vos mauvaises expériences au Canada ou votre mélancolie. Rencontrer des Français ou des Belges, c'est aussi former un réseau qui pourrait vous apporter beaucoup de choses. C'est peut-être aussi rencontrer des compagnons de route pour un road trip à venir et nouer des amitiés durables, qui iront bien au-delà de la date d'expiration de votre PVT !

Les soucis d'argent

Lorsque ce sont vos économies qui sont en berne, trouver un travail doit être votre priorité, même si ce n'est pas dans votre domaine, même si ce n'est pas très bien rémunéré et même si le travail ne vous intéresse pas beaucoup. C'est bien connu, une fois la machine lancée, on ne peut plus l'arrêter ! L'important c'est de débloquer la situation et de vous faire vos premières expériences professionnelles canadiennes : travaillez et gardez l'œil ouvert sur les autres opportunités qui pourraient se présenter à vous. Vous n'aurez plus de soucis d'ordre financier et serez serein et confiant pour réussir votre prochain entretien d'embauche !

Ouvrez-vous !

Si malgré tout cela, l'expérience reste difficile, essayez de voir si ce n'est pas votre comportement qui vous nuit. Les employeurs comme les personnes que vous rencontrez auront tendance à préférer quelqu'un de souriant et de positif. Le choc culturel pourrait vous faire réagir négativement à certains comportements ou certaines attentes des Canadiens.

Essayez de mettre ces ressentis de côté pour dégager une attitude ouverte et curieuse. Vous êtes sans doute venu au Canada pour découvrir sa culture, sa population et ses paysages, ne l'oubliez pas ! Ne soyez pas non plus trop exigeant.

C'est peut-être cet aspect (inconnu) de votre personnalité que vous découvrirez pendant votre PVT. Être loin de vos proches et de votre culture sera peut-être beaucoup plus déstabilisant que vous ne le pensiez. Il n'y a pas de quoi vous inquiéter. Un PVT nécessite parfois de se faire violence !

Sachez simplement prendre conscience que le problème vient (au moins en partie) de vous, c'est souvent la meilleure façon d'arranger les choses et de faire de cette difficulté, une force !

Soyez ouvert également dans vos relations, oubliez la pression que vous vous êtes peut-être mise en arrivant.

Changez vos projets

Autre possibilité : c'est peut-être tout simplement la ville dans laquelle vous avez atterri qui ne vous convient pas. Si c'est le cas, il suffit d'en changer ! Même si ça implique encore un déménagement, encore une nouvelle recherche de travail et de logement, si le PVT est un projet qui vous tient à cœur, ça vaut le coup de le faire ! Si vous êtes installé dans une ville, vous pouvez également changer du tout au tout votre projet initial et partir faire du WWOOFing par exemple ou partir dans une province ou un territoire très « nature ». Il vaut mieux tout tenter avant de prendre la décision de quitter le Canada !

Le retour prématuré

Votre expérience est décevante ? Pas à la hauteur de vos attentes ? Vous peinez vraiment à trouver du travail ? Vous n'avez pas fait beaucoup de rencontres et vous décidez de rentrer en France ou en Belgique ? Surtout, ne rentrez pas la tête basse, déçu d'avoir échoué.

> L'échec c'est surtout de ne pas oser partir alors qu'on le veut et qu'on le peut. Partir et revenir plus tôt que prévu, c'est certes une déception mais ce n'est pas un échec. Vous aurez vécu des choses, découvert le Canada, ses points positifs et ses difficultés, et vous rentrerez chez vous, riche de cette expérience. Et qui sait, peut-être qu'une fois le retour prématuré digéré, vous aurez envie de partir à nouveau en PVT dans un autre pays, plus aguerri face aux difficultés que vous pourriez rencontrer ?

IX. HASTA LA VISTA, BABY !

Après avoir économisé pendant de longs mois, vous avez enfin la possibilité de profiter pleinement du « V » de votre PVT... Où et comment partir ? L'Amérique s'ouvre à vous !

01. Partir en voyage : quel moyen de transport choisir en Amérique du Nord ?

Un PVT se combine généralement avec une soif de voyages, que ce soit pour d'épiques traversées continentales ou plus simplement pour découvrir le parc national ou le village juste à côté de chez vous. Les plus valeureux choisiront de traverser le pays à pied ou à vélo (si, si, c'est arrivé !), mais le commun des mortels optera sans doute pour un autre moyen de transport... Ça tombe bien, car vous avez le choix !

La voiture et le van

Vous vous en doutez, les distances ne sont pas du tout les mêmes en Amérique du Nord qu'en Europe... Les Canadiens sont habitués à prendre leur voiture pour faire 500 km et à se dire qu'après tout, « ce n'est pas si loin, ça se fait vite ! ».

La voiture reste le moyen de transport privilégié par les Nord-Américains, non seulement parce que les transports en commun ne desservent pas forcément tout le continent, mais aussi parce que « l'appel de la route » reste culturellement très ancré.

> En Amérique du Nord, il est possible de tourner à droite au feu rouge (s'il n'y a pas de piéton ni de voiture et s'il n'y a pas non plus d'indication contraire). Montréal et New York sont les deux seules villes nord-américaines où il est strictement interdit de tourner à droite lorsque le feu est rouge !

Les routes américaines sont réputées pour être meilleures que les routes canadiennes (il y a moins d'enneigement aux USA !), mais c'est bien sûr variable en fonction du type de routes que vous allez emprunter et des provinces et des États que vous allez parcourir.

Le réseau routier est très étendu et la voiture (que vous l'ayez louée ou achetée) vous offre effectivement une très grande liberté.

Faire du stop

Le stop est prisé par les PVTistes au budget restreint, mais pas simplement parce qu'il permet de faire des économies ! Le stop est un moyen formidable de rencontrer de nouvelles personnes et de s'enrichir de récits et de personnalités différentes au cours de son voyage. Il vous permet aussi de découvrir des endroits où vous n'auriez peut-être jamais pensé mettre les pieds, au fil des détours que vos conducteurs pourraient vous faire prendre.

Pour faire du stop, il convient d'être toujours extrêmement prudent, et de ne monter qu'avec des automobilistes que vous arrivez à cerner. Si quelque chose, quoi que ce soit, vous dérange ou vous perturbe, ne montez pas dans la voiture. Si le Canada reste un pays sûr, il vaut mieux prévenir que guérir !

> Faire de l'auto-stop se dit « faire du pouce » en français du Québec !

Faire du stop à deux est toujours plus prudent, même si cette sensation d'aventure est peut-être moins vive qu'en solo !

Attention : le stop est formellement interdit dans certains États américains (par exemple l'Utah, la Pennsylvanie, le New Jersey ou le Nevada). Plus globalement, faire du stop est interdit dans la majorité du pays le long des *interstates* (routes traversant les États) et des *highways* (l'équivalent des autoroutes). Au Canada, il est également souvent interdit de faire du stop le long des autoroutes. Renseignez-vous avant de partir !

Le covoiturage

Le covoiturage est également une solution, surtout si vous comptez faire un trajet très largement fréquenté (entre Toronto et Ottawa ou entre Montréal et Québec...). Plusieurs sites vous permettent de trouver des covoitureurs (que vous soyez sans voiture ou que vous ayez une voiture à partager, d'ailleurs !). Parmi eux, AmigoExpress, Covoiturage.ca, Ridesharing et Poparide.

« En hiver, j'ai souvent voyagé malgré des températures autour de -25°C. Munie de chaufferettes, d'une veste fluorescente, et de petites lampes de vélo pour être visible à la nuit tombée, je prends toujours soin de me faire déposer à une station service ou près d'habitations - un carrefour isolé peut être désert et dangereux lors des grands froids. Les camionneurs sont sympa et acceptent souvent de vous prendre avec eux ; ils peuvent même faire relais avec un collègue grâce à la radio CB pour vous permettre de poursuivre. Enfin, attention à Wawa (Ontario), le trou noir de l'auto-stop canadien : le dernier pouceux perdu en date y aurait épousé la fille du maire, faute d'avoir pu repartir... ».

Anick-Marie, auto-stoppeuse aguerrie

Acheter un van

Acheter un van aménagé ou vide ?

Ça dépend surtout de votre budget, de vos talents de bricoleur et du temps que vous comptez consacrer à l'aménagement de votre van.

Financièrement, acheter un van vide peut être avantageux, notamment si vous êtes ingénieux. Vous pouvez l'aménager avec trois fois rien : des planches de bois, quelques vis... Vous pouvez construire votre propre lit, votre table, vos caisses et tiroirs de rangement, etc.

En revanche, si vous n'êtes pas très à l'aise avec le bricolage et/ou si vous pouvez vous permettre de débourser plus d'argent dans l'achat du véhicule, autant acheter un van déjà aménagé. C'est simple, rapide et efficace.

Si votre van n'est pas déjà tout équipé, il faudra l'aménager au mieux de façon à optimiser l'espace disponible. Triez vos affaires et n'emportez que l'essentiel. Vous n'aurez pas besoin de 10 paires de chaussures ni de 10 pantalons !

Pour le couchage, vous pouvez vous débrouiller avec quelques planches et un matelas (à moins bien sûr que le van soit déjà aménagé). Bon plan : si vous êtes un peu bricoleur, vous pouvez créer votre propre banquette en aménageant des caisses ou des tiroirs de rangement sous le matelas. De manière générale, aménager un espace de rangement sous le lit permet vraiment de gagner de la place.

Organisez vos affaires grâce à des boîtes et des caisses de rangement mais pensez aussi à tout ce qui ne prend pas de place au sol : placards (avec des portes qui peuvent se bloquer), penderies à suspendre (attention cependant à ce qu'elles ne gênent pas la visibilité arrière du conducteur), petits crochets amovibles fixés au mur pour suspendre manteaux, vêtements, sacs...

N'hésitez pas à mettre des étiquettes un peu partout pour vous y retrouver facilement. Cela vous évitera de mettre le van sens dessus dessous quand vous aurez besoin d'allumettes ou d'une lampe-torche...

Privilégiez les bidons d'eau souples. Une fois vidés, ils prendront bien moins de place que les bidons rigides, même s'ils sont un peu moins pratiques : ils sont plus fragiles et peuvent se percer.

À moins de traverser des zones désertiques où il est nécessaire, par prudence, d'emporter plusieurs bidons avec vous, en temps normal, pas besoin de stocker plusieurs dizaines de litres : deux bidons de 3 ou 4 litres suffisent. Vous remplirez vos bidons au fur et à mesure. Dans les climats les plus chauds, il est judicieux de prévoir de plus grosses quantités d'eau (le triple).

Pensez à emporter avec vous des rideaux ou un tissu occultant (et de quoi les fixer) afin de couvrir les fenêtres de votre van pendant la nuit. Pensez intimité mais également confort : le soleil se lève parfois très tôt...

Anticipez la partie « aménagement du van ». C'est une étape qui peut prendre du temps et personne n'a envie de s'arracher les cheveux à ressortir tout le matos du van pour faire rentrer la glacière 10 minutes avant le départ...

Louer une voiture

Si vous comptez louer une voiture, n'hésitez pas à passer plusieurs heures à faire des recherches sur des sites de loueurs et de courtiers. Les prix peuvent tout simplement varier du simple au double. Il faut également toujours vérifier ce qui est compris dans le prix : les assurances seront-elles en supplément ? Quelles assurances vous propose t-on ? Y a-t-il une franchise ou une caution ?

Si vous comptez partir plusieurs mois, la location de voiture est certes plus onéreuse que l'achat d'un véhicule, mais vous n'aurez pas à vous soucier des problèmes mécaniques, par exemple. En contrepartie, l'argent dépensé dans la location sera perdu, alors qu'en achetant un véhicule, vous pouvez récupérer une portion du prix d'achat au moment de la revente.

En fonction du type de voyage que vous voulez faire, de votre budget et de votre projet, vous pouvez opter pour la location ou l'achat, à vous de voir ! Dans tous les cas, ne louez jamais une voiture sans souscrire au moins à une assurance minimale :

- Assurance contre les dommages : CDW (Collision Damage Waiver) ou DEW (Deductible Extended Waiver).
- Assurance contre le vol : TW (Theft Waiver), TP (Theft Protection) ou TPC (Theft Protection Coverage).
- Assurance contre les dommages et le vol : LDW (Loss Damage Waiver), souvent en option (entre 20 et 30 $ par jour).
- Responsabilité civile automobile (Third-party liability) : généralement, une couverture basique est comprise dans le prix de votre location. Vérifiez toujours si c'est le cas ou souscrivez à l'assurance complémentaire LIS (Liability Insurance Supplement).

L'assurance contre les dommages (CDW) est absolument indispensable, tout comme l'assurance vol (TP) et sont généralement comprises avec la location de voiture. En option, vous pouvez prendre les autres assurances, ainsi qu'une réduction de franchise lorsqu'il y en a une : pour chaque acte où l'assurance doit intervenir, il y a généralement une franchise assez élevée à payer.

Vous pouvez prendre l'option « sans franchise » ou « franchise réduite » afin de diminuer ce coût éventuel s'il y a un sinistre. Évidemment, souvent, c'est payant ! Certaines cartes bancaires (Visa Premier ou Mastercard Gold pour ne citer qu'elles) ont une assurance qui prend en charge les franchises en cas de sinistre pendant une location de voiture (si vous avez payé avec votre carte, bien sûr). Vérifiez bien la notice de l'assurance de votre carte bancaire, cela pourrait vous éviter de payer pour une assurance que vous possédez déjà !

Une fois la voiture récupérée, il est indispensable d'en faire le tour pour relever chaque rayure, poc ou dommage. Vous pouvez aussi les prendre en photo, et il est impératif de le signaler immédiatement à l'employé de l'agence. Relisez bien l'état des lieux, et faites ajouter les dommages qui n'y sont pas mentionnés...

Le bus

Prendre le bus, c'est une aventure en tant que telle. Que ce soit pour de courtes distances ou des trajets plus longs, la première compagnie est sans hésitation Greyhound. Elle vous permet de voyager aussi bien aux États-Unis qu'au Canada. Le bus est une solution de transport économique, même si ce n'est pas forcément la plus confortable. Greyhound est d'ailleurs connue pour ses gros retards... Mais après tout, quand on est prêt à faire 4 000 km en bus, on n'est plus à deux (ou à dix) heures près ! Attention, hélas, Greyhound ne dessert plus aussi bien l'ouest canadien qu'avant : 2018 a marqué la suppression d'un grand nombre de lignes.

Une autre grande compagnie circule plutôt dans l'Est canadien, Megabus, qui dessert uniquement l'Ontario, le Québec et l'État de New York aux États-Unis. Il ne faut pas non plus oublier Coach-Canada, qui circule dans quelques provinces canadiennes. À l'échelle locale, il y a une multitude de petites compagnies de bus. Pour connaître les lignes existantes, l'idéal est d'aller à la gare routière la plus proche de chez vous.

Le train

Encore une façon radicalement différente de voyager : avec le train, vous ne vous rendez pas d'un point à un autre, le voyage, c'est déjà le trajet !
Au Canada, la compagnie nationale, ViaRail, dessert de nombreuses villes sur tout le territoire, et vous pouvez facilement traverser l'ensemble du pays. Il y a également des pass (CanRail pass, BizPak...) et il faut compter au moins 822 $ pour 7 trajets en 60 jours. Il y a également une carte illimitée (1 543 $ pour 60 jours). Les lignes les plus populaires sont aussi les plus spectaculaires, par exemple la ligne Océan, de Montréal à Halifax, qui vous offre de superbes panoramas sur la côte atlantique, ou encore la fameuse transcanadienne de Toronto à Vancouver, où vous serez plongé dans les Prairies puis dans les paysages grandioses des montagnes Rocheuses...

Amtrak est la compagnie nationale de l'autre côté de la frontière. Le prix des pass est un petit peu plus intéressant (par exemple, celui à 459 $ est valable 15 jours, sur 8 étapes ; une étape étant comptabilisée à chaque fois que vous descendez du train ou empruntez une nouvelle ligne).

Vous pourrez ainsi parcourir des chemins mythiques, comme la traversée transcontinentale Chicago/San Francisco (le California Zephyr) où vous pourrez voir les plus beaux paysages de l'Ouest américain, ou encore la ligne Coast Starlight de Seattle à Los Angeles pour des paysages côtiers vertigineux.

Le train est certes plus cher que le bus, mais il est aussi plus confortable. Les places sont très spacieuses, même en classe économique, et la très grande majorité des trajets sont panoramiques et offrent des paysages somptueux (ViaRail et Amtrak proposent même des wagons panoramiques, avec de très grandes baies vitrées pour contempler le paysage). C'est un rythme de voyage différent, avec un autre type de voyageurs.

L'avion

Si vous voulez vous rendre d'un point A à un point B et que vous n'avez pas trop de temps par exemple, l'avion est l'idéal !

Au Canada, trois compagnies sont largement majoritaires : Air Canada, Air Transat et West Jet. La première offre un assez haut standing, tandis que les deux autres sont qualifiées de « low cost », bien que le service soit très bon. D'autres compagnies américaines sont également très nombreuses, surtout si vous comptez descendre aux États-Unis, aux Caraïbes ou en Amérique latine : American Airlines, Continental Airlines, US Airways, etc.
Elles sont toutes présentes dans les aéroports canadiens !

L'avion n'est pas le moyen de transport le moins cher, mais traverser un continent en seulement quelques heures, ça a forcément un coût !
Passez du temps sur les comparateurs de billets, consultez régulièrement les prix pour voir s'ils baissent, vérifiez si partir d'un autre aéroport n'est pas plus avantageux que de partir de celui de votre ville et vous trouverez sans doute votre bonheur !

02. Voyager : les destinations clés des PVTistes

D'un océan à l'autre : la transcanadienne

La transcanadienne est la plus longue route du Canada avec près de 8 000 kilomètres le long du Saint-Laurent, des grands lacs, des plaines, des Rocheuses, etc.

> Ce n'est pas pour rien que la devise du Canada est :
> D'un océan à l'autre - From sea to sea.

C'est une traversée mythique de St John's (Terre-Neuve) à Victoria (Colombie-Britannique). Même si les abords de la transcanadienne peuvent être magnifiques, ce serait dommage d'y rester exclusivement : à certains endroits, elle s'apparente à une autoroute sans grand intérêt panoramique.

La transcanadienne peut être un fil conducteur qui vous permettra de faire de longs détours pour réellement découvrir la nature sauvage canadienne.
L'Est canadien offre des paysages costaux splendides (notamment au Nouveau-Brunswick ou sur l'Île-du-Prince-Édouard) tandis que l'Ouest canadien est très varié, avec de nombreux parcs nationaux, des montagnes Rocheuses jusqu'au très sauvage Yukon. Une traversée du Canada vous donnera un magnifique aperçu de l'immensité du pays.

Si traverser le pays par la route ne vous tente pas, le traverser en train est une alternative agréable. La ligne Le Canadien de ViaRail, de Toronto à Vancouver, vous offre 3 jours et demi d'observation contemplative du paysage. Si la solitude vous pèse, direction le wagon-bar, véritable lieu de rencontre et d'échange, où vous créerez un lien avec des voyageurs de tous âges et du monde entier. Seul bémol : la traversée est chère (450 $ environ), même lorsque l'on fait l'impasse sur l'option de la couchette (à partir de 1 100 $).

Puisqu'on évoque les routes canadiennes, une curiosité se trouve en Ontario : la plus longue rue du monde est Yonge Street (1 896 km) et elle débute à Toronto !

Les parcs naturels du Canada

Avec 47 parcs nationaux, 4 aires marines de conservation et plus de 158 lieux historiques, le Canada vous coupera le souffle grâce à la grandeur de ses paysages, sa richesse écologique et ses trésors culturels.
Pour visiter sans limite les parcs nationaux et d'autres sites, le plus pratique est d'acheter le pass découverte qui est valide un an.

S'ajoutent à cette liste les parcs provinciaux et territoriaux qui se comptent par dizaines, voire plus pour certaines provinces (la Colombie-Britannique en possède plus de 450 !) pour lesquels il faudra vous acquitter des frais d'entrée, le pass n'étant valable que pour les parcs nationaux.

Le Canada compte également 19 sites classés au patrimoine mondial de l'UNESCO, parmi lesquels le canal Rideau (à Ottawa en Ontario), le Parc provincial Dinosaur (en Alberta) et les 7 parcs des montagnes Rocheuses canadiennes (en Alberta et en Colombie-Britannique).
Nul doute que vous trouverez de quoi vous occuper pendant votre PVT !

À la découverte des cultures autochtones du Canada

Un grand voyage au Canada est l'occasion de découvrir les peuples autochtones du Canada, leur Histoire et leurs coutumes. Il existe de nombreux prestataires autochtones vous proposant des activités culturelles (centres d'interprétation, musées), d'artisanat (boutiques d'artisanat traditionnel, initiations à l'artisanat) ou d'aventures et de plein air. Vous pourrez aussi assister à des rassemblements (Pow wow).

L'Association touristique autochtone du Canada vous donnera plusieurs pistes d'activités en fonction des régions canadiennes. Certaines provinces canadiennes ou plus petites localités ont également une association de développement local du tourisme autochtone. Faites appel à elles si vous souhaitez en savoir plus.

Les provinces atlantiques

Le Nouveau-Brunswick

Situé dans l'Est du Canada, le Nouveau-Brunswick est la plus grande des provinces maritimes. Ayant pour voisin immédiat l'imposant et gigantesque Québec au nord-ouest, les États-Unis à l'ouest, la Nouvelle-Écosse au sud-est et étant un passage obligé pour se rendre sur l'Île-du-Prince-Édouard, le Nouveau-Brunswick est parfois surnommé ironiquement « the drive-thru province », « la province qu'on ne fait que traverser ».

Pourtant, le Nouveau-Brunswick a beaucoup à offrir pour qui prendra le temps de s'en imprégner. Il règne ici une atmosphère bien particulière. Certes, les paysages se font plus simples, le relief est moins tourmenté que chez ses voisins, mais qu'importe : l'essentiel est ailleurs. Une richesse authentique qui se dévoile entre autres dans la culture, l'histoire, les traditions et l'accueil de ses habitants.

Impossible de parler du Nouveau-Brunswick sans mentionner l'Acadie, ce pays sans frontières. Initialement fondée par des Français venus du Poitou et de Vendée, l'Acadie est conquise par les Anglais au 18e siècle. Douze mille Acadiens sont déportés : c'est le Grand Dérangement de 1755. Un traumatisme toujours présent et très souvent abordé dans les chansons acadiennes. D'un point de vue généalogique, les Acadiens sont donc des descendants directs de Français.
Beaucoup viennent en France retrouver leurs origines. Le drapeau de l'Acadie est d'ailleurs semblable à celui de la France : trois bandes verticales bleu-blanc-rouge, avec une étoile jaune, « Stella Maris, l'étoile de la mer ».
Pour faire simple, on pourrait tracer une diagonale nord-ouest / sud-est qui séparerait la province en deux : à gauche, les anglophones ; à droite, les francophones. Le Nouveau-Brunswick est d'ailleurs la seule province du Canada à être officiellement bilingue !

Le Grand Tintamarre de Caraquet
Située dans le nord-est du Nouveau-Brunswick, Caraquet est la capitale de l'Acadie. Chaque 15 août, à l'occasion de la fête nationale de l'Acadie, se tient un événement bien particulier : le Grand Tintamarre. Près de 20 000 Acadiens se rassemblent, vêtus

aux couleurs de l'Acadie - bleu-blanc-rouge - et munis d'objets et instruments en tout genre, pourvu qu'ils fassent du bruit. Tous défilent dans la rue et se lancent dans un sonore et joyeux tapage à grand renfort de trompettes, casseroles et tambours, pour témoigner de leur joie de vivre, clamer leur fierté d'être acadien et faire entendre la vitalité de leur culture francophone. Certains diront aussi que c'est pour rappeler aux Anglais que leur communauté est toujours bel et bien là, bien vivante, malgré un passé tragique. Chaque année, le coup d'envoi du Grand Tintamarre est d'ailleurs lancé à 17 h 55 précises, en mémoire du Grand Dérangement de 1755...

Vous n'êtes pas à Caraquet le 15 août ? Pas de panique, tous les autres villages acadiens fêtent également, à leur échelle, le Grand Tintamarre ; après tout, c'est la fête nationale de l'Acadie !

Bain de nature et d'aventure à Fundy
La baie de Fundy sépare le Nouveau-Brunswick de la Nouvelle-Écosse sur 270 km. Autant dire que les activités ne manquent pas, notamment au parc national Fundy où vous pourrez observer les marées les plus grandes au monde : le niveau de l'eau monte de 12 mètres à marée haute, voire 16 mètres à certains endroits (un immeuble de quatre étages !). Amusez-vous à prendre en photo les mêmes lieux aux deux marées pour voir la différence. Plus à l'ouest, le parc provincial du Sentier-Fundy offre de nombreuses randonnées et une série de belvédères surplombant la baie. Enfin, à l'extrême sud-ouest, les îles de la baie de Fundy (Ministers, Deer et Campobello) offrent un total dépaysement et des excursions en mer pour observer les baleines.

L'automne au parc national Kouchibouguac
Ce parc au nom imprononçable est situé sur la côte est du Nouveau-Brunswick, à mi-chemin entre Miramichi et Bouctouche. D'une superficie d'à peine 26 km^2, il offre pourtant une incroyable diversité de paysages : dunes de sable, tourbières, forêts, plages, prairies, rivières, marais... Le parc se découvre facilement à pied ou à vélo ; les randonnées sont toutes courtes et faciles et les pistes cyclables sans dénivelé ! On peut s'offrir une excursion de groupe en canot pour pagayer jusqu'aux bancs de sable et observer sternes et phoques gris. Mais on peut aussi choisir de s'allonger sur les plages de sable pour bouquiner (le guide des PVTistes, par exemple !). C'est un lieu réputé et privilégié pour l'observation des étoiles la nuit. Hors saison, à l'automne, le parc devient purement magique en arborant partout des couleurs féériques. Et l'hiver n'est pas en reste puisqu'il reste ouvert et propose des locations d'équipement.

Un condensé de nature à découvrir absolument en toutes saisons ! Meilleure période : juin (pour éviter la foule de juillet et août) et de fin septembre à début octobre (pour les couleurs automnales). Randonnées en ski de fond et en raquettes possibles en hiver. Tarif : environ 7,80 $.

Retour aux sources au Village Acadien
Situé à Bertrand, près de Caraquet, le Village Acadien est une immersion grandeur nature dans l'Acadie du 18e au 20e siècle. Dans un parc de 100 hectares, tous les bâtiments sont authentiques et habités par des interprètes en costumes d'époque qui font revivre coutumes et métiers traditionnels des siècles passés. Écoles, fermes, chapelles, moulins, tavernes, imprimerie, gare..., on se promène à travers le temps et l'espace, et il faut compter un minimum de 4 heures de visite pour bien en faire le tour. Avec pas moins de 3 millions de visiteurs, c'est un incontournable du Nouveau- Brunswick. De juin à fin septembre, tous les jours de 10 h à 18 h.

- Faire l'ascension du mont Carleton, point culminant du Nouveau-Brunswick (et des Maritimes en général), haut de 820 mètres (9,9 km aller-retour, modérée-difficile).
- Pagayer entre les Hopewell Rocks à marée haute, puis marcher au pied de ces gigantesques rochers sur le fond marin découvert à marée basse.
- Sillonner les îles de Miscou et Lamèque de la péninsule acadienne, repérer toutes les infrastructures peintes en bleu-blanc-rouge-étoile et saisir le sens du mot « communauté ».
- Faire une excursion aux baleines sur l'île Grand Manan.
- Entamer et tenter de comprendre une conversation en chiac et en français acadien.
- Visiter le Pays de la Sagouine, un village créé de toutes pièces pour faire revivre l'univers de « La Sagouine », une œuvre à très grand succès d'Antonine Maillet.
- Assister à un ou plusieurs festivals d'été bluegrass, folk, rock, rock'n'roll partout dans la province.
- Visiter le Fort Beauséjour-Fort Cumberland, lieu historique national construit sur fond de rivalité franco-anglaise, et point de départ de la déportation des Acadiens.

- Descendre en rappel les falaises vertigineuses du Cap Enragé battu par les vents.
- Observer sa voiture remonter toute seule une côte à Magnetic Hill, la « colline magnétique », près de Moncton.
- Emprunter le pont de la Confédération qui relie le Nouveau-Brunswick à l'Île-du-Prince-Édouard... le voyage dans les Maritimes continue !

Terre-Neuve-et-Labrador

La province la plus à l'est du Canada se mérite ! C'est justement ce sentiment de bout du monde que l'on vient chercher en prenant la route jusqu'à Terre-Neuve.

La visite de certains des 35 parcs provinciaux et 3 parcs nationaux du territoire vous offre mille opportunités de découvrir la flore et la faune locales, notamment les très nombreux oiseaux qui nichent pendant l'été (les fameux macareux sont légion !). Le parc national du Gros-Morne est l'un des plus réputés pour ses panoramas variés menant jusqu'à l'Anse-aux-Meadows (par la bien nommée « Route des Vikings »). L'Anse-aux-Meadows est un site archéologique présentant les vestiges d'un village scandinave, datant de l'une des premières colonisations européennes dont on a retrouvé la trace en Amérique du Nord (autour de l'an mil).

Si vos envies de grands espaces vous titillent encore, direction le Labrador, au Grand Nord. Le Labrador est désormais connecté au Québec grâce à la route 500 (la Trans-Labrador Highway). Cependant, si votre objectif est de vous rendre dans les communautés inuites les plus au nord, vous ne pourrez le faire que par voie maritime !

- Observer des icebergs à la dérive depuis la côte (d'avril à juin).
- Pourquoi ne pas faire un petit détour à Saint-Pierre-et-Miquelon, un petit coin de France au milieu de l'Atlantique ?
- Photographier les maisons colorées de la capitale provinciale, St. John's (en n'oubliant pas de pousser la porte d'un des nombreux pubs de la ville).

- Admirer, a priori uniquement en photo, la beauté du parc national des Monts-Torngat : le parc est très difficilement accessible et le budget pour y aller est conséquent !
- L'East Coast Trail vous attend avec ses 500 km de sentiers.
- La route 432, le « French Shore », vous mènera sur les traces des premiers colons français.

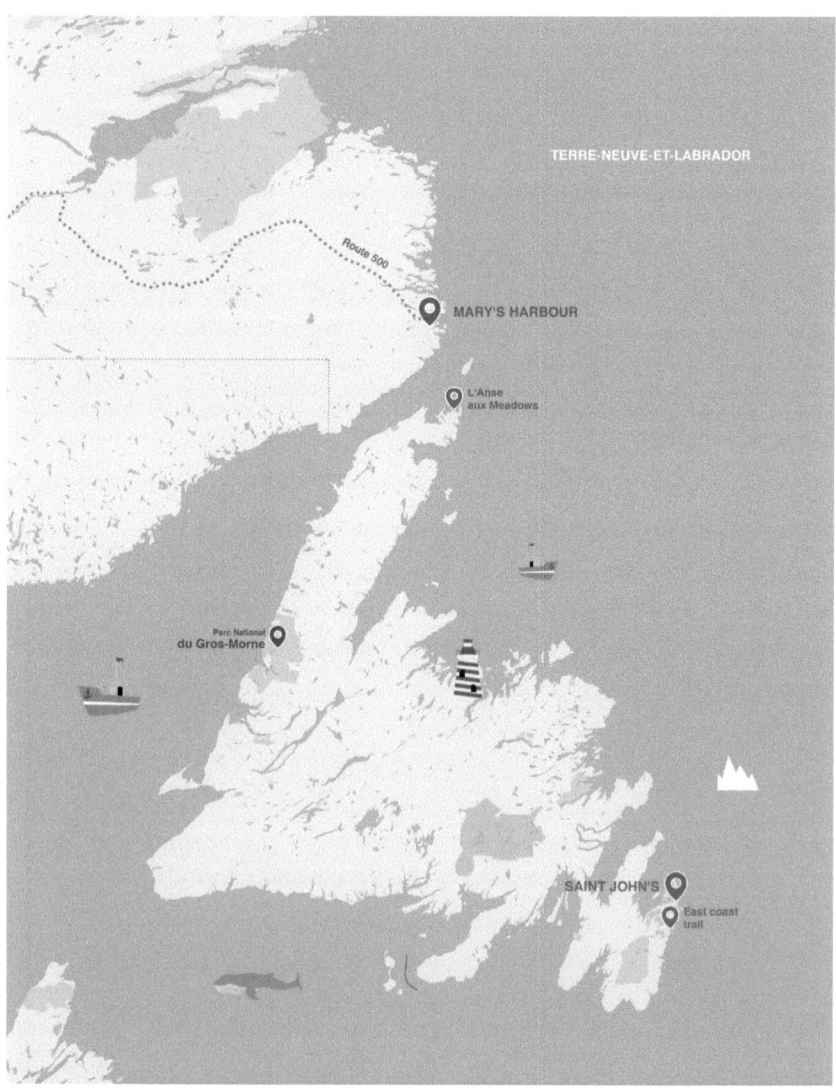

L'Île-du-Prince-Édouard

La plus petite province canadienne recèle bien des trésors. L'avantage de ce petit territoire, c'est qu'on peut le parcourir dans son intégralité sans avoir à faire des milliers de kilomètres (ce qui est plutôt rare, au Canada !). En quelques semaines, vous pourrez donc découvrir tous les lieux populaires ou cachés de l'île.

L'été est la saison idéale pour profiter des 1 000 km de plages, de sable blanc ou de sable rouge (à cause de la forte concentration d'oxyde de fer), alors que l'hiver vous donnera l'opportunité de chausser vos raquettes pour parcourir les nombreux sentiers adaptés.

Charlottetown, la capitale provinciale, offre de nombreuses opportunités de visites guidées historiques et ludiques, ainsi que des micro-brasseries qui pourront réjouir le palais des amateurs.

- Déguster les spécialités de l'île : homards, moules et huîtres !
- Faire du kayak de mer au large de Victoria-by-the-Sea.
- Découvrir la culture acadienne à Port-la-Joye–Fort Amherst et dans la région Évangéline.
- Marcher ou pédaler le long du Sentier de la Confédération (et pour les plus joueurs, dénicher les 1 600 géocaches qui parsèment les sentiers).
- Partir sur les traces d'Anne (personnage de la « Maison aux pignons verts »), le célèbre roman de Lucy Maud, à Cavendish.
- Comparer les 60 phares dominant la côte rouge.

La Nouvelle-Écosse

Accessible par la route ou par ferry depuis le Nouveau-Brunswick, cette province vaut bien qu'on prenne le temps de la découvrir !

Commençons par Halifax, la capitale de la Nouvelle-Écosse, qui est une jolie petite ville qui se visite rapidement mais qui a quand même de quoi vous occuper. Promenez-vous le long du front de mer ou dans les petits parcs fleuris de la ville et admirez la citadelle.

Parmi les musées, celui de l'immigration au Pier 21 est un incontournable. Vous pouvez retracer l'aventure d'un million d'immigrés ayant tout quitté pour venir s'installer au Canada, sans savoir vraiment ce qui les attendait, entre 1928 et 1971. La première chose qu'ils ont vue du pays, c'était le port d'Halifax ! Une autre visite historique intéressante : le cimetière des passagers du Titanic (sans Léo).

À 45 kilomètres à l'ouest d'Halifax, vous trouverez le phare le plus célèbre de la Nouvelle-Écosse : Peggy's cove est un petit village de pêcheurs au style pittoresque et est devenu un incontournable pour tout visiteur de la province.

En continuant votre route vers le sud, vous arriverez à Lunenburg, un autre village plein de charme dont la vieille ville est classée au patrimoine mondial de l'UNESCO. Promenez-vous dans ses rues étroites pour découvrir les maisons colorées, posez-vous en bord de mer et imprégnez-vous de la tranquillité des lieux.

Le Cap-Breton : un petit bijou de la Nouvelle-Écosse, fier de ses racines celtiques, d'où il tire son nom. Et c'est vrai qu'on peut se croire en Écosse, en Bretagne ou en Irlande par moments. Le Cap est coupé en deux par le lac Bras d'or, qui est en fait un bras de mer.

L'attraction phare du Cap-Breton, c'est sans doute le Cabot Trail. Cette route panoramique de 300 kilomètres serpente le long de falaises escarpées entre mer et montagne. Prévoyez de prendre votre temps pour faire la route car vous aurez plus d'une occasion de vous arrêter pour admirer le paysage et prendre des photos. Une expérience à vivre !

Chéticamp est un petit village en bord de mer, sur la côte ouest du Cap-Breton, situé près de l'entrée du parc national des Hautes-Terres-du-Cap-Breton, ce qui en fait une étape-clé dans votre parcours.

Le parc national des Highlands, c'est tout simplement 950 kilomètres carrés de nature sauvage, entre côte et montagne, qui offrent des dizaines de randonnées, des panoramas incroyables et une faune sauvage à croiser au détour d'un sentier (orignaux, ours, oiseaux…). Le sentier le plus connu, le Skyline Trail, est plutôt facile et offre une vue imprenable sur la mer. Parfait pour admirer le coucher du soleil (et les rorquals, si vous avez de la chance).

Certains sentiers sont très courts et vous pourrez en enchaîner une dizaine dans la journée.

À noter que le Cabot Trail se situe en partie sur le parc, il vous faudra donc acquérir un pass pour y accéder. Pour prendre le temps d'apprécier le Cabot Trail, il faut le parcourir en plusieurs jours. Pour cela, vous pourrez loger en camping (celui de Meat Cove, face à la mer, est magique !), en auberges de jeunesse ou en chambre d'hôtes.

Sur la rive nord-est du Cap-Breton, la forteresse de Louisbourg est un lieu historique national qui vous fera remonter dans le temps. Parcourez la forteresse, qui constituait la plus importante place forte française de la région. C'est aussi une occasion de déguster du rhum, fraîchement distillé !

La Nouvelle-Écosse et le Cap-Breton ont beaucoup d'autres points d'intérêts, nous ne vous en donnons ici qu'un échantillon. Prenez votre temps pour bien en profiter ! À noter qu'il n'y a pas de transport en commun pour découvrir le Cap, donc mieux vaut être véhiculé. Si vous comptez le parcourir en faisant du stop, prévoyez du temps en plus.

- Remonter le temps en se mettant dans la peau d'un nouvel immigrant à son arrivée au Canada, en visitant le musée Pier 21 à Halifax.
- Visiter le musée des Premières Nations à Truro et participer à un Pow wow avec la communauté Mi'kmaq à Millbrook (en août).
- Commencer la découverte du Cap-Breton par Baddeck, petit village charmant qui surplombe le lac.
- Parcourir le Cabot Trail dans le Cap-Breton, pour en prendre plein les yeux (et les jambes !).
- Camper face à la mer à Meat cove.
- Piquer une tête à la plage d'Ingonish, sur la côte est du Cap après avoir fait la rando de Middle head.

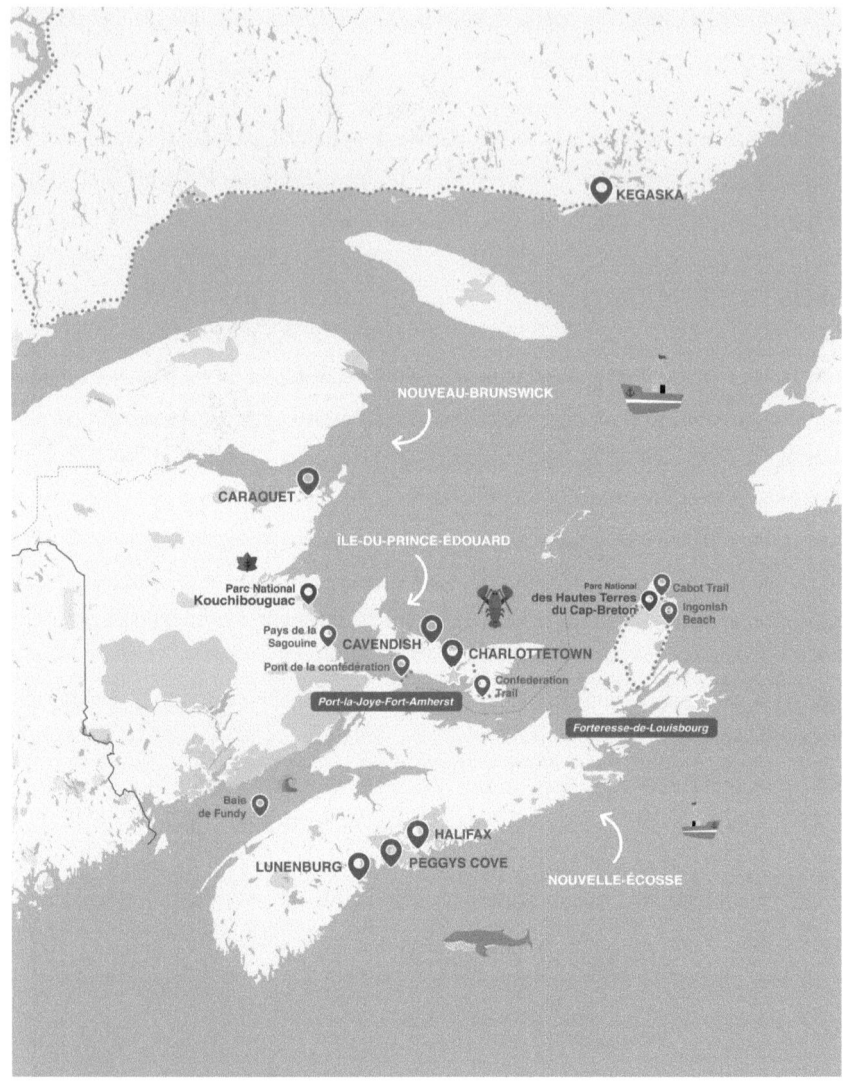

Le Nord du Canada
Le Yukon, les Territoires du Nord-Ouest et le Nunavut

Le Yukon est longtemps resté une Terra Incognita : situé dans le « Grand Nord » canadien, le territoire du Yukon est l'un des derniers endroits où les termes nature, solitude et aventure prennent leur pleine mesure. Depuis quelques années, on assiste à une relance de l'immigration : attirés par les perspectives touristiques, les opportunités professionnelles ou simplement la recherche de quelque chose de différent, beaucoup de PVTistes viennent chercher ici une aventure encore plus dépaysante qu'ailleurs au Canada. Loin des clichés habituels (le froid, l'hiver durant six mois, les journées sans soleil, le manque de relations humaines...), le Yukon reste un territoire accueillant, doté d'une importante communauté francophone (arrivée au moment de la Ruée vers l'or du XIXe siècle) et implantée principalement à Whitehorse, sa capitale.

Les activités touristiques sont assez exceptionnelles : parcs nationaux (Tombstone, Wrangell, Saint Elias), autoroute croisant le cercle arctique (Dempster Highway) et courses mondialement connues (l'Iditarod, la Yukon Quest). À ces arguments, on peut encore ajouter le spectacle incroyable des aurores boréales, l'ambiance très particulière de la vie sous le soleil de minuit ou bien l'impressionnante migration des caribous de la harde Porcupine à travers tout le nord du continent.

> La Dempster Highway est la seule autoroute qui croise le cercle arctique.

De l'autre côté de la frontière, du côté américain, se trouve l'Alaska, que l'on peut rejoindre via la légendaire Alaska Highway, construite pendant la Seconde Guerre mondiale par les soldats américains ou par la Klondike Highway, qui mène à Skagway et à la côte (avec le train du White Pass). Le tourisme y est très diversifié : randonnées dans le parc de Denali (Into the Wild !), croisière vers les glaciers d'Anchorage, excursion animalière dans les lointaines îles de Kodiak à la recherche des plus gros grizzlis du monde ou tout simplement randonner au cœur d'une nature encore préservée et protégée.

La ville d'Inuvik n'est accessible que par une route de glace l'hiver. L'été, il faut prendre plusieurs bacs afin de traverser les rivières en voiture.

Meilleure période : de juin à septembre, sauf si vous voulez tenter la grande aventure hivernale.

> - Dawson pour les amateurs d'Histoire de la Ruée vers l'or.
> - La « Top of the World Highway ».
> - Visiter Yellowknife et dormir sur une « maison bateau » !

- Découvrir le parc national de Wood Buffalo : partagé entre les TNO et l'Alberta, sans oublier le parc territorial de Tombstone et son Grizzly Lake Trail.
- La Chilkoot trail pour marcher dans les pas des premiers chercheurs d'or qui, depuis la côte, rejoignaient les terres encore inexplorées du Yukon.

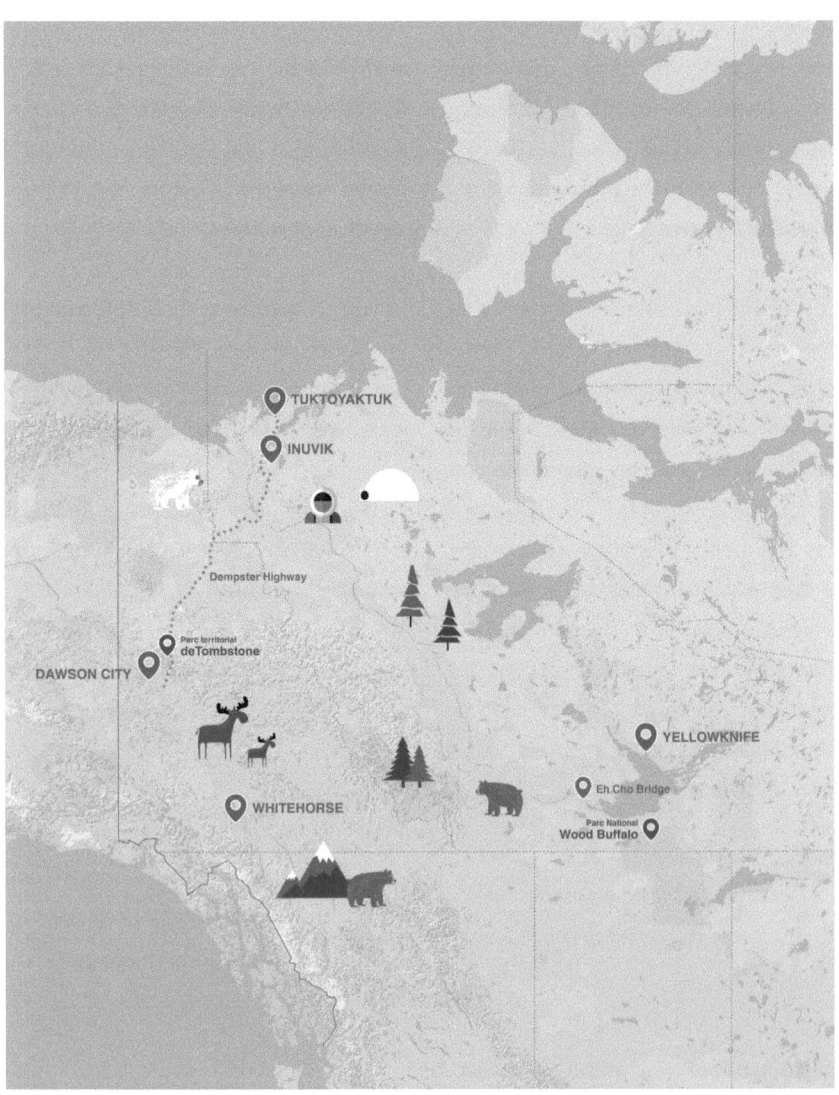

Le Québec

La réputation de « la Belle Province » n'est pas galvaudée. Le territoire québécois est extrêmement étendu et offre une incroyable diversité de paysages de la frontière américaine jusqu'au détroit d'Hudson.

Les attractions touristiques sont nombreuses, comme l'observation des mammifères marins (baleines, rorquals, bélugas...) à Tadoussac ou en Gaspésie. Optez de préférence pour une entreprise proposant des croisières respectueuses des animaux (et notamment des distances de sécurité).

Si vous avez plutôt envie d'aventure, deux itinéraires routiers vous offriront le plein de grands espaces :

- La route 138, de Québec à Kegaska. Cette route longe le fleuve Saint-Laurent jusqu'au bout de la Côte-Nord : l'embouchure du Saint-Laurent dans toute sa grandeur.
- Les routes 389 puis 500 jusqu'à Mary's Harbour dans la province de Terre-Neuve-et-Labrador. Attention, cette route n'est pas pour les novices ! Parfois difficile, elle parcourt l'immensité des forêts québécoises, en ne traversant que très peu de villes : planification obligatoire. Il s'agit de l'une des routes les plus isolées d'Amérique du Nord sur certaines portions !

La ville de Québec est charmante et offre au voyageur une plongée dans l'Histoire québécoise. Ses environs sont l'occasion de nombreuses opportunités de visites (la chute Montmorency, le parc national de la Jacques-Cartier, l'île d'Orléans...).
De leur côté, les nombreux quartiers de Montréal vous offriront une incursion dans la diversité culturelle québécoise. Montréal est une ville vivante, et vous aurez d'ailleurs bien du mal à savoir quel concert, spectacle ou bar branché vous allez préférer.

Les couleurs de l'automne au parc de la Mauricie
L'automne au Québec est réputé dans le monde entier. C'est une saison magnifique où les arbres se parent de leurs couleurs orangées, rouges et dorées. En fonction de la région québécoise que vous allez visiter, les essences d'arbres seront différentes et offriront un paysage automnal plus ou moins spectaculaire.

Le parc national de la Mauricie est l'un des plus populaires à cette époque de l'année : ses points de vue panoramiques ne cessent d'époustoufler ses visiteurs. Si vous voulez être au plus près de la nature et observer les couleurs depuis l'eau, il n'y a rien de tel qu'une balade en canot !

L'Estrie et l'influence Nouvelle-Angleterre
En Estrie, le Québec semble différent... il a un petit accent américain, aussi bien dans les noms de villages anglophones que dans l'architecture de certaines maisons. Les anglophones constituent près de 7 % de la population, c'est 7 fois plus que dans la région de la Capitale Nationale ! Les villages de l'Estrie sont charmants. Sherbrooke est le centre économique des Cantons-de-l'Est et vaut le détour après avoir fait la visite des parcs nationaux de Frontenac et du Mont Mégantic.

Meilleure période : de juin à octobre, du début de l'été jusqu'à l'Été des Indiens ! Des voyageurs aiment aussi l'hiver pour le traîneau à chiens, la rando raquettes ou le ski (notamment à Mont Mégantic).

- Découvrir les nombreuses attractions culturelles de la bouillonnante Montréal (et pourquoi pas un spectacle au Cirque du Soleil ?).
- Remonter les rives du Saint-Laurent et s'arrêter à chaque parc national et provincial.
- Faire un auto-tour des microbrasseries québécoises.
- Partir hors des sentiers battus : les Îles-de-la-Madeleine, l'Abitibi et la région de la Côte-Nord.
- Aller voir la réserve de ciel étoilé à l'observatoire du Mont Mégantic (à coupler avec de la randonnée, été, automne comme hiver).
- Monter dans le nord du Québec l'hiver pour une excursion en chiens de traineau et peut-être avoir la chance d'être émerveillé par des aurores boréales.
- Pratiquer la pêche blanche ou la motoneige (inventée par un Québécois !) et dormir en refuge au fond des bois.
- Aller à la cabane à sucre (à l'érablière) en mars/avril afin de déguster des spécialités locales : soupe aux pois, fèves au lard, tourtière…
- Découvrir la faune nord-américaine au Parc Oméga ou au zoo sauvage de Saint-Félicien.

- Parcourir à vélo l'été ou à ski de fond l'hiver l'ancienne voie de chemin de fer « Le petit train du Nord » dans les Laurentides, ou si vous êtes moins sportif, sautez dans le Train de Charlevoix.

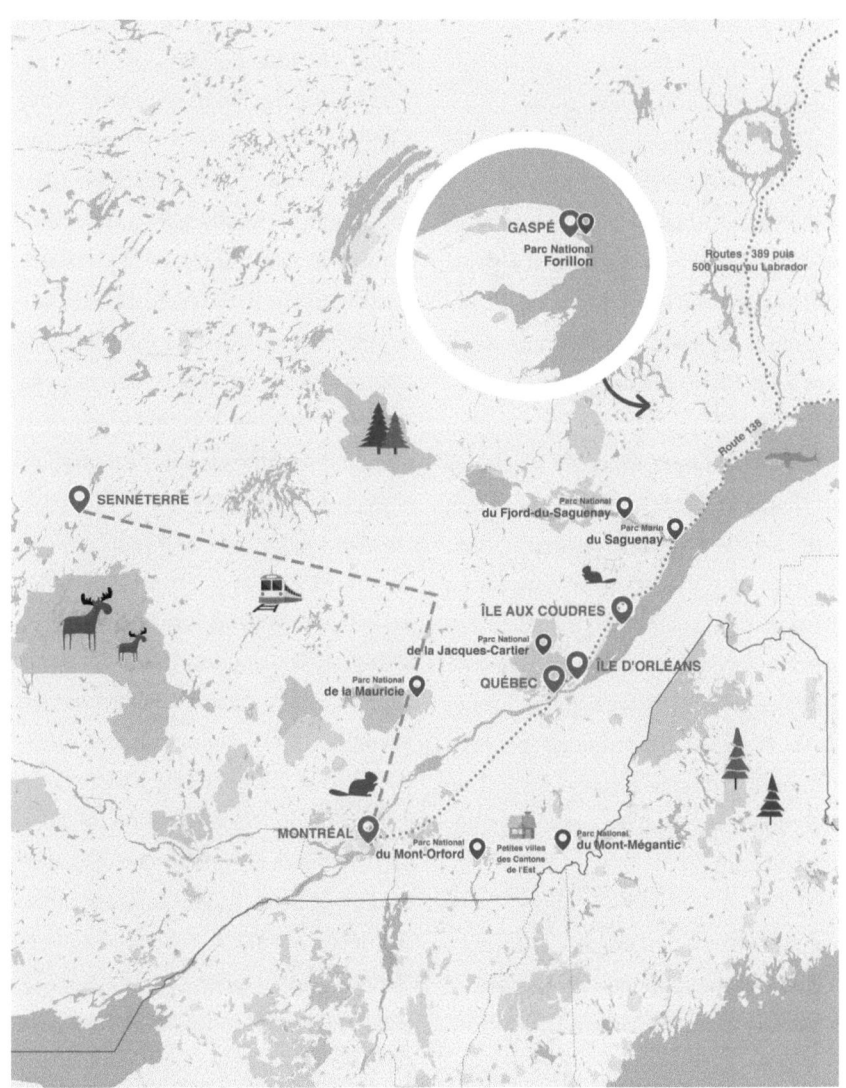

L'Ontario

Si vous partez au Canada sans vraiment connaître sa géographie et les lieux à ne manquer sous aucun prétexte, vous avez en revanche entendu parler des chutes du Niagara, c'est sûr !

L'avantage de passer une année au Canada est de pouvoir vous rendre à un même endroit à toutes les saisons pour le découvrir sous des aspects totalement différents mais tout aussi intéressants les uns que les autres. Si vous vivez à Toronto, ne vous en privez pas, vous êtes à 1 h 30 de voiture des chutes.

Ainsi, vous pourrez apprécier les chutes du Niagara un jour ensoleillé et chaud d'été. En hiver, vous crapahuterez dans la neige et découvrirez un univers de glace où des stalactites ont fait leur apparition. Les chutes s'admirent du côté canadien de la frontière comme du côté américain, mais personne ne parvient à se mettre d'accord quand il s'agit de déterminer le point de vue le plus impressionnant.

Si vous avez un peu de temps, partez à la découverte de la ville de Niagara, la petite Las Vegas du Canada !
Si les rives du Lac Ontario sont très urbanisées, il est possible de trouver une nature sauvage en Ontario, notamment dans ses nombreux parcs provinciaux, l'Algonquin étant un indispensable pour tous les résidents de Toronto !

Autre région à découvrir : celle de l'archipel des Mille-Îles. Près de 2 000 petites ou grandes îles parsèment le fleuve Saint-Laurent encore très large. Certaines îles sont privées et habitées (elles sont parfois si minuscules qu'une seule maison, et rien d'autre, ne tient dessus !), d'autres sont désertes et très sauvages. Une croisière organisée est l'idéal pour découvrir la région, très huppée. Le parc national des Mille-Îles vous offre de nombreux terrains de camping ainsi que de belles balades en kayak. Les parcs nationaux sont nombreux en Ontario et sont de moins en moins courus par les touristes à mesure que l'on s'éloigne des grands foyers de population. Le parc national Pukaskwa, par exemple, borde l'immense Lac Supérieur. Le Lac Supérieur est si vaste qu'on a l'impression d'être sur le littoral d'une mer intérieure en randonnant le long de la piste côtière... C'est aussi l'occasion de découvrir l'Histoire des Premières Nations Anishinaabe.

Meilleure période : de préférence pendant les beaux jours pour parcourir la province en entier. Sinon, il y a énormément de visites hivernales à faire.

- À Ottawa, faire du patin à glace sur le canal Rideau et/ou voir les tulipes au printemps !
- Sauter dans un bus pour admirer les Chutes du Niagara.
- Faire une excursion culinaire dans les nombreux marchés de Toronto.
- Se prélasser sur les belles plages du Lac Huron (à Tobermory, par exemple).
- S'offrir une dégustation de vins de glace dans les vignobles locaux.
- Partir une journée, voire plus (car il y a de la route) pour marcher dans les forêts enneigées, en hiver, du Parc Algonquin.

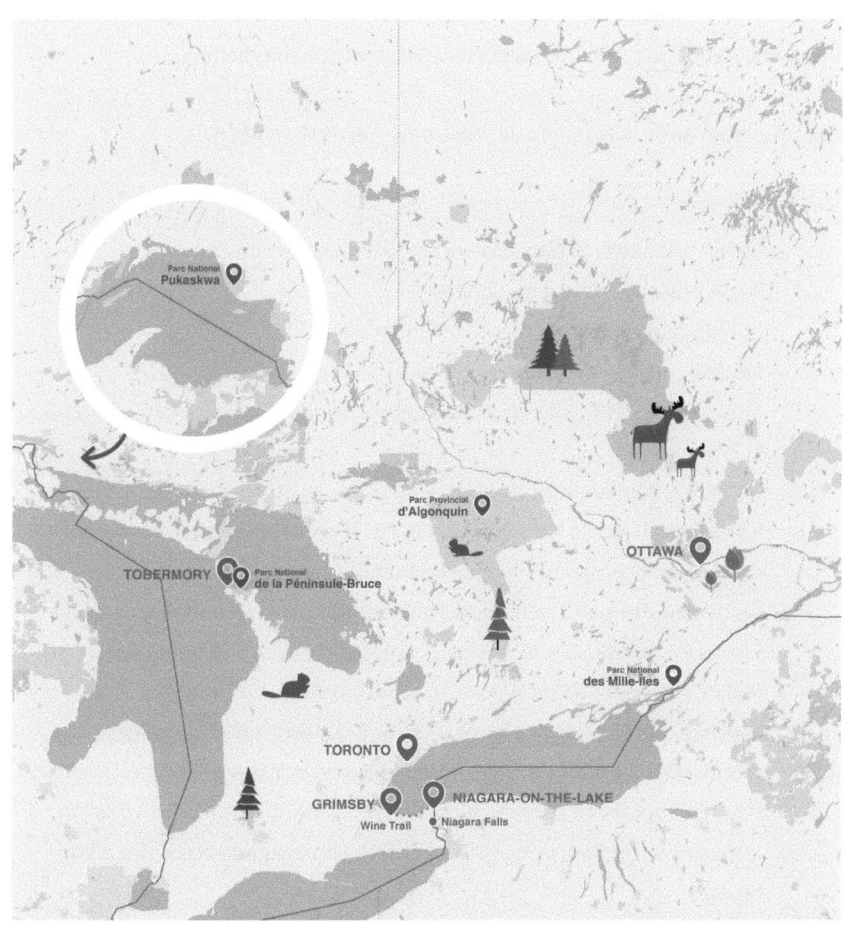

Les Prairies
Le Manitoba et la Saskatchewan

Les gens qui disent qu'il n'y a rien à faire dans les Prairies n'y ont, en général, jamais mis les pieds. N'écoutez pas les préjugés, venez, et vous serez positivement surpris par la variété des paysages, la gentillesse des habitants, la proximité avec la nature et les animaux, le multiculturalisme et l'héritage des pionniers, des fermiers et des Autochtones. Le Manitoba et la Saskatchewan sont les provinces du cœur du Canada, souvent délaissées par les visiteurs. Pourtant, chacune d'entre elles recèle des trésors, énoncés par leurs devises, « The land of the living skies » (La terre des cieux vivants) pour la Saskatchewan et « Friendly Manitoba » (le Manitoba amical).

On s'attend à ne voir que des paysages monotones, des kilomètres de champs en été et d'étendues blanchies par la neige en hiver. C'est en effet ce qui domine sur la Transcanadienne, la route que vous emprunterez probablement.

Voici quelques arrêts à faire lors de votre traversée du Canada :

- Le Falcon Lake et le parc provincial du Whiteshell.
- Le centre longitudinal du Canada.
- Winnipeg bien sûr, qui mérite qu'on s'y arrête.
- Regina, capitale de la Saskatchewan.
- Moose Jaw, petite ville dont les tunnels ont abrité Al Capone pendant la Prohibition.
- Churchill, capitale mondiale de l'ours polaire et des bélugas. C'est un luxe d'y aller en ce moment (2018) car la seule liaison est aérienne et donc onéreuse, mais c'est une expérience unique.
- Au niveau des parcs nationaux : le Mont-Riding, au Manitoba, avec des bisons en liberté, le Prince Albert National Park pour sa forêt boréale et le parc national des Prairies où on se sent comme au Far West.
- Narcisse, au Manitoba, a la plus grande concentration de serpents au monde et, si ça vous dit, vous pouvez aller les admirer !
- Pour en apprendre plus sur les Premières Nations et les Métis, direction le Wanuskewin Park en Saskatchewan et la maison de Louis Riel à Winnipeg.

- Et pour découvrir l'Histoire des deux provinces, le rôle de la traite des fourrures et de l'agriculture, direction, entre autres, le musée des Mennonites de Steinbach, le musée de l'Agriculture d'Austin, Lower Fort Garry et le musée de Fort-la-Reine.

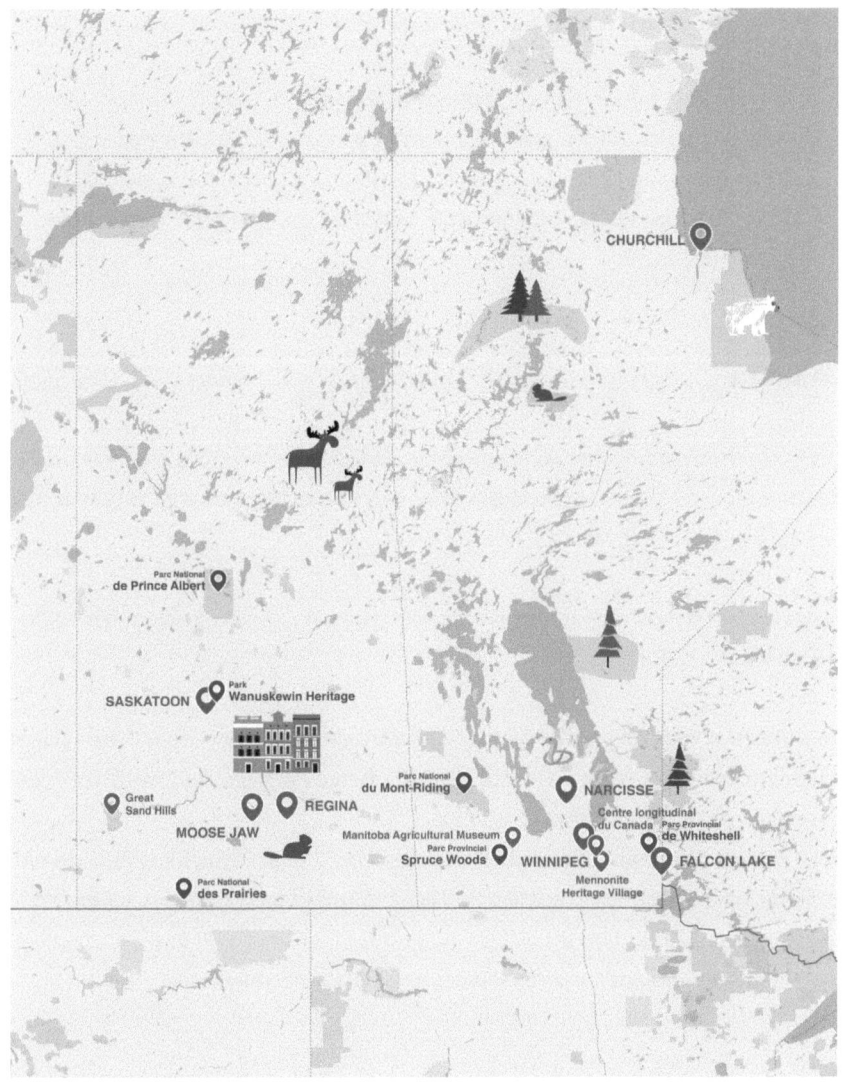

Si vous en avez assez des champs à perte de vue, vous trouverez des paysages différents à Spruce Woods (Manitoba) et aux Great Sandhills (Saskatchewan) avec leurs dunes de sable, dans la vallée Qu'Appelle qui ressemble presque à l'Irlande et dans les Badlands aux allures d'Utah, en Saskatchewan.

Les deux provinces sont plus attractives en été, les lacs appellent à la baignade et à la pêche, mais la plupart des parcs et sites touristiques restent ouverts et accessibles en hiver.

> « Wilderness » est LE mot qui représente le mieux l'Ouest, qu'il soit américain ou canadien. Il n'y a pas réellement de traduction française de ce mot, qui renvoie au caractère « sauvage » d'un endroit (sa naturalité). C'est un mot dont on comprend immédiatement le sens dès que l'on met les pieds dans les parcs de l'Ouest !

L'Alberta

Les Rocheuses canadiennes sont souvent le symbole des paysages canadiens, avec des montagnes à perte de vue, des animaux en liberté jusque sur les routes et des lacs aux couleurs incroyables.

Belles en tout temps, les Rocheuses vous offrent des paysages complètement différents selon les saisons.

Côté Alberta, vous ne pouvez pas passer à côté de Banff et de Jasper, deux parcs nationaux incontournables dont les villes du même nom pourront vous servir de base pour explorer les alentours.
Vous n'aurez que l'embarras du choix pour les lacs, Louise, Peyto, Moraine, Pyramid et Medicine entre autres, comme pour les randonnées qui s'étendent sur des centaines de kilomètres, dans les plaines ou dans les montagnes. Vous pourrez également vous relaxer dans l'une des sources d'eau chaude naturelles.

La route des glaciers (the Icefields Parkway) s'étend sur plus de 220 kilomètres entre Banff (Lake Louise) et Jasper, pendant lesquels vous en prendrez plein les yeux. Elle vous offre un énorme choix d'étapes, plus ou moins longues selon que vous souhaitez simplement vous arrêter pour une photo ou pour une randonnée. Ne comptez pas faire cette route sur la journée, ça serait passer à côté de beaucoup d'endroits magnifiques et vous n'en seriez que déçu.

Si vous êtes fan d'astronomie, sachez que le parc national de Jasper est la deuxième plus grande réserve de ciel étoilé au monde, il y a même un festival dédié courant octobre.

Les Rocheuses, c'est le paradis des animaux sauvages : mouflons, orignaux, marmottes, oiseaux... mais aussi ours. Renseignez-vous bien sur le comportement à adopter en cas de rencontre fortuite, respectez bien les règles de sécurité et ne partez pas randonner ou camper sans votre spray à ours.

Si Calgary se situe dans la zone géographique des Prairies et non dans les Rocheuses, sa proximité avec la montagne en fait un incontournable. L'Alberta, c'est aussi une terre de cowboys, avec le fameux Stampede Festival, qui se tient tous les étés à Calgary, l'occasion d'assister à des rodéos, des compétitions d'équitation western et des courses de chariots.

Meilleure période : tout dépend de vos envies, que voulez-vous voir ? Les couleurs d'automne, la neige à perte de vue ou le vif soleil d'été qui illumine les lacs vert émeraude ? Côté animaux, les ours sont de sortie principalement entre mi-avril et mi-juin et les wapitis paradent en début d'automne pour la saison des amours. Il n'y a pas vraiment de mauvais moment pour aller découvrir l'Alberta, sauf à vouloir éviter les foules de la haute saison (juillet-août).

- Conduire sur une des plus belles routes panoramiques du Canada.
- Se laisser émerveiller par les couleurs incroyables des lacs albertains.
- Observer et rencontrer la faune canadienne.
- Admirer Banff et ses environs depuis le Mount Norquay.
- Emprunter le sentier de la vallée des 5 lacs à Jasper.
- Se faire un petit plaisir sucré à Bear's Paw à Jasper.

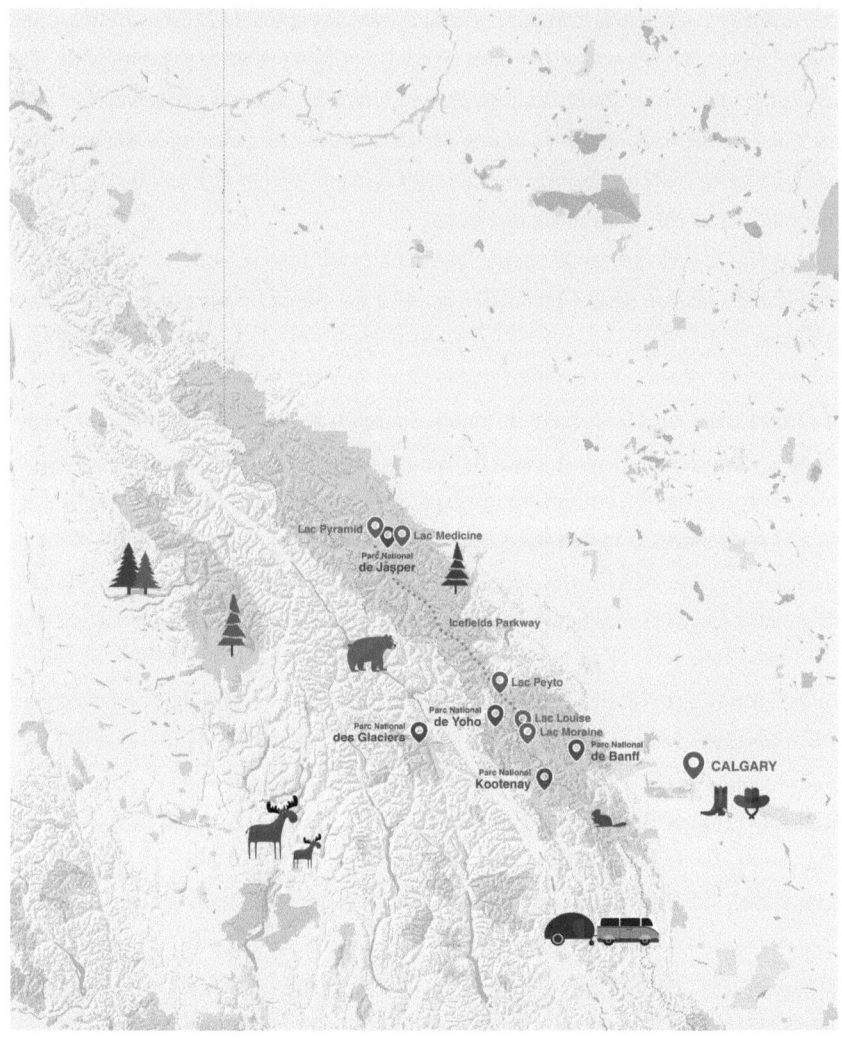

La Colombie-Britannique

« Beautiful British Columbia », l'office de tourisme provincial résume presque tout ce qu'il y aurait à en dire. L'océan Pacifique, des dizaines d'îles, des baleines, des orques, des montagnes, des lacs, des forêts, des ours, des wapitis... De quoi pousser des grands « wahou » et prendre des milliers de photos. Impossible de faire une liste exhaustive de tout ce que la Colombie-Britannique (de son petit nom « BC », prononcé « Bici » !) a à vous offrir, mais on propose de vous lister quelques incontournables.

Vancouver

La ville olympique mérite qu'on y passe quelques jours. Ne vous fiez pas au centre-ville (*downtown*), Vancouver, c'est plus que ça. Allez boire un café en haut du Vancouver Lookout pour avoir une vue panoramique sur la ville, profitez de la côte et dégustez des sushis pas chers et délicieux en admirant le coucher de soleil sur English bay. Promenez-vous dans les quartiers touristiques de Gastown, de Kitsilano et du West End. Prenez l'air dans des coins de verdure comme Stanley Park ou Lynn Canyon et admirez le paysage depuis les montagnes alentours. De nombreuses randonnées vous permettent de découvrir des kilomètres de sentiers tout autour de Vancouver.

Une incroyable route panoramique, la Sea-to-Sky highway, vous mènera de Vancouver à Whistler. C'est un autre incontournable de la Colombie-Britannique, avec un cadre montagnard sans pareil, à apprécier en toutes saisons. Il y a plusieurs arrêts intéressants à faire sur la route : Shannon falls, Squamish et sa télécabine et le parc provincial de Garibaldi, entre autres.

Vous êtes fans de séries télé et de films ? Bienvenue à North Hollywood ! Quand on se promène dans Vancouver, il est fort probable de tomber sur un tournage.

Vancouver Island

À eux seuls, les 34 000 km^2 de l'île peuvent vous occuper pendant des semaines. Attention cependant, tout n'est pas accessible par la route. C'est ici que vous trouverez la capitale de la BC, Victoria, une petite ville aux allures britanniques. Son parlement, ses maisons flottantes, le deuxième plus vieux Chinatown d'Amérique et ses parcs en font un endroit parfait pour passer un week-end ou pour commencer votre découverte de l'île.

L'île est un lieu privilégié pour aller rendre visite aux orques et aux baleines qui font le bonheur des touristes et des locaux (choisissez de préférence un prestataire qui est respectueux de l'environnement et du bien-être des animaux). Deux parcs nationaux sont situés sur l'île de Vancouver : la Pacific Rim National Park Reserve, près de Tofino, et la Gulf Islands National Park Reserve.

Promenez-vous le long des nombreuses plages ou des sentiers et dégustez un fish and chips au bord de l'eau. Ici, c'est avec la nature sauvage, le surf et la côte déchiquetée que vous avez rendez-vous. Si Tofino est trop hipster pour vous, avec son ambiance surfeur, filez à Ucluelet, ou Ukee pour les intimes, un petit port de pêche plein de charme.

N'hésitez pas à garder du temps pour la côte est, avec la Vallée de Comox et la Campbell River et même à pousser jusqu'au nord de l'île (Telegraph Cove et Port Hardy). Ce sont des petits trésors à côté desquels on passe trop souvent.

De même, vous avez des dizaines de petites îles autour de Vancouver Island : Quadra Island, Alert Bay, Broken Group Islands, etc. C'est encore autant de chances de découvrir des pépites made in BC !

Amateurs de randonnée, l'île de Vancouver saura vous en mettre plein la vue (et les jambes !), avec des trails comme le Juan De Fuca et le West Coast Trail.

La Sunshine Coast

Au nord de Vancouver, ce petit paradis s'étend sur près de 180 kilomètres. Seulement accessible par bateau ou par avion, sauvage, ensoleillée et protégée, cette partie de la BC est aussi le lieu de vie de trois Premières Nations. On s'y baigne (océan Pacifique et lacs), on y randonne, on s'y promène et on y admire le paysage. Que ce soit pour un long week-end ou plus, il y a de quoi vous occuper sur la Sunshine Coast. Les petites villes de Gibsons, Sechelt, ou encore Powell River tout au nord, offrent des hébergements variés, allant du camping à l'hôtel.

La vallée de l'Okanagan

Revenons à l'intérieur des terres : si vous êtes amateur de (bons) vins, la vallée de l'Okanagan est faite pour vous. Il y a quelques villes étapes (Kelowna, Penticton et Osoyoos) à visiter, ainsi que de jolis lacs et un choix varié de logements.

Explorez la région viticole et fruitière de la Colombie-Britannique en faisant une tournée des différents vignobles, en goûtant le fromage local et en dégustant les fruits savoureux qui poussent dans les nombreux vergers, grâce au climat sec et chaud de la région.

Deux coups de cœur à Osoyoos : à l'entrée de la ville, ne ratez pas le Spotted Lake. Si vous êtes intéressé par la culture des Premières Nations et par l'art, faites un tour au centre culturel Nk'Mip pour admirer les différentes sculptures en métal réalisées par des artistes locaux.

Meilleure période : au printemps et à l'automne, pour profiter du beau soleil et des belles couleurs, un verre de vin à la main.

Les Kootenay Rockies

Quatre des sept parcs nationaux situés en BC se trouvent dans les Kootenay Rockies. Yoho, Mount Revelstoke, Glacier et Kootenay rivalisent de beauté et n'ont pas grand-chose à envier au côté Alberta des Rocheuses.

Parmi les incontournables du parc national de Yoho : Emerald lake, la rivière Kicking horse, les chutes Wapta... et 28 pics de plus de 3 000 mètres à admirer tout au long d'une route panoramique qui vous fera manquer de vocabulaire.

Au parc de Revelstoke, prenez l'air en empruntant la « Promenade des Prés-dans-le-ciel ». Avec les milliers de fleurs subalpines qui colorent les prairies, votre appareil photo aura du boulot !

Chaque parc offre de nombreux chemins de randonnées, plus ou moins longs, plus ou moins faciles. Il y en a pour tous les niveaux !

Meilleure période : Vancouver n'est pas réputée pour sa météo clémente et connaît un automne et un hiver généralement pluvieux. L'été y est par contre très agréable. La Colombie-Britannique est une province qui s'étend sur près de 945 000 km^2 donc son climat varie énormément, dépendamment d'où l'on se trouve. En venant entre mai et septembre, vous optimisez vos chances de pouvoir profiter des charmes de la Colombie-Britannique sous le soleil, alors qu'en venant en décembre-janvier, vous pourrez profiter de la neige dans une bonne partie de la province.

- Surfer à Tofino, sur Vancouver Island.
- Avoir le choix entre des centaines de randonnées pour admirer les paysages de Colombie-Britannique.
- Emprunter la Sea-to-Sky highway pour en prendre plein les yeux en rejoignant Whistler.
- Skier dans une station qui a accueilli les Jeux Olympiques en 2010.
- Se retrouver dans des paysages et des rues que vous avez vus dans des centaines de films.
- Faire le tour des différents vignobles qui font la réputation de la vallée de l'Okanagan.

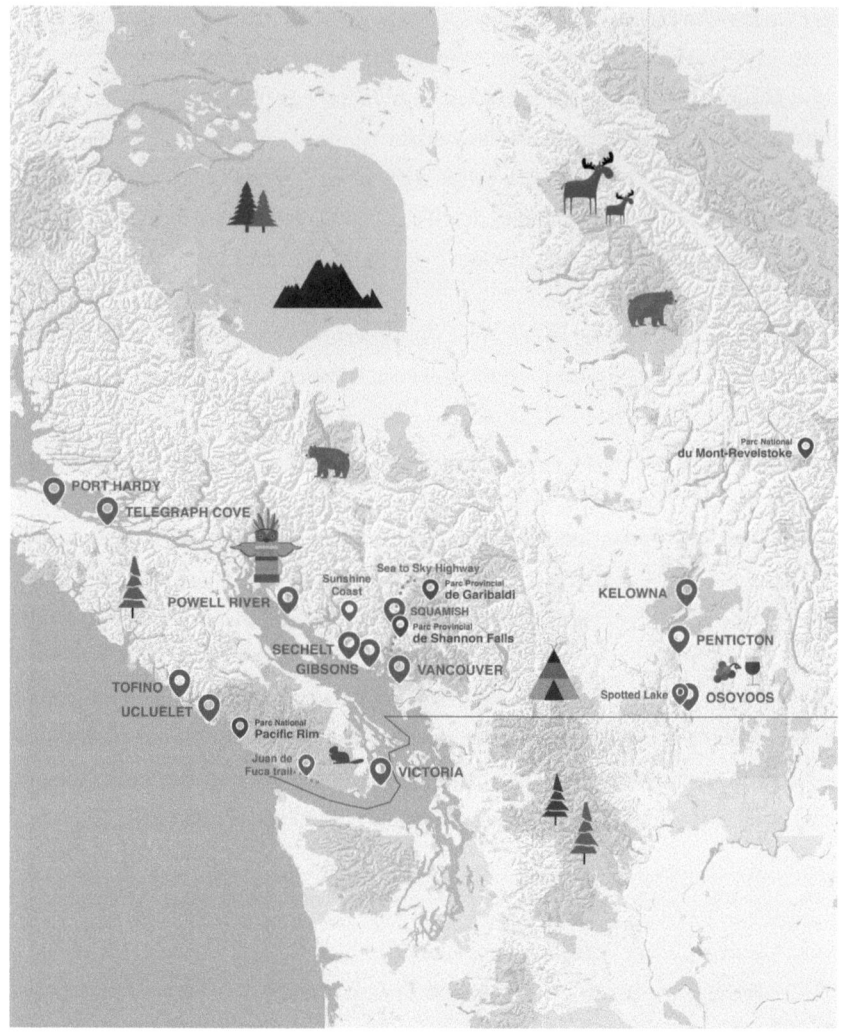

Et les États-Unis ?

New York est souvent la destination américaine numéro 1 des PVTistes au Canada (tout au moins de ceux qui ont élu domicile à l'est !) : c'est une destination qui reste vraiment abordable, grâce aux nombreux voyages organisés tout compris, aux nombreuses lignes de bus, sans oublier les vols qui y sont souvent bon marché. Flâner ou faire du shopping à Manhattan, assister à un petit concert à Brooklyn, grimper jusqu'en haut des buildings pour avoir une vue plongeante sur Central

Park, prendre le ferry (gratuit !) pour Staten Island afin de pouvoir admirer la statue de la Liberté... Difficile de s'ennuyer à New York ! Il faut compter au moins deux ou trois nuits sur place pour en profiter au maximum.

Boston est également proche du Québec et de l'Ontario : vous pouvez flâner à Harvard, visiter les hauts lieux de l'Histoire américaine, manger des homards sans vous ruiner, ou même aller faire un tour sur les longues plages de sable du Cape Cod ! Boston est une destination à coupler pourquoi pas avec une visite du Massachusetts rural (et la ville de Salem, célèbre pour ses sorcières) ou encore avec les côtes déchiquetées du Maine et les hautes montagnes du Vermont et du New Hampshire. En revanche, tout comme New York, Boston est une ville où le logement n'est pas donné !

Pour les PVTistes basés à Vancouver, les États-Unis ne sont également qu'à un pas : Seattle et Olympic National Park, Portland, San Francisco, Los Angeles... Autant de villes à visiter le long de la fameuse Route 1 qui borde l'océan Pacifique : des villes mythiques, des panoramas à couper le souffle, il y a de quoi trouver une base solide pour faire un road trip !

Si ce sont plutôt les canyons, les geysers et le Grand Ouest qui vous font rêver, c'est du côté de l'Utah, de l'Arizona, du Montana, du Wyoming ou encore du Colorado qu'il faut aller. De manière générale, les parcs nationaux de l'Ouest américain sont très rarement desservis par les transports en commun (à l'exception notable de la rive sud du Grand Canyon ou du parc californien de Yosemite). La voiture est donc presque obligatoire !
Meilleure période : d'avril à mai ou de septembre à mi-novembre pour éviter la chaleur intenable, et pas après novembre dans les États les plus au nord, à moins d'y aller pour les activités hivernales.

- Découvrir les parcs nationaux américains, de véritables joyaux ! (détour à Yellowstone National Park possible avec une semaine supplémentaire, en supprimant Los Angeles !)
- Se laisser bercer par la douceur du climat de San Francisco, traverser le Golden Gate Bridge à vélo et acheter des vinyles à Amoeba.

- Parcourir la route 12, en Utah, avec des points de vue tous plus beaux les uns que les autres.
- Déguster une glace en observant les skateurs de Venice Beach à Los Angeles.
- Découvrir la vallée de Yosemite National Park et sa cascade spectaculaire.
- Camper sous la voie lactée du Grand Canyon ou d'Arches National Park.

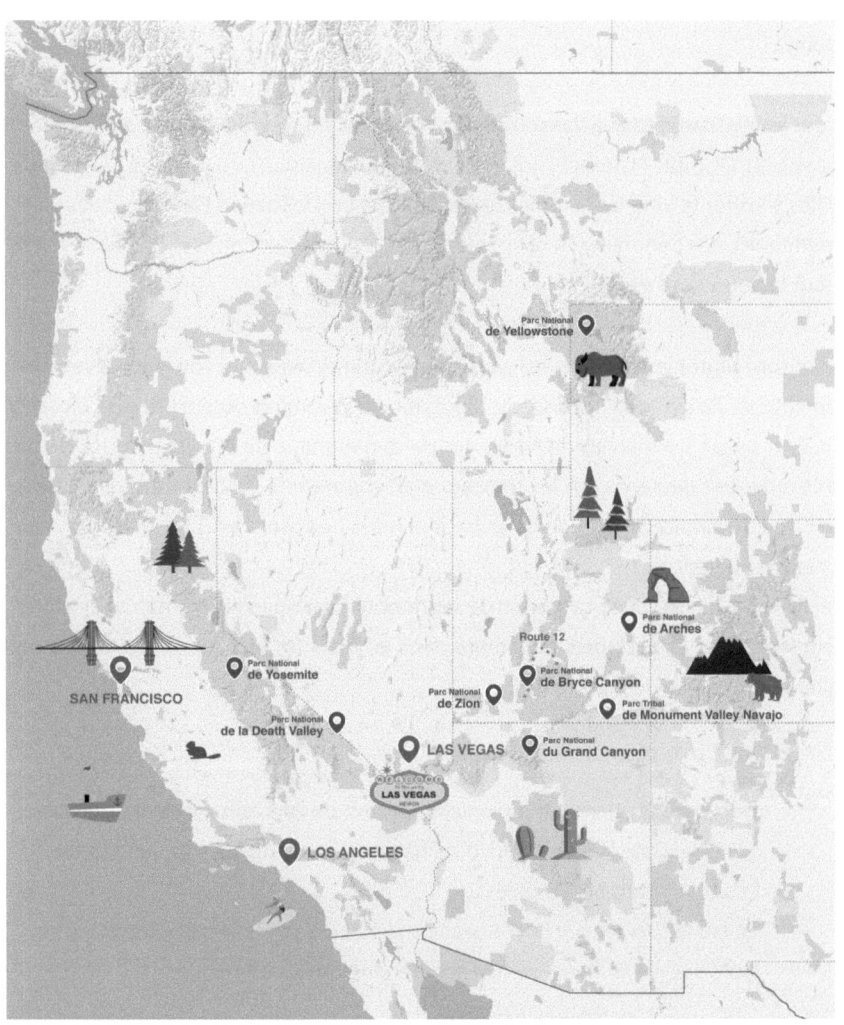

03. Le road trip : se lancer

Quels que soient la destination ou l'itinéraire choisi, un road trip est souvent la façon la plus chouette de voyager, celle où on se sent le plus libre, où on part à l'aventure et où on laisse place à l'imprévu... Peu importe le moyen de transport (voiture de location, achat d'un van, stop ou même « rail trip »), peu importe si c'est pour plusieurs semaines ou plusieurs mois : profitez de votre PVT pour être sur la route ! Louer ou acheter une voiture, mettre la musique à fond et démarrer en trombe pour partir à la découverte d'une région : que rêver de mieux ? Et, il faut bien le dire, souvent, avec les road trips, la réalité dépasse le rêve ! Vous ne dépendez pas des horaires ou de l'itinéraire d'un bus et vous évitez l'avion, qui ne vous mène qu'aux grandes villes. En somme, vous êtes libre de vos mouvements, vous pouvez découvrir les moindres recoins d'une région sans pour autant avoir besoin d'y passer des mois ou avoir une forme d'athlète !

Que vous optiez pour le camping, les motels, les hôtels, le CouchSurfing ou encore le WWOOFing ou le HelpX, le road trip est idéal et vous promet des panoramas à couper le souffle, des silences déstabilisants et apaisants, des kilomètres de pensées et d'introspection et des rencontres forcément atypiques ! Pensez à préparer votre playlist, elle vous rappellera toujours ces milliers de kilomètres sur le territoire nord-américain.

Le road trip : astuces

• Attention à bien vérifier que vous garez votre van pour la nuit dans un endroit autorisé (y compris sur les parkings de Walmart, ce n'est pas toujours le cas !).

• Les distances paraissent toujours plus courtes qu'en réalité, ne soyez pas trop gourmand ! Ne sous-estimez pas la taille du pays : le Canada est réellement immense. Cela peut engendrer de la lassitude, la frustration de ne pas pouvoir voir tout ce que vous aviez prévu de voir. Soyez raisonnable en planifiant votre itinéraire, afin de laisser place aux imprévus et aux petits détours sans pour autant être sur les rotules en fin de journée !

- L'hébergement : c'est souvent un poste de dépense important, à moins que vous ne dormiez que dans votre van. Si vous souhaitez un aménagement à proximité, le camping vous offre généralement les nuits les plus économiques (environ 25 $ la nuit dans un parc national canadien). Attention si vous optez pour le camping sauvage, il peut être interdit et surtout, faites attention aux ours.

Nombreux sont ceux qui choisissent de dormir de temps en temps sur un parking de Walmart (ou autres grands magasins, comme Target), où se garer pour la nuit est parfois toléré. Essayez de repérer d'autres vans ou camping-cars, évitez de vous garer trop près de l'entrée du magasin et vous pourrez sûrement dormir tranquille. La façon la plus sûre de ne pas se faire expulser est de demander au manager du magasin, dans la journée, s'il est possible de rester garé la nuit. L'avantage : on peut utiliser les toilettes des magasins, ouvertes 24 h/24...

Que ce soit pour les parkings de centre-ville ou de centres commerciaux, passez votre route si vous voyez un panneau rouge et blanc « No overnight parking » (ou équivalent) ou « No trespassing ». Les aires d'autoroute et les « *truckstops* » (aires pour les routiers) proposent généralement un parking gratuit pour la nuit.

Des PVTistes nous ont également recommandé les « *fishing access* » (les zones de pêche) où il est parfois autorisé de passer la nuit, même sans avoir de permis de pêche. Renseignez-vous à l'office du tourisme le plus proche pour en savoir plus.

Si vous souhaitez plus de confort et de sécurité (car oui, il faut toujours rester prudent, surtout en zone urbaine), des « *RV campings* » sont présents dans quasiment toutes les villes canadiennes et américaines. L'avantage, c'est que comparés à des campings classiques, ils sont souvent situés en très proche périphérie des villes. L'inconvénient, c'est que ce sont souvent des grands parkings sans charme, et ils ne sont parfois pas donnés.

Même en voyageant en van, il peut être sympa de camper dans les parcs nationaux (*national parks*), les parcs provinciaux (ou les parcs d'État - *state parks* - pour les États-Unis). Certains de ces campings publics sont gratuits, ou très peu onéreux (environ 10 $). Le tarif varie bien sûr en fonction du confort et des services proposés. Il vous sera généralement demandé de payer votre emplacement au *visitor center*, à l'hôte du parc, ou parfois dans une petite boite aux lettres placée à l'entrée du camping, dans les zones les plus reculées. Ça marche à la confiance, n'en profitez pas pour resquiller !

Aux États-Unis et au Canada, le prix est, dans la majorité des cas, indiqué pour un emplacement, et non par personne (les emplacements accueillent généralement jusqu'à 4 personnes).

• L'importance de la saison : c'est une évidence mais il est bon de le rappeler. En fonction de votre itinéraire, ce n'est pas forcément un bon plan de partir explorer le Yukon (entre autres régions très froides !) en plein hiver, même avec un duvet et des vêtements adaptés. N'oubliez pas d'adapter vos déplacements en fonction de la saison, certaines routes pouvant d'ailleurs ne pas être praticables !

• Ne négligez pas le poste de dépense que peut représenter l'essence. Le prix de l'essence dépend des provinces, mais aussi des localités (plus ou moins isolées) que vous allez traverser.

• Rester propre en road trip, ce n'est pas si facile. La solution ? Lingettes nettoyantes, douches solaires, accès à un camping pour se doucher... Pour la lessive, c'est généralement plus simple car chaque petite ville possède au moins un lavomatic à pièces.

• Faites attention à vos objets précieux (notamment l'électronique) et évitez le plus possible de les laisser dans votre van lorsque vous n'y êtes pas (ou pire, dans votre tente au camping !). Si c'est le cas, cachez-les le plus possible.

• Si vous souhaitez aller aux États-Unis et que vous traversez la frontière terrestre, attendez-vous à avoir un petit temps d'attente aux grands postes-frontières. Assurez-vous d'avoir un passeport en règle et que vous avez le droit de quitter le territoire canadien avec votre véhicule de location, le cas échéant.

• Que vous voyagiez en van ou avec le combo voiture + tente, le meilleur moyen pour se nourrir à moindre prix est bien sûr de faire l'acquisition d'un réchaud ! Les menus ne seront certes pas très variés mais vous pourrez manger chaud tous les soirs, sans avoir à vous offrir obligatoirement un menu dans un fast-food.

Vous allez bien sûr être obligé d'adapter votre alimentation aux exigences du road trip. Comptez sur les aliments qui se conservent facilement : boîtes de conserves bien sûr, pâtes, riz, semoule, sucre en sachets, céréales, gâteaux, barres de céréales, thé, café, sel & poivre, nouilles chinoises (les *noodles* deviendront rapidement vos meilleures amies), condiments et épices (ça prend peu de place, et ça apporte un peu de diversité aux plats de riz !) enfermés dans des boîtes hermétiques, compotes, quelques fruits et légumes, lait en poudre, etc.

Quand vous voudrez acheter des aliments frais, ne les prenez qu'en petites quantités pour le jour même ou le lendemain : conservez-les dans une glacière (si vous en avez une) ou au moins le plus au frais possible.

Pour ce qui est de la cuisson des aliments, vous allez probablement devoir vous limiter au réchaud de camping. Vous n'aurez a priori qu'un seul brûleur, alors adieu les plats trop compliqués !

Vous pouvez cuire riz et pâtes à l'avance et les garder au frais pour les manger en salade (salade de riz avec maïs et thon en boîtes, olives, tomates et poivrons frais si vous avez ; salade de pâtes sauce pesto, champignons en conserve, olives, concombre, tomates fraîches et dés de fromage si vous en avez, etc.). Pensez également aux barbecues parfois mis à disposition dans certains parcs et lieux publics.

Certaines aires de camping réservent des emplacements pour les feux de camp (évitez les feux de camp en pleine forêt, vous n'avez pas envie de démarrer un incendie...) : c'est très pratique (le feu de camp, ça réchauffe, ça apporte de la lumière, ça cuit votre nourriture, et en plus, c'est super convivial). Vous pourrez cuire des pommes de terre dans les braises (emballées dans du papier alu), faire griller des guimauves (vous pouvez les utiliser pour faire des s'mores !), faire rôtir des brochettes de légumes, faire griller du poisson ou de la viande (à condition d'avoir une grille de cuisson), faire des papillotes de légumes, etc.

Le Canada et les États-Unis sont les pays des fast-foods et les adresses ne manquent pas : Tim Horton's, McDo, Burger King, Taco Bell, Wendy's... Vous avez le choix, mais la qualité n'est pas équivalente partout. Dans les chaînes, Subway est tristement le fast-food où l'on peut trouver le plus de légumes. En revanche, les sandwiches ne sont pas donnés...

Les *diners* et petits restos indépendants vous proposent également des menus pas forcément plus chers, mais avec une ambiance plus sympa !

Il est parfois difficile de trouver des fruits et légumes frais sur la route, surtout aux États-Unis, dès que l'on quitte les grands centres urbains. Pas d'autre choix que d'essayer de trouver des conserves de légumes avec le moins de cochonneries possibles à l'intérieur ! Amy's est une bonne marque, que l'on trouve dans tous les supermarchés, bien qu'un peu onéreuse. Cependant : pas d'OGM, pas de conservateurs, pas de sel ajouté, et des produits de qualité. Si vous croisez un supermarché de la chaîne Trader Joe's... foncez !

• Profitez, profitez, profitez ! Le road trip est sans doute la plus belle façon de traverser le Canada, savourez chaque instant !

04. Les formalités pour aller aux USA

Ce serait vraiment dommage de vivre à quelques centaines de kilomètres de la frontière américaine (voire moins pour la plupart d'entre vous !) sans aller passer quelques jours aux États-Unis. Vous êtes en effet nombreux à vouloir séjourner à New York, Boston, Seattle, Chicago ou San Francisco...

Les formalités administratives pour entrer aux États-Unis sont relativement simples mais il y a tout de même quelques règles à connaître. Les Français et les Belges n'ont pas besoin de visa pour aller aux États-Unis ! En revanche, en arrivant par voie aérienne ou maritime, la demande d'ESTA (qui est une exemption de visa) est obligatoire.

Nous sommes en effet exemptés de visa, c'est-à-dire que nous n'avons pas besoin d'en faire la demande à l'ambassade des États-Unis dont nous dépendons. Il existe cependant des exceptions (voyages préalables dans certains pays, notamment) : renseignez-vous au préalable.

Votre passeport doit être valide pour toute la durée de votre séjour aux États-Unis.

Le passage de la frontière en voiture, en bus ou en train

Si vous traversez la frontière terrestre, une fois à la douane, on vous demandera de remplir un petit formulaire, le I-94W (connu par le surnom de « petit papier vert » !). Vous devrez répondre à plusieurs questions mais c'est une formalité : c'est rapide et ça coûte 6 $ (que vous devrez payer en liquide dans la plupart des postes de douane, donc prévoyez d'avoir des dollars américains). Ce papier vert (votre exemption de visa) vous permet d'être touriste aux États-Unis pendant une période de 90 jours maximum. Cela ne vous donne évidemment pas le droit de travailler !

Le douanier américain va également vous demander l'objet de votre voyage. Il peut vous poser plusieurs questions, pour vérifier que vous venez réellement faire du tourisme et non travailler ou rester dans le pays illégalement. Il va ensuite prendre une photo de vous ainsi que vos empreintes, puis va agrafer le formulaire dans votre passeport.

C'est bon, vous pouvez reprendre votre route !

Le temps d'attente à la douane est très variable en fonction du poste de douane que vous choisissez (certains ont beaucoup plus de trafic que d'autres), du douanier lui-même et de votre situation.

Il faut bien noter que, comme pour le Canada, être admis sur le territoire américain n'est pas un droit, c'est le douanier qui prend la décision ! Cependant, les cas de refus restent relativement rares et si votre intention est vraiment de découvrir le pays, on ne vous embêtera pas. N'hésitez pas à avoir des justificatifs (fiches de paie, relevés de compte) pour montrer que vous avez assez d'argent pour subvenir à vos besoins pendant votre séjour aux États-Unis, surtout dans le cas où vous voulez faire un long road trip de 3 mois.

Si vous résidez près de la frontière et que vous comptez revenir plusieurs fois sur le territoire américain pendant ces 90 jours, vous pouvez garder le papier vert dans votre passeport et repasser ainsi la frontière sans avoir à repayer les 6 $.

Si vous ne pensez pas revenir aux États-Unis dans les 3 mois, il faut bien dire au douanier canadien de reprendre le formulaire quand vous quitterez les États-Unis.

L'arrivée aux États-Unis en avion ou en bateau

Vous devez faire une demande d'ESTA, qui est une demande d'exemption de visa en ligne. Il faut la faire au plus tard 48 heures avant la date prévue d'arrivée sur le territoire américain. L'ESTA coûte 14 $ et est valable deux ans. Il convient d'en faire la demande même si vous avez déjà le formulaire I-94W valide dans votre passeport ! Sans ESTA, on vous refusera l'entrée à bord de l'avion ou sur le territoire américain.

> Attention, les arnarques pour faire sa demande d'ESTA sont extrêmement nombreuses ! Des sites vous proposeront de faire la demande à votre place : soyez vigilant. Le site officiel pour effectuer sa demande d'ESTA est celui du gouvernement américain : https://esta.cbp.dhs.gov/esta/. Ne faites confiance à aucun autre site. En outre, le site officiel propose une très bonne FAQ en français pour répondre à tous vos questionnements.

X. MON PVT EST FINI... ET MAINTENANT ?

---

01. Le retour après un PVT, des sentiments contrastés

Le sentiment à mi-chemin entre l'euphorie et la tristesse dû au retour et à la redécouverte de vos habitudes et de vos proches peut laisser place à un sacré coup de blues... En fonction des gens, cela peut durer un jour, plusieurs semaines ou plusieurs mois. Il n'est jamais facile de passer à autre chose et de retourner dans une routine que l'on avait quittée pendant un ou deux ans.

Se départir du sentiment de liberté extrême que vous aviez pendant votre PVT, de cette sensation que « tout est possible », que vous pouviez faire ce que vous vouliez quand vous le souhaitiez, peut être une réelle difficulté. Le PVT est une expérience exceptionnelle, mais elle a aussi ses « mauvais » côtés : au retour, on a souvent envie de repartir, et tout de suite !

Il n'est pas forcément évident non plus de se sentir en décalage avec ses proches, qui eux, ont continué leur vie pendant notre absence. Difficile, encore, de partager avec eux des expériences si personnelles et qu'ils ne comprennent pas forcément.

En revenant, le choc culturel peut être fort. Si pendant quelques heures ou quelques jours, certains détails de la vie en France ou en Belgique vous surprennent, vous choquent ou vous dérangent, vous finirez forcément par mettre de côté cette tristesse du retour au profit de toutes les belles choses qui vous entourent : vos proches, votre ville et les petits bonheurs du quotidien dans votre pays.

Une fois le coup de blues passé, certains PVTistes, déterminés, décident que le Canada est fait pour eux et lancent la longue procédure de demande de résidence permanente.

Pour certains, le PVT a été une révélation ou une confirmation de leur amour pour le voyage : ils décident de tenter un autre PVT ailleurs dans le monde.

D'autres se rendent compte de toutes les choses qui leur avaient manqué dans leur pays d'origine et recommencent une nouvelle vie, enrichis de cette expérience internationale : en rentrant, on n'est jamais le même et on ne voit plus jamais les choses de la même façon.

Le PVT était une formidable parenthèse dans votre vie, vous en êtes ressorti enrichi, plus ouvert d'esprit, et avec une nouvelle expérience de vie !

02. Mémo des formalités au retour

Pôle Emploi / FOREM ACTIRIS - VDAB

Réactiver les allocations chômage (si éligible).

Impôts

Les informer de votre retour sur le territoire français ou belge.

Retraite

Conservez vos fiches de paie canadiennes, NAS/SIN et feuilles d'imposition.

Sécurité sociale française

Retrouvez vos droits après 1 h de travail ou immédiatement, si vous redevenez allocataire au Pôle Emploi. Dans le cas contraire, après 3 mois, vous pourriez bénéficier de la Protection Universelle Maladie (PUMa).

Mutuelle belge

Réinscrivez-vous et patientez (pendant le délai de carence). Si vous avez continué à payer vos cotisations depuis le Canada, vous en bénéficiez immédiatement.

03. Retrouver un emploi

Que vous ayez ou non travaillé dans votre domaine, vous avez vécu pendant ce PVT une expérience qui vous a énormément enrichi, qui vous a apporté de nouvelles compétences et expériences professionnelles transposables. Mais comment convaincre un employeur potentiel ?

Sachez expliquer les raisons de votre départ

- Envie de partir loin de chez vous pour apprendre à vous débrouiller seul, à vous mettre à l'épreuve ou pour vous ouvrir à une nouvelle culture ?
- Envie de réaliser un challenge personnel ?
- Envie d'améliorer votre connaissance de l'anglais ?
- Envie de découvrir une autre façon de travailler, des codes différents, une culture du travail différente ? Envie de découvrir le monde du travail et de l'entreprise dans un autre pays ?
- Envie d'entrer dans la vie active pour en apprendre plus sur le monde du travail en général et sur vous, vos capacités à travailler seul, en équipe, dans une ambiance stressante, etc. ?
- Envie de faire le point avant de vous lancer dans de longues études ?
- Envie d'exercer une autre activité professionnelle pour un temps ?
- Envie de faire de l'humanitaire, de vous engager dans une association ?

Expliquez-le ! Toute expérience, intelligemment mise en avant, pourra convaincre votre interlocuteur.

Comment valoriser un PVT si vous avez peu (ou pas) travaillé ?

Vous n'avez fait que voyager ?

C'était magique ! Vous avez découvert des choses magnifiques, vous avez connu des difficultés et avez réussi à mener à bien votre projet avec le budget que vous vous étiez donné et en tenant compte des aléas. Vous vous êtes enrichi et vous avez des images plein la tête. Rien d'honteux à cela. Désormais, vous souhaitez vous consacrer activement à vos études ou à votre carrière. Après cette expérience si enrichissante, vous êtes prêt à le faire et à vous engager pour un certain temps.

En outre, vous pouvez prouver votre capacité d'organisation et de planification. Organiser un long voyage prouve que vous avez des qualités certaines : vous avez su gérer votre budget et votre temps.

Notez également que tout dépend de votre domaine. Si vous travaillez dans le tourisme, par exemple, une expérience en PVT peut facilement être mise en avant quelles que soient les expériences que vous ayez connues (voyage uniquement, voyage et travail, travail dans votre domaine ou pas).

Vous n'avez pas du tout travaillé dans votre domaine ?

Vous n'avez pas réussi à travailler dans votre domaine malgré vos efforts mais vous n'avez pas voulu rester les deux pieds dans le même sabot. Vous avez souhaité travailler pour aller au bout de votre expérience et côtoyer locaux et voyageurs. Vous avez sensiblement amélioré votre connaissance de l'anglais et cette expérience a confirmé votre souhait de travailler dans votre domaine et dans aucun autre !

Si vous n'avez pas travaillé dans votre domaine, ce n'est pas un drame, vos autres expériences prouvent que vous êtes quelqu'un de débrouillard, que vous avez réussi à appréhender un marché du travail complètement différent, avec des codes culturels différents. C'est la preuve que vous possédez une grande adaptabilité et que vous êtes plein de ressources.

Vous n'avez travaillé que peu de temps dans votre domaine ?

Les arguments ci-dessus fonctionnent également.

De plus, vous avez dû faire vos preuves. Au Canada, il faut parfois prendre le premier emploi qui nous est proposé pour ensuite pouvoir prétendre à un emploi plus satisfaisant ou dans son domaine. Sûr de vous, vous convaincrez !

Peu importe votre parcours à l'étranger, n'hésitez pas à montrer que vous êtes quelqu'un de stable, qui ne va pas s'enfuir à l'étranger au bout de quelques mois, en abandonnant un poste nouvellement acquis ! Rassurez votre employeur : on peut être baroudeur, tout en étant fiable.

Comment intégrer vos expériences PVT sur votre CV ou votre lettre de motivation ?

Un « trou » de quelques mois sur votre CV ne sera pas forcément du meilleur effet. Il faut donc trouver des façons de valoriser votre expérience en PVT, afin de l'inclure à votre parcours professionnel. En d'autres termes, il faut en faire un atout et non un handicap.

Si vous avez fait votre PVT à la fin de vos études, ou entre le Bac et vos études supérieures : l'expérience est facilement valorisable. C'était, pour vous, l'occasion d'acquérir votre première expérience professionnelle et vous avez décidé d'entrer dans la vie active à l'étranger. Avant d'entamer vos études supérieures, votre départ en PVT vous a permis de faire le point avant de vous engager dans une nouvelle étape de votre vie.

Sur votre CV, vous pouvez indiquer vos expériences professionnelles en PVT comme n'importe quelle autre expérience.

> Suggestions de mots-clés pertinents pour votre CV : adaptabilité, persévérance, curiosité, ouverture à l'international, autonomie, réalisation d'un challenge personnel, apprentissage linguistique, ouverture d'esprit...

Selon Delphine, ex-PVTiste et responsable RH, vous pouvez, sur votre CV, créer une partie dédiée à vos expériences en PVT (intitulée par exemple « Expériences à l'international »), où vous choisirez avec soin les mots-clés (apprentissage de l'anglais, découverte d'une autre culture, etc.) qui permettront de définir votre projet PVT.

C'est d'autant plus pertinent si vous avez plusieurs expériences à l'étranger !
Certains recruteurs ne comprendront pas pourquoi il est intéressant de partir travailler à l'étranger, sans forcément travailler dans son domaine. À vous d'en faire une force et de montrer au contraire que cela témoigne d'une grande capacité d'adaptation et d'une certaine curiosité. Vous avez réussi à transposer votre expérience et votre savoir-faire dans un contexte professionnel différent.

Selon Marianne Soulier, chargée de recrutement, il faut toujours illustrer votre expérience à l'international avec des exemples concrets : mettez en avant vos capacités linguistiques nouvellement acquises, les nouvelles compétences métier et votre savoir-faire (s'il y a lieu), votre nouveau « savoir-être » : autonomie, goût du challenge, débrouillardise... Pour chacune de ces compétences, vous pourriez trouver un exemple ou une anecdote tirée de votre année en PVT.

Ne basez pas non plus votre CV uniquement sur ces expériences internationales : n'en faites pas trop. Aujourd'hui, beaucoup de jeunes se donnent les moyens d'acquérir une expérience à l'étranger. Vous n'êtes pas le seul. À vous, donc, de prouver que votre séjour à l'étranger était intéressant et de vous démarquer !

Cependant, rien ne vous empêche de faire apparaître votre passion pour le voyage dans la section « Centres d'intérêt » de votre CV.

Il peut être pertinent de ne pas noter « PVT », « Permis Vacances-Travail » ou « Working Holiday Visa » sur votre CV. En effet, tous les employeurs ne connaissent pas ce programme : ils pourront être suspicieux.

De plus, les mots « Vacances » ou « Holiday » pourraient vous desservir : l'employeur pourrait penser que vous n'êtes parti que pour vous amuser ! Envisagez donc d'inclure votre PVT sous d'autres appellations, ou en notant tout simplement les expériences professionnelles que vous avez faites pendant votre PVT, en précisant le lieu d'exercice de vos jobs.

Si vous n'avez que voyagé, vous pouvez tout de même parler de cette intervalle, mais pas en la définissant comme une période de vide, de loisirs. Dites plutôt que vous avez voyagé, que vous avez découvert des lieux et fait des rencontres enrichissantes. Montrez que vous avez été actif et débrouillard.

Si vous avez traversé des moments difficiles (difficultés à trouver un emploi, à vous intégrer, choc culturel...) : parlez-en ! Montrez que malgré ces difficultés, vous avez mené votre projet à bien et que vous êtes pleinement satisfait de votre expérience à l'étranger. Cela montre votre persévérance et votre ténacité.

04. Et pour repartir (au Canada ou ailleurs) ?

Les autres permis EIC

L'initiative Expérience Internationale Canada (EIC) comprend 3 permis : le PVT, le permis Jeunes Professionnels (JP) et le permis Stage.

Les Belges ne bénéficient que du PVT. Les Français, quant à eux, peuvent bénéficier deux fois de l'initiative EIC (Stage + PVT ou Stage + Jeunes pro uniquement). Le, PVT et le permis JP ne sont pas cumulables, il faut donc bien choisir !

Ces permis sont tous soumis à des quotas, atteints plus ou moins rapidement, et sont sujets à des frais de participation de 150 $ (+ 100 $ pour le PVT), auxquels s'ajoutent, depuis 2018, 85 $ de frais pour le prélèvement de vos données biométriques.

Pour mieux comprendre quel permis s'adapte le mieux à vos besoins et envies, en voici une rapide présentation.

Le stage

Ce permis s'adresse aux jeunes Français et Suisses âgés de 18 à 35 ans et qui souhaitent, dans le cadre de leurs études ou de leur formation, effectuer un stage au Canada, d'une durée maximale de 12 mois (18 mois pour les Suisses). Ce permis est obligatoire pour pouvoir effectuer un stage au Canada, qu'il soit rémunéré ou non. Pour obtenir ce permis de stage, vous devez être inscrit dans un établissement scolaire ou dans un centre de formation et avoir une offre de stage au Canada en rapport avec vos études ou la formation que vous êtes en train de suivre.

Le permis Jeunes Professionnels

Ce permis, également ouvert aux jeunes Français et Suisses âgés de 18 à 35 ans, est une opportunité pour eux de se perfectionner dans leur domaine de compétences pendant une durée maximale de 18 mois (24 mois pour les Français). Deux conditions sine qua non pour y participer : vous devez d'une part trouver un emploi dans votre domaine de compétences avant de faire une demande de permis. Cet emploi doit correspondre aux études que vous avez suivies ou à un domaine dans lequel vous avez majoritairement travaillé.

D'autre part, votre emploi doit correspondre aux catégories A, B, C ou 0 de la Classification Nationale des Professions au Canada. Dans le cas d'un emploi de catégorie C, le candidat doit pouvoir présenter un diplôme d'études secondaires (comme le baccalauréat).

Les autres permis de travail

Vous avez également la possibilité de séjourner au Canada avec un autre permis que ceux proposés dans le cadre de l'initiative EIC. Vous pouvez chercher un emploi et obtenir un permis de travail temporaire. Notez que pour vous embaucher, votre futur employeur devra se soumettre à une étude d'impact sur le marché du travail (EIMT ; LMIA en anglais) qui a pour objectif de prouver qu'il a effectivement proposé votre poste à d'autres candidats, canadiens ou résidents permanents au Canada (annonce d'emploi sur Internet ou dans les journaux), qu'il a étudié des CV, reçu des candidats en entretien et que vous êtes la personne qui convient le mieux au poste. Le programme Mobilité Francophone donne accès à un permis de travail exempté d'EIMT. Pour en bénéficier, vous devez être francophone (peu importent votre âge et votre nationalité) et trouver un emploi qualifié (catégories A, B ou 0 de la Classification des Professions au Canada) en dehors de la province du Québec.

La résidence permanente (RP)

C'est décidé, le Canada, c'est le pays où vous voulez passer votre vie. Une solution pour cela : faire une demande de résidence permanente. C'est une procédure plus ou moins longue et coûteuse selon la province ou le territoire où vous choisissez de vous installer, mais c'est la seule qui vous permettra de rester de manière définitive au Canada !

Si vous souhaitez immigrer au Québec, sachez que le Québec sélectionne lui-même ses immigrants via une procédure appelée « Certificat de Sélection du Québec » (CSQ) accessible de différentes façons. Si vous souhaitez immigrer au Canada, en dehors du Québec, les programmes Entrée Express sont un moyen rapide d'obtenir la résidence permanente au Canada (environ 6 mois).

Après avoir vécu trois années complètes au Canada au cours des cinq dernières années, vous pouvez envisager de demander la citoyenneté canadienne. Cependant, le temps passé au Canada en tant que résident temporaire (en PVT, par exemple) n'est comptabilisé qu'à moitié, dans la limite d'un an. Un PVT de 2 ans suivi d'une année en permis de travail temporaire ne compte que pour un an.

Et pour faire un PVT dans un autre pays ?

L'une des conditions communes à tous les PVT est de ne pas avoir déjà bénéficié de ce programme auparavant.

Deux PVT dans un même pays ? C'est impossible, sauf en Australie, sous certaines conditions, mais deux, trois ou quatre PVT dans un pays différent à chaque fois ? C'est autorisé et même recommandé !

Les serial PVTistes sont de plus en plus nombreux. Difficile de goûter au PVT et de s'arrêter net. Certains se contentent très bien d'une expérience d'un an ou deux, d'autres ne quittent plus leur nouveau pays, quand d'autres encore décident de profiter de l'opportunité que leur offre le PVT pour découvrir le monde.

Les PVT accessibles aux Français et aux Belges		
Australie	18 - 30 ans*	1 an + 1 an + 1 an sous conditions
Corée du Sud	18 - 30 ans	1 an

*18 - 30 ans pour les Belges et 18 - 35 ans pour les Français (courant 2019)

Les PVT accessibles aux Français et aux Belges (suite)

Nouvelle-Zélande	18 - 30 ans	1 an
Taïwan	18 - 30 ans	6 mois + 6 mois

Les PVT uniquement accessibles aux Français

Argentine	18 - 35 ans	1 an
Brésil	18 - 30 ans	1 an
Chili	18 - 30 ans	1 an
Colombie	18 - 30 ans	1 an
Japon	18 - 30 ans	1 an
Hong Kong	18 - 30 ans	1 an
Mexique	18 - 30 ans	1 an
Russie	18 - 30 ans	4 mois + 8 mois sous conditions
Uruguay	18 - 30 ans	1 an

Un accord de PVT a été signé entre la France et le Pérou à la fin 2018. Espérons qu'il entre rapidement en vigueur !

Conclusion

Vous avez maintenant toutes les clés pour obtenir et vivre votre PVT dans les meilleures conditions possibles. Rappelez-vous qu'il n'y a pas une seule façon de vivre cette année au Canada ! C'est à vous d'en faire l'expérience qui vous comblera et qui vous laissera un souvenir impérissable !

N'oubliez pas qu'à chaque étape, la communauté PVTiste sera là pour vous éclairer, vous conseiller et vous soutenir ! Vos questions et vos ressentis seront toujours les bienvenus et les futurs PVTistes seront reconnaissants de lire vos témoignages et d'admirer vos photos à leur tour alors n'hésitez pas !

> Rédaction : Julie Meunier et Isabelle Sentana
> Maquette et intégration : Lucie Casez
> 2e édition papier (nouvelle édition revue et augmentée) :
> avril 2019.

Un grand merci à toutes les générations de PVTistes qui sont venues témoigner sur le forum et qui sont tout simplement à l'origine de ce guide !

Un grand merci au staff de PVTistes.net et aux baroudeurs Marie Bérard, Anne Deverre, Hélène Dezoteux, Juliette Giannesini, Anne-Catherine Grégoire, Sonia Idi, Muriel Julien, Laetitia Lamarcq, Laura Mokeddem, Vanessa Moussali, Elodie Rousselle, Cédric Tinteroff et à Kenza et pour leurs relectures, leurs précisions et leurs suggestions précieuses.

Ce guide est dédié à Céline, PVTiste au Canada, amoureuse de Montréal et membre de notre équipe. Nous ne t'oublierons jamais.

Répertoire des sites et sources

Les organismes officiels et gouvernementaux

- Citoyenneté et Immigration Canada : http://www.cic.gc.ca/iec-eic/
- Immigration Québec : http://www.immigration-quebec.gouv.qc.ca
- Les ambassades et consulats de France au Canada : http://www.ambafrance-ca.org/
- Les ambassades et consulats de Belgique au Canada : http://canada.diplomatie.belgium.be/fr
- L'Office franco-québécois pour la Jeunesse (OFQJ) : http://www.ofqj.org/

Les ressources PVTistes.net

- La page récapitulant toutes les conditions de participation et d'obtention du PVT Canada ainsi que les informations pratiques : http://pvtistes.net/le-pvt/canada/
- Le forum Canada : http://pvtistes.net/forum/f338.html
- Tous nos dossiers thématiques : http://pvtistes.net/infos-pratiques/dossiers

Préparer son voyage et son arrivée

À Vancouver

- La Fédération des francophones de la Colombie-Britannique : https://www.ffcb.ca/
- Educacentre : https://pvtistes.net/cours-anglais-vancouver-workplace-english/

À Toronto

- Toronto Employment Service : http://app.toronto.ca/ECPortal/index.jsp
- La Passerelle-I.D.É. : http://www.passerelle-ide.com/
- La Société Économique de l'Ontario : http://www.seo-ont.ca

Au Québec
- La CITIM : http://www.citim.org/
- Être bénévole à Montréal : http://www.cabm.net/
- Immigrant Québec : https://www.immigrantquebec.com/

Dans le reste du Canada
- L'association franco-yukonnaise : http://www.afy.yk.ca/
- Fédération des communautés francophones et acadiennes du Canada : http://www.fcfa.ca/
- Accueil francophone au Manitoba : http://www.accueilfrancophonemb.com/
- La Coopérative d'Intégration francophone de l' Île-du-Prince-Edouard (CIF IPE) : http://www.cifipe.ca/fr/

D'autres liens utiles

Démarches sur place
- L'Agence du revenu du Canada : http://www.cra-arc.gc.ca/
- Emploi Canada : http://www.guichetemplois.gc.ca/
- Régie de l'Assurance maladie québécoise : http://www.ramq.gouv.qc.ca/
- Régie du Logement du Québec : http://www.rdl.gouv.qc.ca/
- Service Canada (pour le NAS-SIN) : http://www.servicecanada.gc.ca/

Le tourisme au Canada et aux États-Unis
- Viarail : http://www.viarail.ca/fr
- Amtrak : https://www.amtrak.com/home
- Greyhound : https://greyhound.ca/
- CoachCanada : http://fr.coachcanada.com/
- Megabus : http://frca.megabus.com/default.aspx
- Tourisme au Québec : http://www.bonjourquebec.com/
- Tourisme en Ontario : https://www.ontariotravel.net/en/home
- Tourisme au Nouveau-Brunswick : http://www.tourismenouveaubrunswick.ca/

- Tourisme à Terre-Neuve-et-Labrador : http://www.tourismetnl.ca/
- Tourisme en Nouvelle-Écosse : http://www.novascotia.com/fr
- Tourisme dans les Territoires du Nord-Ouest : http://spectacularnwt.com/
- Tourisme au Yukon : http://travelyukon.com/
- Tourisme en Colombie-Britannique : http://www.hellobc.com/
- Tourisme en Saskatchewan : http://www.tourismsaskatchewan.com/
- Tourisme au Manitoba : http://www.travelmanitoba.com/fr/
- Tourisme en Alberta : https://tourismealberta.ca/
- Tourisme sur l'Île-du-Prince-Édouard : https://www.tourismpei.com/
- Tourisme au Nunavut : http://nunavuttourism.com/
- Tourisme en Acadie : http://experienceacadie.com/

Divers
- National Parks aux États-Unis : https://www.nps.gov/index.htm
- Le site des établissements de plein air du Québec : http://www.sepaq.com/
- Parcs Canada : http://www.pc.gc.ca/fra/index.aspx
- HelpX : http://www.helpx.net/index_french.asp
- WWOOF Canada : http://www.wwoof.ca/

Sites et blogs des PVTistes ayant témoigné dans ce guide
- Routes Parallèles : http://www.routesparalleles.com/
- Globe Stoppeuse : http://www.globestoppeuse.com/
- La vie de Charlie : https://laviedecharlie.wordpress.com/
- Un voyage au Yukon (et ailleurs !) : http://www.voyage-yukon.net/
- Kenza : https://cupsofenglishtea.com/
- Kelly : https://lilysroad.com/
- Florent : https://lesaventuresdemonsieurwellington.com/
- Anne : https://ushuaianne.com/

Crédits

Photographies :
Merci à Muriel, Amandine, Lucie, Nathan, Julie, Anne-Cécile et Mathieu !

pvtistes

© 2019, Julie Meunier, Isabelle Sentana, PVTistes.net
Édition : BoD – Books on Demand,
12/14 rond-point des Champs-Élysées, 75008 Paris

Impression : BoD – Books on Demand, Norderstedt, Allemagne
ISBN : 978-2-322-153-381

Dépôt légal : mars 2019